Was will Putin?

Stephan Berndt

Was will Putin?

Wie durch Desinformation ein großer Konflikt in Europa provoziert werden soll

KOPP VERLAG

1. Auflage Dezember 2015
2. Auflage Juli 2016
3. Auflage als Sonderausgabe April 2022

Copyright © 2015, 2016, 2022 bei
Kopp Verlag, Bertha-Benz-Straße 10, D-72108 Rottenburg

Alle Rechte vorbehalten

Umschlaggestaltung: Yvonne Glasa
Lektorat: Christian Huth

ISBN: 978-3-86445-878-1

Gerne senden wir Ihnen unser Verlagsverzeichnis
Kopp Verlag
Bertha-Benz-Straße 10
72108 Rottenburg
E-Mail: info@kopp-verlag.de
Tel.: (0 74 72) 98 06-10
Fax: (0 74 72) 98 06-11

Unser Buchprogramm finden Sie auch im Internet unter:
www.kopp-verlag.de

Inhalt

Die Idee zu diesem Buch **9**

Putins Hammer **13**
Die grundsätzliche Bereitschaft zum Atomwaffeneinsatz 14
Das atomare Damoklesschwert 15

Was will Putin? – Eine Frage macht die Runde **19**
Kenne deinen Feind! 30
Tabu Kriegsgefahr 39
Ein Rätsel, eingehüllt in ein Mysterium 45
»Putin will die Weltmacht« 47
Versucht Putin, den Westen zu spalten? 53

Weltherrschaft im dritten Jahrtausend **57**
Eine kurze Abhandlung zur Weltherrschaft 57
Das höchste Ziel bei allen taktischen Entscheidungen 59
Weltschicksal Weltherrschaft? 60
Jenseits der One World – jenseits der Lichtgeschwindigkeit ... 61

Was Putin sagt **65**
Putins 2001er-Rede vor dem Deutschen Bundestag 66
Putins 2007er-Brandrede in München 69
Putins Rede zum Krim-Anschluss (18. März 2014) 73
»Grenze überschritten« 79
Putins Rede auf dem 2014er-Waldai-Club 81
Putin auf der Pressekonferenz am 18. Dezember 2014 91
Putins 2014er-Rede zur Lage der Nation 94
Putins Rede vor den Vereinten Nationen am 28. Sept. 2015 ... 104
Was will Putin – Zwischenresümee 106

Andere russische Politiker zur Weltlage 113
   Sergej W. Lawrow: Der Westen will Putin stürzen! 113
   Dmitri A. Medwedew Ende 2011: Noch ist Zeit! 114
   Michail Gorbatschow warnt vor dem Dritten Weltkrieg 117
   Sergei J. Glasjew warnt 2014 vor Drittem Weltkrieg 118
   Sergei Narischkin warnt 2015 vor Szenario wie 1914 119
   Nikolai Patruschew, Chef des Sicherheitsrates 120

Die nationale Identität 123
   Selbstbewusstsein als Kraftquelle 126
   Putins kulturelle Fundamentalkritik 130
   Die unipolare/monopolare Welt 134

Was will Putin? – Fazit 137

Liegt die Antwort in der »russischen Seele«? 145
   Der Russe und der »schöne Tod« 146
   Das Messianische in der russischen Seele 149
   Politischer Messianismus in Russland 152
   Verschwörungsglaube in Russland 156
   Die »Protokolle« 157

Die USA, Russlands Gegenpol 161
   Die »gefährlichen Chefs in Amerika« 164
   Der »Putin-Versteher der Herzen« 169
   Planmäßige Konfusion 177
   »Blackbox« lautet unser Stichwort 180
   Das Wichtigste ist: Kenne deinen Feind! 181
   Ein »wohlmeinender« Politiker namens Adolf Hitler 184
   »Die USA haben kein Interesse an der Ukraine« 198
   Fatale Folgen einer vergessenen Disziplin 205
   Einwegware Talkshow 215

Globale Dominanz – die Geostrategie der USA 216
   George Friedman – Stichwortgeber der Kreml-Propaganda 218
   Einen Keil treiben zwischen Deutschland und Russland 220
   Das Säen von Feindschaft 223
   Wirtschaftskrieg als Vorphase echten Krieges 225
   Was wird Deutschland tun? 229
   Und der Zweck der Rede? 233
   George Friedmans Rede auf *Rossija 1* 235
Parallelen zwischen Friedman und Brzeziński 243
»Für eine friedliche Weltherrschaft« 245
Parallelen zwischen Friedman und Halford Mackinder 248
   Wenn sich Deutschland und Russland verbünden 250

Einflussreiche Amerikaner über Putin **253**
   Zbigniew Brzeziński über Putin 253
   Henry Kissinger über Putin 260
   George Soros über Putin 261
   US-General Martin Dempsey über Putin 264
   Senator John McCain über Putin 265
   Das Meinungsbild zu Putin in den USA 265

Die 100 000-Dollar-Frage **269**

Warner vor einem neuen Weltkrieg **275**

Über den Autor 276
Bibliografie 277
Bildquellen 277
Endnoten 278

Die Idee zu diesem Buch

Die Idee zu diesem Buch entstand, als ich mir im Jahre 2014 all die Talkshows zur Ukraine-Krise im Fernsehen und im Internet ansah und merkte, wie weit verbreitet die Befürchtung war, dass die Ukraine-Krise in einem großen europäischen Krieg endet. In den entsprechenden Sendungen wurde immer wieder genau diese Frage gestellt: »Was will Putin?« – häufig mit einem Unterton, als hinge die Zukunft Europas einzig und allein ab von Wladimir Putin, diesem schwer einschätzbaren Mann im fernen Moskau. Die Frage »Was will Putin?« wurde zum einen an die jeweiligen Gäste aus Politik und Medien gerichtet, zum anderen tauchte die Frage auch schon zu Beginn der Sendung in den einleitenden Worten der Moderatoren auf, die sie dann gerne auch auf dem dramaturgischen Höhepunkt der Einleitung platzierten. Oft genau diese drei Worte:

Was – will – Putin?

Mit der Zeit bekam die Frage für mich etwas Gebetsmühlenhaftes, Rituelles. Sie wurde für mich zum Running Gag mit einem gewissen irrationalen Unterton. Vom Februar 2014 bis mindestens Februar 2015, also über zwölf Monate lang, wurde die Frage nach Putins Absichten immer wieder gestellt. Doch nie gab es eine wirkliche Antwort. Jede neue Sendung bröckelte entlang wenig erhellender Schwatzhaftigkeit einem weiteren großen Fragezeichen am Ende der Sendung entgegen.

Irgendwann dachte ich mir: Wie kann das sein? Wie in aller Welt kann es sein, dass man so lange über Wladimir Putins Absichten rätselt? Ist Putin wirklich ein so unglaublich ausgekochtes Schlitzohr, dass keiner seine Absichten durchschaut? All die Politiker und Osteuropa-Experten? Weiß es wirklich keiner?

Auf jeden Fall erzeugt eine Frage irgendwann Unruhe und Spannungen, wenn sie über lange Zeit immer wieder gestellt, aber nicht beantwortet wird. Eine solche Frage macht sich irgendwann verdächtig. Irgendetwas stimmt nicht mit dieser Frage. Das, was nicht stimmt, mag von Fall zu Fall unterschiedlich sein, aber je bedeutender die Frage ist und je mehr von ihr abhängt und auf dem Spiel steht, umso inakzeptabler und verdächtiger wird die ganze Fragerei.

Im Falle Putins, das ahnt so mancher, könnte es um außerordentlich viel gehen, schließlich sind die Russen das mit Abstand größte Volk Europas und ein sehr stolzes Volk dazu. Russland ist zudem eine nicht unerhebliche Militärmacht mit einem gewaltigen atomaren Waffenarsenal, und die Russen sind ein Volk, das im Krieg gegen die deutsche Wehrmacht (1941–1945) bewiesen hat, dass es auch unter extrem hohen Opfern lange Zeit zu kämpfen bereit ist und fähig ist, am Ende auch zu siegen.

Eine mögliche Erklärung für die endlose Fragerei über das, was Putin wirklich will, ist natürlich die, dass gewisse Leute sehr wohl wissen, was Putins wahre Absichten sind, dies aber nicht öffentlich sagen, aus welchen Gründen auch immer.

Sicherlich werden viele unserer Politiker und Medienmacher tatsächlich nicht wissen, was Putin will. Allem Anschein nach ist es sogar die große Mehrheit, und nach allem, was man hört, sieht und liest, dürfte der Prozentsatz bei über 95 Prozent liegen. Doch über 95 Prozent sind nicht 100 Prozent.

Die überwiegende Mehrheit der Politiker und Außenpolitik-Kenner aber produziert statt einer befriedigenden Antwort eine bunte Palette mit Deutungsmöglichkeiten, Behauptungen und Theorien über das, was Putin wirklich will oder wollen könnte. Diese bunte Palette der »Putin-Theorien« in unseren Medien sehen wir uns im ersten Teil des Buches an. Im zweiten Teil des Buches wird Putin selbst zu Wort kommen, und der Leser wird erkennen, wie wenig von dem, was Putin tatsächlich sagt, in unseren Medien überhaupt zur Sprache kommt. Das Rätsel um Putins Absichten ist also auch ein künstliches Rätsel und eine *Rätsel-Inszenierung* für den unbedarften Bürger. So viel sei schon an dieser Stelle verraten.

Im dritten Teil wird es dann um die Frage gehen, ob und inwieweit Putins Absichten mit den Absichten der USA zusammenhängen. Schließlich sind die USA nach eigenem Verständnis der Sieger des Kalten Krieges und faktisch die einzig verbliebene Supermacht auf dem Planeten. Und die USA wollen ihre globale Vormachtstellung auch aufrechterhalten. Aus diesem Beharren der USA auf ihre globale Vorherrschaft ergibt sich die Überlegung, dass Putins Absichten nur eine Reaktion auf die Absichten der USA sind und Putin nur ein Spieler in einem Spiel ist, dessen Regeln die USA definieren. Eine Kernthese dieses Buches lautet also: *Wir können nur wissen, was Putin will, wenn wir wissen, was die USA wollen.*

Putins Hammer

Bevor wir uns das Meinungschaos in den deutschen Medien in Sachen »Was will Putin?« ansehen, wenden wir uns noch kurz dem »eigentlichen Problem« zu. Das eigentliche Problem mit Wladimir Putin ist, dass er über eine Möglichkeit verfügt, die uns Westlern überhaupt nicht schmeckt: Im allerschlimmsten Fall könnte er einen Atomkrieg anzetteln. Hätte er diese Möglichkeit nicht, bräuchte man sich eigentlich keine großen Sorgen zu machen. Im schlimmsten Fall würde Putin sein Spiel ganz einfach mit Pauken und Trompeten verlieren. Er könnte vermutlich nicht viel mehr, als sein eigenes Land zu zerstören, indem er es so sehr isoliert, wie es einst die UdSSR war.

Allen ernsthaften politischen Beobachtern ist klar, dass eine direkte militärische Konfrontation zwischen den USA und Russland in der Ukraine oder anderswo in einem Atomkrieg enden könnte. Die wirkliche Gefahr dabei ist nicht, dass eine theoretische, bereits laufende militärische Konfrontation zwischen den USA und Russland in einem Atomkrieg eskaliert, sondern der eigentliche Schritt in den Abgrund, ins Verderben und über den Punkt ohne Wiederkehr hinaus würde dann vollzogen, wenn es die Politiker zuließen, dass es *überhaupt* zu einer militärischen Konfrontation zwischen den USA und Russland kommt, selbst wenn diese direkte militärische Konfrontation anfangs relativ klein und scheinbar harmlos beginnen würde.

In ein Bild übertragen: Gefährlich wird es nicht erst dann, wenn der Bär mit seiner Pranke zum vernichtenden Schlag ausholt, sondern wenn wir zu tief in sein Revier eindringen, der Bär uns plötzlich entdeckt, den Entschluss fasst, uns anzugreifen, und dann losstürmt.

Nach wie vor ist es denkbar, dass sich Russland und die USA in irgendeiner strategisch wichtigen Krisenregion wie der Ukraine oder Syrien militärisch in die Wolle bekommen, und es fragt sich, ob Putin in einer solchen Situation das ganz große Spiel wagen könnte, also einen zunächst konventionellen Krieg, der aber atomar werden könnte. Zurzeit ist es leicht, sich damit zu beruhigen, Putin sei nicht so verrückt. Was aber, *wenn plötzlich die Zeit an sich und die ganze Welt verrückt spielen?* Wie würde Wladimir Putin in einer *verrückten, völlig chaotischen* Weltlage reagieren?

Viele Menschen in Europa wissen es, und noch mehr werden es spüren: Sollte es irgendwo auf dem Planeten, in der Ukraine, dem Baltikum oder im Nahen Osten zu einer direkten militärischen Konfrontation zwischen den USA und Russland kommen, droht ein Atomkrieg. Dieser Gefahr ist man sich auch in Washington und Moskau bewusst, und deshalb ist man in beiden Hauptstädten natürlich äußerst vorsichtig und aufmerksam, sollten sich die Dinge auf diese Gefahrenzone zubewegen.

Die grundsätzliche Bereitschaft zum Atomwaffeneinsatz

Erhöhte Vorsicht und erhöhte Aufmerksamkeit haben letztendlich aber nichts mit der grundsätzlichen Bereitschaft zu tun, unter bestimmten Umständen Atomwaffen einzusetzen. Die Entscheidung, ob Russland oder die NATO grundsätzlich zum Äußersten bereit sind, wird schon lange vorher getroffen. Es mag sein, dass jede neue Regierung in Washington und Moskau diese Entscheidung neu fällt. Aber man kann davon ausgehen, dass die jeweilige Regierung, sobald sie im Amt ist, diese Frage sehr bald grundsätzlich klärt.

Vorausgesetzt, es regieren in Washington und Moskau keine komplett Wahnsinnigen, wird man sich bei der grundsätzlichen Frage nach dem Einsatz von Atomwaffen vor allem eine Frage stellen, nämlich:

Gibt es etwas Wichtigeres als das Leben von Millionen von Menschen?

Es klingt pervers und banal, aber am Ende hängt alles ab von der Antwort auf diese Frage ab: *Gibt es etwas Wichtigeres als das Leben von Millionen von Menschen?* Der Zweite Weltkrieg hat rund 65 Millionen Menschenleben gefordert. Also gab es auf diesem Planeten schon einmal Machthaber, die bereit waren, Abermillionen von Menschen zu opfern. Wir Deutschen denken dabei natürlich zuerst an Adolf Hitler. Doch auch Josef Stalin hätte sicherlich den Großteil der 27 Millionen sowjetischen Kriegstoten vermeiden können, hätte er ganz einfach vor der deutschen Wehrmacht kapituliert. Das aber hat er nicht. Irgendwann also wird sich Josef Stalin sinngemäß gesagt haben:»170 Millionen Sowjetbürger unter meiner Herrschaft sind besser als 200 Millionen unter Hitlers Herrschaft.«

Wenn Russland in den 40er-Jahren des 20. Jahrhunderts bereit war, mehr als 20 Millionen eigene Bürger im Krieg gegen Adolf Hitler zu opfern, warum sollte eine Moskauer Regierung im 21. Jahrhundert nicht bereit sein, 40 Millionen gegen die NATO zu opfern? Alles, was es für diese Bereitschaft bräuchte, wäre ein Argument, das die entsprechenden Machthaber in Moskau **überzeugt**. Ein solches Argument wäre aus russischer Sicht auf jeden Fall eine *existenzielle Bedrohung Russlands* durch die NATO. Und wie wir noch sehen werden, glauben führende Politiker Russlands – unter anderem Putin selbst – tatsächlich, dass die Existenz Russlands vom Westen bedroht wird. Jedenfalls sagen sie das öffentlich.

Das atomare Damoklesschwert

Wenn es um Krieg oder Frieden geht, wird es in der Stunde der Entscheidung keine Volksbefragung geben. Weder in den USA noch in Russland, und schon gar nicht in Deutschland. Es werden dann so wie schon seit Jahrtausenden relativ wenige, zumeist ältere Männer eine Entscheidung im engsten Kreis treffen.

Im Vorfeld eines drohenden Krieges ist man in Politik und Medien natürlich bemüht, die Kriegsgefahr nicht zum großen Thema in der

Öffentlichkeit werden zu lassen. Die Gefahr wird zwar nicht restlos totgeschwiegen, aber die Hinweise auf diese Gefahr bleiben insgesamt sporadisch und undeutlich, sodass das Volk gar nicht merkt, was eigentlich auf dem Spiel steht. Ein Argument dabei lautet: Man will keine Unruhe oder gar Panik.

Nur ganz vereinzelt, ja selten ringt sich ein anerkannter Repräsentant der politischen Klasse dazu durch, das Kind beim Namen zu nennen. Einer dieser seltenen Fälle ist *Michael Stürmer*, seit September 1989 Chefkorrespondent der Tageszeitung *Die Welt*. In den 1980er-Jahren war Michael Stürmer politischer Berater von Kanzler *Helmut Kohl*. 1984 wurde er in den Vorstand der CDU-nahen Konrad-Adenauer-Stiftung berufen, zwei Jahre später zum Vorsitzenden des Forschungsbeirates des *Center for European Studies* in Brüssel, und von 1988 bis 1998 war er Direktor des *Forschungsinstituts für Internationale Politik und Sicherheit*. Michael Stürmer ist in Sachen Politik also nachweislich sehr erfahren und ziemlich kompetent.

Am 5. Februar 2015 nun sagte er in der Talkshow *phoenix Runde* des Info- und Dokumentations-Fernsehsenders *Phoenix-TV* zum neuen Konflikt zwischen Russland und dem Westen:

»Die [zentrale] Frage ist hier die der Eskalation. Und in dieser ganzen Debatte [über die neue Konfrontation zwischen Russland und NATO] ist der Begriff Eskalation [...] viel zu wenig eingebracht worden. Wir leben in einer Welt, die jedenfalls 40 Jahre lang im Kalten Krieg durch nukleare Waffen determiniert war. [...] Dann hatten wir 25 Jahre, da haben wir so getan, als sei das ein strategischer Irrtum gewesen. Inzwischen ist klar: Nukleare Waffen haben eine Doppelfunktion. Moskau und Washington glauben, weil Nuklearwaffen da sind, wird der Gegner nicht blinzeln, nicht zucken.

Beide könnten sich aber auch fürchterlich irren. Denn beide könnten sich eine ernsthafte Niederlage nicht wirklich leisten, als Weltmächte. Das kann Putin nicht, schon alleine aus innenpolitischen Gründen. Das kann auch Obama aus innenpolitischen Gründen nicht. Wir leben in einer ungeheuer gefährlichen Welt. Und das ist wahrscheinlich der Grund, warum [Frankreichs Staatspräsident] Hollande und Frau Merkel alle professionellen Bedenken zurückgestellt haben und gesagt haben: ›Die Lage ist **so** gefährlich, dass wir darüber reden **müssen**.‹ [Angela Merkel und François Hollande sind am 6. Februar 2015 nach Moskau geflogen.] Natürlich sagen sie nicht öffentlich: ›Leute, die nukleare Eskalation hängt über uns wie das Schwert des Damokles.‹ Aber das ist natürlich der Kern des Ganzen.«[1]

Hinter der Frage »Was will Putin?« steckt also letztlich die Frage, ob Putin einen Weltkrieg oder Atomkrieg riskieren würde, sollten sich Russland und die NATO einmal direkt militärisch in die Wolle bekommen und sollte er dann keine andere Möglichkeit mehr sehen, egal, ob er die Lage eiskalt analysiert oder von Paranoia und Wut getrieben ist.

Michael Stürmer ist einer der ganz seltenen Fälle, in denen ein Repräsentant der etablierten Medien den Kern des Problems ausspricht.

Entsprechend findet man in unseren Massenmedien eine Art Sprachregelung, nach der im Zusammenhang mit der Russland-Krise das Wort »Weltkrieg« so gut wie nie ausgesprochen, gedruckt und gesendet wird. Stattdessen findet sich in unseren Medien ein Sammelsurium von Umschreibungen und diffusen Andeutungen, wovon die vielleicht albernste die ist, es drohe »Krieg« in Europa, obwohl der Krieg in der Ukraine (Europa) längst läuft.[1*]

Dieser Methode der Volksberuhigung durch simple Reizwortvermeidung entspricht auch die nahezu flächendeckende Weigerung der politischen Klasse, von einem »neuen Kalten Krieg« zu sprechen, wobei bezeichnenderweise ausgerechnet Vertreter der NATO es (wenigstens bisher) ablehnen, von einem neuen Kalten Krieg zu sprechen. Zynisch formuliert: Nichts ist so schlecht für das Konsumklima und die Investitionsbereitschaft hierzulande, wie das Gerede von einem drohenden großen Krieg in Europa.

Natürlich liegt es in der Natur einer Konsum- und Wohlfühlgesellschaft, dass sie Anzeichen einer zunehmenden Kriegsgefahr mit Russland ausblendet. Die politischen, ökonomischen, massenmedialen und vor allem die psychologischen Mechanismen, die uns »normale«

[1*] Derzeit (November 2015) hält ein Waffenstillstand in der Ost-Ukraine.

Bürger dazu verleiten, wegzusehen und wegzuhören, sind äußerst stark.

Doch es bleibt dabei: Die eigentliche Frage lautet, ob Putin unter bestimmten Bedingungen bereit sein könnte, die weltpolitische Lage so weit zu eskalieren, dass es in Europa zu einem großen Krieg kommt. Dazu muss Putin nicht unbedingt »böse« sein. Es würde schon reichen, wenn er Russlands Existenz von der NATO bedroht sähe, und nicht warten will, bis Russland sämtliche Trümpfe verspielt hat und dem Westen gegenüber auf ganzer Linie klein beigeben muss.

Was will Putin? –
Eine Frage macht die Runde

Wie eingangs schon anklang, liegt ein Teil des Schlüssels zum Rätsel »Was will Putin?« gar nicht so sehr im Rationalen, sondern eher im Emotionalen, im Intuitiven. Die Frage hat eine gewisse Magie, und ihr irrationales Element erspürt man recht gut, wenn man sich ansieht, wie die Frage in der Öffentlichkeit behandelt worden ist und wird.

Folgen Sie mir also in die jüngste Vergangenheit, als die Idee zu diesem Buch entstand und unsere Massenmedien sich intensiv mit der Krise um Russland und Wladimir Putin befassten:

Nachdem die ukrainische Regierung lange Zeit mit der EU über eine wirtschaftliche Annäherung verhandelt hatte, stoppte sie am 21. November 2013 diesen Annäherungsprozess überraschend, indem sie von der Unterzeichnung des EU-Ukraine-Assoziierungsabkommens zurücktrat. Drei Tage danach gab es in Kiew eine erste Demonstration mit mehreren 10 000 Teilnehmern gegen den Regierungsbeschluss. Mit der Annäherung an die EU verbanden die Kiewer Demonstranten die Hoffnung auf eine deutliche Verbesserung ihrer Lebensumstände, sowohl in wirtschaftlicher als auch in politischer Hinsicht; Verbesserungen, auf die sie seit über 20 Jahren, seit der Unabhängigkeit der Ukraine im Jahre 1991, vergeblich gewartet hatten.

Am 20. Februar 2014 eskalierte dann die Situation in Kiew, als bei Demonstrationen auf dem *Majdan*[2*], dem zentralen Platz in Kiew, Schüsse fielen, und etwa 70 Menschen[2] starben. Drei Tage nach dem Massaker trafen in Kiew die Außenminister Deutschlands, Frankreichs und Polens ein, um einen drohenden Bürgerkrieg zu verhindern, von dem zudem zu befürchten war, dass Russland militärisch eingreift. Noch am selben Tag wurde ein Vertrag unterzeichnet zwischen der ukrainischen Regierung und der ukrainischen Opposition. Die Vertreter Europas unterzeichneten den Vertrag als Zeugen, und auch Russland war an den Verhandlungen beteiligt. Dem Vertrag nach sollten Regierung und Opposition innerhalb von zehn Tagen eine Regierung der nationalen Einheit bilden. Bis zum September 2014 sollte eine Verfassungsreform abgeschlossen sein, unmittelbar danach sollte es, wenn möglich, Neuwahlen geben, spätestens aber drei Monate danach, also im Dezember 2014. Die Idee des Vertrages war eine halbwegs geordnete Machtübergabe von der Regierung an die Opposition innerhalb von sieben bis zehn Monaten.

Doch so lange wollten viele Oppositionelle nicht warten, insbesondere nicht auf dem Majdan. Nach Bekanntgabe der Vertragsunterzeichnung wurde der Vertrag von einem Großteil der Demonstranten abgelehnt und der sofortige Rücktritt von Präsident *Janukowytsch* gefordert. Dieser flüchtete in der darauffolgenden Nacht zunächst in die Ost-Ukraine und dann weiter nach Russland. Am 22. Februar wurde die Kiewer Regierung vom ukrainischen Parlament für abgesetzt erklärt. Am 27. Februar wurde vom ukrainischen Parlament eine Übergangsregierung unter Ministerpräsident *Arsenij Jazenjuk* gewählt. Diese Regierungsumbildung wurde in Moskau als Putsch betrachtet, und was noch schlimmer war: So sahen das auch viele in der Ukraine, vor allem in der Ost-Ukraine, die einen hohen Anteil russischstämmiger Bürger hat.

Noch am selben Tag besetzten auf der Krim bewaffnete Kräfte das Regionalparlament, hissten die russische Fahne und verbarrikadierten sich. Die Ost-Ukraine begann sich in Richtung Abspaltung zu bewegen. Am Sonntag, den 16. März 2014, wurde auf der Krim ein Refe-

---

[2*] Majdan Nesaleschnosti, »Platz der Unabhängigkeit«.

rendum über den Status der Krim abgehalten, in dem sich über 90 Prozent der Wähler[3] für eine Loslösung von der Ukraine und einen Anschluss an Russland aussprachen. In westlichen Medien hieß es, alles sei nur ein Trick Putins, der in Wahrheit die Krim annektieren will, und dem egal ist, was aus dem Frieden in Europa wird.

Am selben Tag zur Mittagszeit widmet sich der deutsche Informations- und Dokumentations-Fernsehsender *Phoenix-TV* in seiner Sendung *Internationaler Frühschoppen* der jüngsten Entwicklung. Der Moderator *Michael Hirz* begrüßt die Zuschauer:

»Willkommen zum Internationalen Frühschoppen. Wenn uns die internationale Krise um die Krim etwas lehrt, dann ist es die Erkenntnis, nichts ist in Europa so sicher, wie wir es lange geglaubt haben. Die Grenzen sind es nicht, und schlimmer noch: Der Frieden ist es auch nicht.

Doch es geht um viel mehr als nur um die Krim. Es geht um die Frage, ob wir eine Neuauflage des Kalten Krieges erleben, den wir längst für überwunden hielten. Ändert sich die Landkarte Europas noch einmal gravierend? Entsteht ein neues mächtiges und bedrohliches Russland in den Grenzen der alten Sowjetunion? **Was will Putin wirklich?** Was will, was kann der Westen?«[4]

Einen Tag darauf, die Volksabstimmungsergebnisse liegen inzwischen vor, legt *Phoenix-TV* abends um 22:15 Uhr zum selben Thema nach, diesmal im Politik-Talk *Unter den Linden*. Die Moderatorin *Michaela Kolster* fängt direkt an mit:

»Es war absehbar, und keiner hat es anders erwartet. Rund 95 Prozent haben auf der Krim für den Anschluss an Russland gestimmt. Und Stunden danach werden Fakten geschaffen. [...] Putin meint es also ernst. Genauso absehbar war, dass der Westen heute mit Sanktionen antworten würde. [...] Wo also stehen wir in diesem Konflikt? **Was will Putin?** Warum ist ihm die Krim so wichtig?«[5]

Zehn Tage später, am 27. März 2014, wird dann eine UN-Resolution verabschiedet, in der das Krim-Referendum als ungültig bezeichnet wird. Eine absolute Mehrheit von 100 UNO-Staaten nimmt die Resolution an,

58 Staaten enthalten sich, 11 Staaten stimmen dagegen, darunter die üblichen Verdächtigen wie Syrien, Nordkorea und Kuba. 24 Staaten nehmen nicht an der Abstimmung teil. Bei derzeit 193 Mitgliedsstaaten der Vereinten Nationen stimmen effektiv 51,8 Prozent der UN-Staaten für die Resolution. Völkerrechtlich bindend ist sie allerdings nicht.

Tags darauf macht der *Bayerische Rundfunk* die Unklarheit über Putins Absichten in der Talk-Sendung *Münchner Runde* zum Thema. Die Frage *Was will Putin?* ist diesmal sogar der Titel der Sendung; Moderator *Sigmund Gottlieb* beginnt:

»Guten Abend zur Münchner Runde. Die Entwicklungen in Russland und der Ukraine sind für uns alle verwirrend und von hier aus nur schwer einzuschätzen. Doch sie erfüllen viele Menschen auch hier bei uns mit Sorge, und diese Menschen fragen sich: **Was will Putin eigentlich?** Und reagieren die Europäer, reagiert die westliche Welt richtig, angemessen?«[6]

Man kann davon ausgehen, dass Sigmund Gottliebs Aussage, »viele Menschen« »auch hier bei uns« seien »von Sorge erfüllt« und fragten sich »Was will Putin eigentlich?«, einen handfesten Hintergrund hat, nämlich in Form von E-Mails und Briefen an den *Bayerischen Rundfunk*, in denen die Zuschauer fragen, ob man nicht einmal abklären will, was Putin eigentlich vorhat, und ob es jetzt »Krieg in Europa« gibt.

Im Laufe der Sendung wird dann ein Film eingeblendet, der die jüngste Entwicklung zusammenfasst. Ein Sprecher sagt im Film:

»Doch Berichte über starke russische Truppenbewegungen an der Grenze der Ukraine sorgen für Unruhe. **Was will Putin?**«

Moderator Gottlieb reicht die Frage dann weiter an den Studiogast *Horst Teltschik*, den langjährigen Chef der Münchener *Sicherheitskonferenz* und ehemaligen Berater von Kanzler Helmut Kohl:

»Ja, Herr Teltschik: **Was will Putin ...?**«

Horst Teltschik redet etwas um den heißen Brei herum, hat einerseits Verständnis für Putin, sagt andererseits aber auch, dass die NATO kein Gegner Russlands sei. Also spinnt Putin ein bisschen.

Interessant ist dann auch Horst Teltschiks Reaktion auf die Frage, ob wir uns jetzt auf dem Weg »zurück in den Kalten Krieg« befinden. Teltschik antwortet: »Also – [lächelt angestrengt] man hört diese Frage sehr häufig. Ich halte das für eine müßige Frage, wenn man den Kalten Krieg erlebt hat, [...] dann ist der Unterschied Tag und Nacht. Und ich hoffe, dass wir beim Tag bleiben [lacht angestrengt], und ich bin sicher, *dass*[3*] wir beim Tag bleiben.«

Damit vertritt Horst Teltschik die Position, die interessanterweise immer noch von eigentlich allen NATO-Repräsentanten vertreten wird: Die Lage ist zwar angespannt, aber ein neuer Kalter Krieg? Oh, nein! Das ist es *nicht!*

Mitte April 2014 beginnt dann die ukrainische Armee militärisch gegen die Rebellen in der Ost-Ukraine vorzugehen. In dieser Zeit tauchen in unseren Medien auch Berichte über »kleine grüne Männchen« auf, womit Soldaten der russischen Armee gemeint sind, die ohne Hoheitsabzeichen auf der Seite der Rebellen kämpfen. Russland bestreitet, dass diese Soldaten im Auftrag der russischen Armee kämpfen, und behauptet, es seien Freiwillige, die ihren russischen Volksgenossen in der Ost-Ukraine zu Hilfe kommen. Der Westen wirft Russland vor, mit den »grünen Männchen« direkt militärisch in den Bürgerkrieg einzugreifen. Aus Sicht vieler Beobachter ist damit aus einem Bürgerkrieg in der Ukraine *ein Krieg zwischen der Ukraine und Russland* geworden.

So oder so, auf jeden Fall verschlechtern sich Mitte April 2014 die Beziehungen zwischen Russland und dem Westen rasant weiter, und Befürchtungen machen sich weiter breit, dass ein großer Krieg in Europa droht.

Am 24. April 2014 folgt dann die wöchentliche Sendung der derzeit wohl bekanntesten deutschen Talkshow-Moderatorin *Maybrit Illner*. Titel der Sendung: *Russisches Roulette – Kann man Putin trauen?*

[3*] betont

Im Laufe der Sendung fragt Maybrit Illner ihren Gast *Harald Kujat*, einen ehemaligen deutschen Luftwaffengeneral und von 2000 bis 2002 auch Generalinspekteur der deutschen Bundeswehr: »Herr Kujat, was glauben Sie? **Was, glauben Sie, will Putin?** Er kann ja die Sowjetunion in den alten Grenzen nicht zurückwollen. **Was will er?**«

Harald Kujat ist trotz seines einst hohen Postens bei der NATO bekannt für eine gemäßigte Position. In väterlichem, versöhnlichem Ton antwortet er: »Nein. Das wird unterstellt [insbesondere aus den USA! Siehe Seite 216], dass er sozusagen die Sowjetunion ... . Das weiß er auch, dass das unrealistisch ist. Aber er hat ganz konkrete strategische Ziele. Das erste Ziel hat er erreicht. Er hat die Krim annektiert. Er hat sich damit [...] den maritimen Zugang zum Mittelmeer, auch zu den Krisengebieten Irak, Iran [und vor allem Syrien] gesichert. Das war ihm ganz wichtig. Putin denkt strategisch. Und das zweite Ziel, das er erreichen will, ist, er will verhindern, dass die Ukraine Mitglied der NATO wird.«

Harald Kujat versucht einen versöhnlichen, entspannten Ton in die Debatte zu bringen, indem er Putin als berechenbaren und damit nicht gefährlichen Politiker beschreibt. Im dritten Teil des Buches werden wir jedoch sehen, dass man in den USA sehr wohl befürchtet, dass Putin über die Krim hinaus territorial expandiert oder auf anderem Wege versuchen wird, Teile Osteuropas wieder unter die russische Fuchtel zu bekommen. In den USA gilt Putin sehr wohl als wirklich gefährlich, und man ist in den USA zu entschiedenen Gegenmaßnahmen bereit, die ihrerseits wiederum von Russland als gefährlich wahrgenommen werden (könnten).

Wenn Harald Kujat also einen beruhigenden, versöhnlichen Ton anschlägt, ignoriert er damit die Tatsache, dass es letztlich nur darauf ankommt, wie man *in Washington* die Lage einschätzt, und dass es völlig nebensächlich ist, ob man in Deutschland für etwas Entspannung sorgen will. Kurz: Kujat versucht zu beruhigen, aber in Wahrheit gibt es nichts zu beruhigen, denn Leute wie er haben in Washington absolut nichts zu melden.

In den darauffolgenden Wochen läuft der Bürgerkrieg in der Ost-Ukraine weiter. Im Juni gibt es eine kurzzeitige Waffenruhe, doch am 17. Juli wird dann über der Ost-Ukraine die malaysische Passagiermaschine MH17 abgeschossen. Es gibt 298 Tote, davon zwei Drittel niederländische Staatsbürger. Damit hat der Krieg in der Ost-Ukraine Mitteleuropa erreicht. Wer für den Abschuss verantwortlich ist, ist bis heute (November 2015) ungeklärt, aber die westlichen Medien nutzen den Vorfall umgehend, um das Feindbild Putin in noch schrilleren Tönen zu malen.

Nach dem MH17-Abschuss werden weitere Wirtschaftssanktionen gegen Russland verhängt. Der MH17-Abschuss trägt maßgeblich bei zu einer Stimmung, in der es unangebracht erscheint, mit Putin *überhaupt* noch zu reden. An Putin klebt jetzt der Massenmörder-Vorwurf.

Am 31. August 2014, neun Monate nach Ausbruch der Krise, bringt *Phoenix-TV* in seiner Sendung *Phoenix im Dialog* ein längeres Interview mit dem Journalisten *Hubert Seipel*, dem Wladimir Putin 2011/2012 Gelegenheit gegeben hatte, ihn einige Tage persönlich mit Mikrofon und Kamera zu begleiten. Kein westlicher Journalist war dem russischen Präsidenten bisher so nahe gekommen. Der Moderator *Michael Krons* beginnt die Sendung:

»Seit Monaten spitzt sich der Konflikt zwischen Ost und West zu. Beim Krieg in der Ost-Ukraine, bei der Annexion der Krim, da fragt man sich: ›**Was will Wladimir Putin**, der russische Präsident?‹ Darüber möchte ich jetzt […] sprechen mit Hubert Seipel, der ihn begleitet hat und der uns erklären soll: **Was will der russische Präsident eigentlich?**«[7]

Hubert Seipel: »Ich hoffe, ich kann das halbwegs. Ich bin nicht sein Psychoanalytiker. Aber ich hab' ihn eine Zeitlang begleitet.«

Dann folgt der Trailer der Sendung, und danach beginnt Moderator Krons erneut:

»Jetzt wollen wir ja von Ihnen ein bisschen was erfahren, über die Psyche [Putins]. Sie haben grad gesagt: ›Ich bin kein Psychoanalytiker.‹ Aber der Westen, **alle diejenigen, die die Situation seit Monaten be-**

trachten, fragen sich: ›WAS[4*] ist das Ziel? Was steckt hinter diesem Wladimir Putin?‹«
Wenn Michael Krons sagt, dass »alle, die die Situation seit Monaten betrachten« sich fragen, was Putins Ziel ist, darf man das sicherlich nicht nur auf Michael Krons persönlichen Medienkonsum beziehen, also die Zeitungsartikel, die er liest, und Sendungen, die er sieht, sondern auch auf sein persönliches soziales Umfeld, also Freunde, Bekannte, Arbeitskollegen, Berufskollegen in anderen Sendern usw. Werfen wir deshalb kurz einen Blick auf Michael Krons beruflichen Werdegang, um seinen Vernetzungsgrad innerhalb der deutschen Medienlandschaft abschätzen zu können:

Bis 1990 war Michael Krons Redakteur bei der *Frankfurter Allgemeinen Zeitung,* danach wechselte er zum Verlagshaus *Gruner und Jahr* und baute dort die Talk-Sendung *Tacheles* mit auf. 1992 leitete er bei *n-tv* die *Parlamentsredaktion*. 1994 wechselte er zur ARD und berichtete für die *Tagesschau* und die *Tagesthemen*. 1998 wurde er leitender Redakteur des *ZDF* beim Magazin *frontal*. 2001 fing er bei *Phoenix-TV* an, dort ist er heute leitender Redakteur. *Im Dialog* ist seine eigene Sendung. Wenn Michael Krons also sagt, selbst diejenigen, die die Entwicklung in der Ukraine seit Monaten beobachten, würden nicht aus Putin schlau, so wird er damit auch die ihm persönlich bekannten Medienmacher meinen, die wiederum ihrerseits natürlich auch ihr eigenes Netzwerk haben. Mit anderen Worten: Hier eröffnet sich in Sachen Wladimir Putin ein ganzer Sumpf von Ratlosigkeit.

Ein paar Tage nach dem Interview mit Hubert Seipel widmete sich wieder Maybrit Illner dem Fall Putin. Am 4. September 2014 heißt das Thema ihrer Sendung: *Putins neues Russland*. Die Moderatorin beginnt:

»Tja, mindestens 25 Mal hat die Bundeskanzlerin in den letzten Monaten mit Wladimir Putin telefoniert, um am Ende zu sagen: ›**Ich kann die Intention des russischen Präsidenten nicht einschätzen.**‹ ...

[4*] Das »was« wird betont.

So geht es einem irgendwie auch diesmal. Wirklich Waffenruhe und Frieden oder doch lieber ein großes *Neu-Russland*? An Angela Merkel dürfte es nicht liegen, dass sie aus Putins Worten nicht schlau wird. Worte und Taten passen in der Russen-Politik nicht mehr zusammen. **Und dabei gäben wir alle eine Menge darum, zu wissen, was Wladimir Putin wirklich WILL.**

Will er eine Ukraine im permanenten Bürgerkrieg? Will er eine Spaltung des Landes und sein Neu-Russland? Will er die Ukraine annektieren wie die Krim? Steht uns im Osten also wieder ein Feind gegenüber, und Europa am Rande eines Krieges?«[8]

»Europa am Rande eines Krieges« *mit Russland*? Da sprach man vor 30 Jahren noch vom »Dritten Weltkrieg«.

Maybrit Illner kann man guten Gewissens als *Star-Moderatorin* bezeichnen. Sie gehört zur Upper Class. In ihrer Sendung sitzen oft Bundesminister und Parteichefs, und sie ist verheiratet mit *René Obermann*, dem ehemaligen Chef der Deutschen Telekom. Wenn sie also sagt, »wir alle« gäben »eine Menge darum, zu wissen, was Wladimir Putin wirklich will«, so dürfte auch das mehr sein, als nur eine effekthaschende Formulierung am Anfang ihrer Sendung.

Nachdem man in der Maybrit-Illner-Sendung vom 4. September 2014 rund eine Stunde lang mehr oder weniger ergebnislos um die wahren Absichten Wladimir Putins herumgeraten hat, macht Studiogast *Richard David Precht*, Philosoph und Bestsellerautor populärwissenschaftlicher Bücher, kurz vor Ende der Sendung die unproduktive Rumraterei in der laufenden Sendung selbst zum Thema. Moderatorin Illner fragt ihn zunächst: »Was soll der Westen tun? [...].« Richard David Precht entgegnet:

»Was wir heute auf dem NATO-Gipfel [in Wales am 4./5. September] erlebt haben, ist Trotz. Also eine Verschärfung der Rhetorik [...] Man [die NATO] geht diesen alten Weg [der Konfrontation aus Zeiten des Kalten Krieges] immer weiter, statt hinzugehen, *die* Frage zu stellen, die Sie [M. Illner] als Erstes [zu Beginn der Sendung] gestellt haben: ›**Worauf will Putin am Ende eigentlich hinaus?**‹ [...] *Darüber* müssen wir reden. Da ist die NATO im Augenblick in ihrer Geistesverfassung nicht zu in der Lage. Das muss die Europäische Union machen. Wir müssen rausbekommen, was denn überhaupt die Absicht ist, damit wir nicht in *Talkshows* darüber spekulieren müssen.«

Richard David Precht betont das Wort »Talkshow«, als empfinde er es als Zumutung, dass das Volk darüber in Talkshows herumrätseln muss, weil die ganze politische Klasse ebenso ratlos ist.

Zu diesem Zeitpunkt kann man seit sieben Monaten in den deutschen Medien mitverfolgen, wie ergebnislos darüber gerätselt wird, was Putin denn (am Ende) wirklich will. Andererseits: Wenn schon ein Philosoph und Autor populärwissenschaftlicher Bücher erkennt, dass hier eine sehr wichtige Frage endlich beantwortet werden muss, dann ist selbstverständlich davon auszugehen, dass man innerhalb der politischen Klasse auch schon zu diesem Ergebnis gekommen ist. Richard David Precht ergänzt dann noch: »Ehrlich gesagt, diese Art von Rhetorik – da gehört auch der Bundespräsident zu –, die an die Zeit des Kalten Krieges erinnert, mit so was spielt man nicht. Das ist extrem gefährlich.«

Am 8. September 2014, vier Tage nach der Illner-Sendung, knöpft sich auch der bekannte Moderator *Frank Plasberg* den Fall Putin vor. Moderator Plasberg beginnt seine Sendung *hart aber fair (ARD)*, indem er den Namen »Putin« wie bei einem Countdown durchbuchstabiert: »Schönen guten Abend. Herzlich willkommen zu *hart aber fair* ...

P – U – T – I – N

fünf Buchstaben halten die Welt in Atem. PUTIN! Willkommen im Kalten Krieg. Wer bei uns unter 40 ist, der reibt sich verwundert die Augen, wer älter ist als ich, der spürt die alten Angstgefühle wieder hochkommen. Muss Europa dauerhaft Angst haben vor diesem Wladimir Putin? **Was treibt den Mann?** Wie sollen wir seinem Russland begegnen? Mit Diplomatie? Mit Härte?«[9]

Seinen Studiogast *Boris Reitschuster*, Putin-Biograf[10] und Leiter des Moskau-Büros des deutschen Magazins *Focus*, fragt Frank Plasberg später: »Testet er [Putin] so, was möglich ist? Ist das nach innen gerichtet, nach Russland? Also starker Mann nach innen und nach außen: ›Ihr kennt mich: [Alles] halb so schlimm?‹ Wie muss man das verstehen?«

Boris Reitschuster: »Er testet das. Ich denke, es ist zum einen die KGB-Schule, dass man hier sehr stark mit Tarnung agiert, und auch mit Fälschungen. Und zum Zweiten: Er hat selber einmal gesagt, dass die Straßenuniversität ihn sehr geprägt hat, und damit meinte er seine Kindheit, auf dem Hinterhof in St. Petersburg, wo es immer mit Prügel zuging ...«

Boris Reitschuster macht dazu beide Hände zu Fäusten, die aufeinander zudeuten, und verfällt in einen Tonfall, als spräche er über achtjährige Jungs aus seiner Nachbarschaft, die er persönlich kennt und die eigentlich ganz lieb sind.

»... und wo er auch selber als schmächtiger Junge viele Prügel bezog. Das war sicher eine harte Kindheit. Auch der Vater schlug ihn.«

Hubert Seipel, der Putin 2011/2012 einige Tage persönlich begleiten durfte und ebenfalls Gast der Sendung ist, lauscht den Worten Reitschusters, hat den Kopf in die Hand gestützt und kratzt sich mit sorgenvollem Blick am Kopf, als er Reitschusters pubertäre Putin-Deutung vernimmt, die klingt wie bei *Emil und die Detektive* (Kinderbuch von Erich Kästner) oder *Karlsson vom Dach* (Kinderbuch von Astrid Lindgren) abgeschrieben. Boris Reitschuster weiter: »Und da sagte er, er hat vor allem eines gelernt: Der Starke, der kann sich das Recht nehmen, auch wenn er nicht im Recht ist, und der Schwache wird geschlagen. Und ich denke, er testet im Moment, wie stark er ist.«

Boris Reitschuster bietet damit die plattitüdenhafteste Antwort auf die Frage, was Putin antreibt. Leider steht sie exemplarisch für einen Journalismus hierzulande, der es aufgegeben hat, unter die Oberfläche zu schauen und Hintergründe eingehender zu recherchieren.

Von September bis Dezember 2014 läuft dann der Bürgerkrieg in der Ost-Ukraine weiter, ohne dass sich der Sieg einer Seite abzeichnete.

Kenne deinen Feind!

Am 8. Dezember 2014, drei Monate nach obiger *hart aber fair*-Sendung und rund ein Jahr nach Beginn der Ukraine-Krise, erreicht in den deutschen Medien das Rätselraten um Wladimir so etwas wie den absoluten Höhepunkt: An diesem Tage wird in den *ARD-Tagesthemen* die deutsche Bundeskanzlerin mit der Frage konfrontiert, was denn sie nun glaubt, was Putin will.

Der Moderator *Thomas Roth* ist sich der Bedeutung der Frage voll bewusst und hat sich gut auf die Befragung der Kanzlerin vorbereitet. Unmittelbar vor der eigentlichen Frage fängt er damit an, praktisch jede einzelne Silbe genau zu betonen, und macht zwischendurch auch noch effektvolle kleine Pausen. Das Ganze wirkt wie eine Szene aus dem Theater und erinnert an die zeremonielle Befragung einer Königin vor dem versammelten Hofstaat.

Zunächst bläst Thomas Roth etwas Wind in die Segel der Kanzlerin und fragt: »Sie sind ja sicherlich die Politikerin in Europa, wenn nicht gar weltweit, die am *meisten* mit dem russischen Präsidenten gesprochen hat [...]. Ist das nicht auch eine Enttäuschung, wenn Sie mit jemandem so häufig reden und dennoch nicht darauf bauen können, was er meint, was er sagt, und dann auch tut, was er sagt?«

Angela Merkel beantwortet diese Frage in ihrem typisch schleppenden Optimismus, und zum Ende des Interviews fragte Thomas Roth dann, fast nach jedem Wort eine Pause machend:

> »Frau Merkel,
> zum Abschluss:
> Was –
> was vermuten Sie,
> Was
> will
> Putin
> denn am Ende
> *wirklich*?«

Darauf die Kanzlerin: »Schaun Sie, das ist auch jetzt nicht meine herausragende Aufgabe, das herauszufinden, sondern ich möchte, dass wir partnerschaftlich mit Russland zusammenarbeiten können ...«

Natürlich: Die Kanzlerin kann nicht öffentlich zugeben, dass sie gar nicht weiß, was Putin will. Also behauptet sie, dass sie es gar nicht wissen muss. Das aber ist nicht nur eine Ausrede, sondern auch eine miserable dazu. Denn jeder halbwegs gebildete Politiker, Militär und Manager kennt die strategische Grundregel des berühmten chinesischen Generals und Militärstrategen Sun Tsu vor rund 2500 Jahren, die da lautet:

»Kenne deinen Feind!«

Sun Tsu ist dabei keinesfalls ein Exot, den nur Insider oder Politikprofis kennen. Vielmehr wird er oft in einem Atemzug genannt mit dem bekannten preußischen General und Militärtheoretiker *Carl von Clausewitz* (1780–1831), und das aus gutem Grund: In den rund zweieinhalb Jahrtausenden zwischen Sun Tsu und Clausewitz hat in Sachen Kriegstaktik und Strategie niemand das intellektuelle und philosophische Niveau Sun Tsus erreicht. Übersetzungen seines berühmten Buches *Die Kunst des Krieges* werden noch heute alle paar Jahre neu aufgelegt, zum Beispiel im Jahre 2004 *Sun Tsu für Manager: Die 13 ewigen Gebote der Strategie*. Eine Sun-Tsu-Standardübersetzung des *Nikol*-Verlages wurde in hoher Auflage gedruckt und findet sich mitunter zu Spottpreisen auf den Grabbeltischen des Buchhandels!

Sun Tsu fordert mit Nachdruck dazu auf, für einen möglichst effizienten Geheimdienst zu sorgen, denn nur dieser könne die Absichten des Feindes herausfinden. Die Spione sollen zudem gut bezahlt und behandelt werden, und man solle nur die Intelligentesten als Spion engagieren.

Sollte Angela Merkel also morgens um 9 Uhr im Kanzleramt sitzen und ihr plötzlich bewusst werden, dass sie gar nicht weiß, was Putin will, wird sie vermutlich noch vor der Mittagspause beim Bundesnachrichtendienst angerufen und sich erkundigt haben, was dieser über Putins Absichten weiß. Lautet dann die Antwort: »Tut uns leid, Frau Bundeskanzlerin. Das wissen wir auch nicht.«, wird die Kanzlerin den Auftrag erteilen, genau das herauszufinden. Und sollte sich dies als schwieriger erweisen als gedacht, wird man einfach mehr Agenten und Analysten an die Sache ransetzen.

Im Prinzip hatte Angela Merkel seit Beginn ihrer Kanzlerschaft, also seit dem 22. November 2005, Zeit, in Erfahrung zu bringen, was Putin eigentlich beziehungsweise strategisch will – wenn es nicht ihr Vorgänger Gerhard Schröder schon längst in Erfahrung gebracht haben sollte.

Angela Merkel lenkt in dem Interview davon ab, dass sie als Kanzlerin dafür verantwortlich ist, was der deutsche Geheimdienst über Putins Absichten weiß oder nicht. Und Moderator Thomas Roth spielt dieses Spiel mit, weil er nicht nach den Geheimdienstkenntnissen fragt, die eigentlich schon längst hätten vorliegen müssen.

Sehen wir uns zwischendurch zur geistigen Erfrischung ein paar Zitate aus Sun Tsus *Die Kunst des Krieges* zum Thema Spionage und Feindaufklärung an:

»Wenn du den Feind und dich selbst kennst, brauchst du den Ausgang von hundert Schlachten nicht zu fürchten. Wenn du dich selbst kennst, doch nicht den Feind, wirst du für jeden Sieg, den du erringst, eine Niederlage erleiden. Wenn du weder den Feind noch dich selbst kennst, wirst du in jeder Schlacht unterliegen.«[11]

Über Herrscher, die die Spionage und die Aufklärung des Gegners vernachlässigen, ob nun aus purem Geiz oder anderen Gründen, erzürnt sich der chinesische General vor rund 2500 Jahren:

»... es [ist] der Gipfel der Unmenschlichkeit, über die Verfassung des Feindes im Unklaren zu bleiben, nur weil man die Ausgabe [...] für Belohnungen und Sold [der Spione] scheut. Wer so handelt, kann Männer nicht führen, [...] kann den Sieg nicht erringen.

Was den weisen Herrscher [...] befähigt, zuzuschlagen und zu siegen [...] und Dinge zu erreichen, die außerhalb der Fähigkeiten gewöhnlicher Männer liegen, ist Vorherwissen. Doch dieses Vorherwissen kann nicht Geistern entlockt werden; es kann nicht aus der Erfahrung und auch durch keine Schlussfolgerung gewonnen werden. Das Wissen um die Pläne des Feindes kannst du nur von anderen Männern [Spionen, Verrätern] erhalten.«[12]

Geizt Angela Merkel also mit »Belohnungen und Sold« für die Spione? Wird zu wenig in den deutschen Geheimdienst investiert? Oder ist Wladimir Putin ein so ausgekochtes Schlitzohr, dass sich der deutsche Geheimdienst seit Putins Amtsantritt im Jahre 2000 erfolglos die Zähne an ihm ausbeißt?

Der irritierte und verunsicherte Bürger fragt sich dann natürlich irgendwann auch: Könnte es sein, dass Angela Merkel und der BND sehr wohl wissen, was Putin will, aber das Ganze ein Staatsgeheimnis ist?

Für ein gewolltes Aufrechterhalten der Unklarheit über Putins Absichten spricht leider, dass die Kanzlerin in keiner Weise zu erkennen gibt, dass sie ihrem Geheimdienst auf Deutsch gesagt in den Hintern treten will. Im Grunde signalisiert sie: »Ich weiß es nicht, und ich will es auch nicht wissen.« Und das ist das Beunruhigende an ihrer Antwort. Schließlich spürt es eigentlich jeder: Es wäre *ihre verdammte Pflicht*, herauszufinden, was Putin will: *Kenne deinen Feind!*

Die Kanzlerin in den *Tagesthemen* weiter: »... hier hat es schwere Verwerfungen gegeben, – wie zum Beispiel die Annexion der Krim –, wenn man so etwas zulässt, dann ist das etwas, was an den Grundfesten der europäischen Ordnung rüttelt, und deshalb können wir das nicht akzeptieren.

Aber ansonsten arbeite ich für eine diplomatische Lösung, und diese Lösung wird man, da bin ich ganz fest überzeugt, auch erreichen können. Wir werden vielleicht nur einen viel längeren Atem brauchen, als wir uns das manchmal vorgestellt haben [...].«

Was die Kanzlerin unter der »Arbeit an einer diplomatischen Lösung« versteht, konnte man drei Wochen zuvor in Sydney/Australien mitverfolgen, als sie nach ihrer Rede im *Lowy-Institut* auf eine Frage zu der unglücklichen Entwicklung zwischen Russland und dem Westen unter anderem sagte: »Und es geht ja nicht nur um die Ukraine. Es geht um Moldawien, es geht um Georgien. Wenn das so weitergeht, [...] muss man bei Serbien fragen, muss man bei den Westbalkanstaaten fragen?«[13]

Unter dem *Westbalkan* versteht man die ex-jugoslawischen Staaten mit Ausnahme Sloweniens, aber plus Albanien. Merkels »Arbeit an einer diplomatischen Lösung« schließt also offenkundig auch das öffentliche Malen des Teufels an die Wand ein und damit das faktische Schüren von Angst und Misstrauen gegenüber Putin. Denn was um Himmels Willen will dieser Wladimir Putin auf dem *Westbalkan*? Serbien zum unsinkbaren Flugzeugträger umfunktionieren?

Egal. Nicht so wichtig. Die Bundeskanzlerin muss gar nicht wissen, was Putin will. Nur seltsam: Trotzdem scheint sie irgendwoher zu wissen, dass die Krake Putin dabei ist, langsam einen Tentakel nach der anderen in Richtung Westbalkan auszustrecken.

Am 17. November 2014 im Lowy-Institut sagte die Kanzlerin dann auch noch: »Jetzt [...] müssen wir irgendwie zeigen, was wir aus all dem [zwei Weltkriegen] gelernt haben. Da man aber die Zukunft nicht voraussehen kann, ist es nicht einfach, den richtigen Weg zu finden. [...] Wir wissen auf der anderen Seite, dass regionale Konflikte sich sehr schnell zu einem Flächenbrand ausweiten können. [...]

Militärisch ist dieser Konflikt nicht zu lösen. Das würde in eine militärische Auseinandersetzung mit Russland führen, die mit Sicherheit keine lokale wäre [das wäre dann? ... etwa ein Dritter Weltkrieg?]. Auf der anderen Seite kann man nicht sagen: Weil wir das militärisch nicht lösen können, können wir es überhaupt nicht lösen. [...] Wenn die Popularität [Putins infolge der Krim-Annexion] einmal kurzfristig steigt, dann steigt sie eben. Wenn wir nicht daran glauben, dass unsere Werte so viel wert sind, dass sie sich irgendwann durchsetzen, dann brauchen wir auch unsere Sonntagsreden nicht mehr zu halten. Deshalb habe ich da ein ganz sicheres Gefühl, dass das von der Grundrichtung stimmt ...«[14]

Auch hier fragt sich verdutzt so mancher Bürger, wie die Kanzlerin einerseits »ein ganz sicheres Gefühl« bei der Grundrichtung ihrer Russland-Politik haben kann, wenn sie andererseits *gar nicht weiß, was Putin wirklich will?*

Nur drei Tage nach Angela Merkels Westbalkan-Warnung wird diese Warnung zur Grundlage der Talkshow *Maybrit Illner* – Thema der

Sendung vom 20. November 2014: »Putins Machthunger – wie weit wird Moskau gehen?« Die Moderatorin *Maybrit Illner* leitet die Sendung mit folgenden Worten ein: »Bisher nennen wir sie Ukraine-Krise und wollten damit offensichtlich auch zum Ausdruck bringen, dass dieser Konflikt regional begrenzt ist. Die Kanzlerin hat mit dieser Illusion Schluss gemacht.

Sie fürchtet, Zitat ›einen Flächenbrand‹ – und sprach offen von den Ländern, auf die er [noch] übergreifen kann. Auf Moldawien, Georgien bis nach Serbien, einem Land, das sich gerade auf den Beitritt zur Europäischen Union vorbereitet. In Wladimir Putin sieht sie den Brandstifter für diesen Flächenbrand. Was bringt sie zu dieser Einschätzung? Ist die Ukraine in Putins Plänen doch nur der Anfang? Erleben wir den Auftakt zu einem Kampf um Mittel- und Osteuropa, geführt mit eigentlich allen Mitteln, wirtschaftlichen, politischen und vielleicht auch militärischen?«[15]

Am 28. Januar 2015 ist Putins böser Geist wieder einmal zu Gast auf *Phoenix-TV*. Moderator Alexander Kähler beginnt die Sendung *phoenix Runde*: »Leid und Elend in der Ost-Ukraine. Sprachlos und feindselig stehen sich die Konfliktparteien gegenüber. Die Diplomatie, die wirkt hilflos. Spiel mit dem Feuer? Putin und der Westen. Heute das Thema der *phoenix Runde*, liebe Zuschauer, willkommen bei uns [...].«[16]

Ein paar Minuten später wendet sich Moderator Alexander Kähler dem Studiogast *Dmitri Tultschinski* zu, seit 2000 Leiter des Deutschlandbüros der staatlichen russischen Nachrichtenagentur *Ria Novosti*, und fragt ihn: »**Was will Putin?** Können Sie uns denn bei der Entschlüsselung dieses Rätsels helfen?«

Dmitri Tultschinski, der als »Putin-Versteher« in deutschen Medien offenbar schon die eine oder andere Tracht Prügel bezogen hat, wirkt etwas gequält, unwillig und kommt nur mühsam in die Gänge: »Ich glaube nicht. Und ... äh ... ich glaube, **diese Frage, die immer wieder gestellt wird**, ist äh, ... na ja, ... vielleicht wichtig und interessant für *Sie*, aber nicht interessant und nicht lebenswichtig für die Seiten, die jetzt in Donezk, dem Donbass, in Luhansk sind. ...«

Offensichtlich hat Dmitri Tultschinski keine große Lust, sich am Putin-Rätselraten zu beteiligen.

Am 5. Februar 2015, wieder auf *Phoenix-TV*, wieder in der Talkrunde *Phoenix Runde*, geht es wieder um Putin. Die Moderatorin *Ines Arland* fragt den russischen Journalisten *Andrei Gurkow*: »Herr Gurkow: In den letzten Monaten sind ja durchaus eine ganze Menge Leute nach Kiew und Moskau gereist ...«

Andrei Gurkow: »Das ist das große Rätsel. Weil – **wir wissen *nicht*, was Putin letztendlich will.**«

Seit einem Jahr rätseln die deutschen Medien in Zusammenhang mit der Ukraine-Krise über das, was Putin will. Inzwischen haben alle Beteiligten begriffen, dass nicht nur jeder für sich, sondern alle zusammen am Rätseln sind.

Ein weiterer Gast in dieser *Phoenixrunde* ist *Michael Stürmer*, der bereits erwähnte Chefkorrespondent der *Welt* und ehemaliger Berater von Kanzler Helmut Kohl. Irgendwann klinkt auch er sich in das Rätselraten ein: »**Was will Putin?** Weiß er das selbst? Ist das alles so beschlossene Sache? Gibt es da einen Masterplan im Kreml? ... Ich glaube das gar nicht. Ich glaube, dass Putin ein strategic opportunist ist.«

Mit *strategic opportunist* ist jemand gemeint, der letztlich überhaupt keine Strategie hat, sondern nur versucht, aus der jeweils aktuellen Situation das meiste rauszuholen. Zwei bekannte Beispiele für strategische Opportunisten kennen wird alle: Es sind der Feldhamster und die gemeine Hausmaus.

Andrei Gurkow wieder: »Eine Erkenntnis für mich, – und ich beschäftige mich gerade auch mit den wirtschaftlichen Entwicklungen in Russland – ist, dass es anscheinend für Putin nicht die Priorität ist. Er hat sich mit Wirtschaft in seinen zwei ersten Amtszeiten viel beschäftigt. Energiesicherheit, Energielieferung, das hat ihm Spaß gemacht. Jetzt scheint er eher für ... [Andrei Gurkow beginnt jetzt mit den Armen zu rudern, als versuche er, einen Gedanken aus der Studioluft zu fischen] imperiale Ideen ... Interesse ... und für Geschichte ... und für geschichtliche Territorien entwickelt zu haben. Das heißt, das [die Sanktionen] scheint für ihn nicht das Argument zu sein. Diese Sanktionen werden die Lage verschlechtern, aber ihn nicht von seinem Weg abbringen.

Bloß, wir wissen nicht, welcher Weg. Will er den Landweg zur Krim durchschlagen über Mariupol? Oder will er vielleicht – die Krim hat er ja jetzt, und die wird er nicht hergeben, das ist völlig klar – [...] oder will er wieder das Gefühl, Russland ist die Großmacht? Und vielleicht wird ihm das reichen?«

Will er dies? Will er das? Oder vielleicht ...? Der eine oder andere Leser weigert sich inzwischen vielleicht, endgültig zu glauben, dass wirklich niemand hierzulande in den Medien und der Politik weiß, was Putin will. Diese Weigerung wäre zu Recht, denn es gibt durchaus Leute, die auf die Frage nach Putins Absichten eine Antwort mit womöglich echtem Erklärungspotenzial haben, zum Beispiel der Journalist und Unternehmensberater *Christoph Hörstel*. Christoph Hörstel, Jahrgang 1956, ist einer jener wenigen Top-Journalisten, die früher für etablierte Medien gearbeitet haben, dann aber auch aus Gewissensgründen ausgestiegen sind. 1985 wurde er bei der *ARD* Sonderkorrespondent für den Mittleren Osten, später Nachrichtenmoderator der Sendung *MDR-Aktuell* sowie leitender Redakteur. 1999 wechselte er zur *Siemens Mobile* als Leiter der Bereichskommunikation. Im Jahre 2001 gründete er die Regierungs- und Unternehmensberatung *Hörstel Networks*, war unter anderem auch Coach für ISAF[5*]-Führungskräfte der Bundeswehr und Gastdozent am *Institut für Friedensforschung und Sicherheitspolitik* in Hamburg. Während des Sturzes der Taliban in Afghanistan im Jahre 2001 war Hörstel der einzige westliche Journalist in Kabul.

Christoph Hörstel nun meint, das Rätsel Putin entschlüsseln zu können, und hat auch eine Erklärung dafür, warum all die anderen an des Rätsels Lösung vorbeiraten. Allerdings lässt man Hörstel mit seiner Ansicht nicht in den etablierten deutschen Massenmedien zu

---

5* ISAF: International Security Assistance Force (Intern. Sicherheitsunterstützungstruppe).

Wort kommen, und er muss deshalb auf das Internet ausweichen, oder auf *Russia Today (RT)*, einem vom Kreml finanzierten Fernsehsender, der in Westeuropa über Satellit, teilweise auch Kabel und im Internet verfügbar ist.

Russia Today? Fernsehen aus Moskau? Das kann nur Kreml-Propaganda sein. So die einhellige Meinung in den deutschen Medien. Am 7. Februar 2015 brachte *RT* anlässlich der *Münchner Sicherheitskonferenz* ein kurzes Interview mit Christoph Hörstel. Die Moderatorin fragte ihn:[17] »Ist die Sicherheitskonferenz in München deswegen nur große Show, viel Tamtam um nichts?«

Hörstel: »Nicht um nichts. Das ist ja das Irre an der Sache. Es sterben jeden Tag Menschen [in der Ost-Ukraine], es gibt in Europa eine große heraufziehende Krise, auch deshalb, weil die politische Klasse in der ganzen NATO nicht wahrhaben will, dass Russland sich einfach nichts mehr bieten lässt.

Da heißt es immer: ›Wir können Herrn Putin nicht einschätzen.‹ *Das* ist dummes Zeug! Putin kann man ganz gut einschätzen, wenn man versteht, dass Russland sich von der *NATO gar nichts* mehr bieten lässt. Nichts heißt null Komma null, null, null. So. Und da kommen die einfach nicht dahinter. Das schaffen die nicht.

Und sie nehmen allerdings auch nicht ernst, dass Russland eine neue Militärdoktrin[6*] hat [*FAZ* am 26. Dezember 2014: »Russland stuft NATO jetzt als Bedrohung ein«[18]], und die heißt *ganz offen* erklärt [...]: ›Wenn wir konventionell ernsthaft und existenziell ins Hintertreffen geraten, egal ob wegen der Krim oder wegen anderem russischen Territorium, werden wir zur Not auch zur Atomwaffe greifen.‹ Ganz eindeutig. Und das will man hier nicht wahrhaben.«

Lassen wir das zunächst so stehen, und halten wir fest, dass jemand, der das Rätselraten um Putin als Farce betrachtet, in unseren etablier-

---

6* Die neue russische Militärdoktrin wurde – auch in Reaktion auf die Ukraine-Krise – am 26. Dezember 2014 von Präsident Putin unterzeichnet. Darin werden die NATO, ihre Aufrüstung, ihre Ausbreitung an die Grenzen Russlands und die Destabilisierung grenznaher Regionen (Ukraine!) als größte Bedrohung Russlands eingestuft. Russland behält sich außerdem das Recht vor, bei Bedrohungen für das Fortbestehen des Staates Atomwaffen einzusetzen. Das schließt wohlgemerkt auch eine konventionell-militärische Bedrohung ein.

ten Medien nicht zu Wort kommt, und stattdessen zu einem »feindlichen Propaganda-Sender« wie *Russia Today* gehen muss.

Wenn aber alle deutschen Politiker und Medienmacher gemeinsam monatelang über Wladimir Putin rätseln, – wenn guter Rat wirklich *so* teuer ist, sollte man – Not macht schließlich erfinderisch – auch einmal unbequeme Leute wie Christoph Hörstel zu Wort kommen lassen? Vielleicht haben die ja recht? Und wenn nicht? So what? Fruchtloser Unsinn wird ja schon genug geredet – Stichwort »Putins schwere Kindheit«.

In einem Internetinterview auf *NuoViso.com* am 11. März 2014 malt Christoph Hörstel dann noch weiter aus, was es seiner Meinung nach bedeuten würde, wenn Putin sich vom Westen »gar nichts mehr« bieten lässt: »Und offenbar hat er [Putin] genügend nachgerüstet, kann man nur sagen, bisher schon, dass er diesen Gang wagen kann.
Es ist völlig eindeutig, dass die NATO nicht in der Lage ist, im Moment einen Krieg mit Russland anzufangen. Das muss man klar sehen, dazu sind wir nicht imstande im Moment. Das hat Putin sehr gut analysiert. Er bleibt mit allen Maßnahmen unterhalb dessen, was er machen könnte. Und wir würden uns wundern, wie entschlossen Putin ist, wenn wir so weitermachen [...]. In Russland zündelt die NATO mit dem Feuer, das Europa abfackeln könnte.«[19]

Tabu Kriegsgefahr

Es versteht sich von selbst, dass westliche Politiker und Medien die (mögliche) Gefahr eines drohenden dritten Weltkrieges öffentlich überhaupt nicht zur Sprache bringen können, und zwar nicht nur, weil dann das Volk in »Panik« geraten könnte. Würde plötzlich die große Diskussion über einen drohenden dritten Weltkrieg einsetzen, würde die politische Klasse Westeuropas, auf gut Deutsch gesagt, schlagartig mit heruntergelassenen Hosen dastehen. Die Völker Westeuropas würden zu Recht und mit hochrotem Kopf fragen, was ihre Damen und Herren Politiker eigentlich die ganze Zeit gemacht haben, seit dem Ende der UdSSR und der Chance auf den ganz großen Frieden in Europa.

Insgesamt ergibt sich also in unseren etablierten Massenmedien eine Grauzone und Nebelwand, die es dem normalen Bürger schwer macht zu erkennen, ob ein großer Krieg mit Russland tatsächlich unmöglich ist – was immer wieder in den Medien betont wird –, oder ob sich unsere Politiker inzwischen in eine Situation hineinmanövriert haben, die es ihnen unmöglich macht, dem Volk gegenüber die Gefahr eines dritten Weltkrieges überhaupt beim Namen zu nennen.

Zurück zum Februar 2015: Die oben angesprochene *Münchner Sicherheitskonferenz*, ein international beachtetes Forum für Weltpolitik, auf dem seit Jahren etliche Staats- und Regierungschefs erscheinen, beispielsweise Wladimir Putin (2007) und die deutsche Bundeskanzlerin (2015), ist eines der Großereignisse im Kalender der bayerischen Landesmetropole. Also war klar, dass sich der *Bayerische Rundfunk* diesem Ereignis widmen muss, und das tat er zwei Tage nach Abschluss der Konferenz in der Talkrunde *Münchner Runde* am 10. Februar 2015, Titel der Sendung:

»Krieg oder Frieden – Was will Putin?«

Moderator ist wieder Sigmund Gottlieb. Geboren im Jahre 1951, hat Sigmund Gottlieb Ende der 70er-Jahre seine Karriere in der deutschen Medienlandschaft begonnen, und ist inzwischen Chefredakteur des *Bayrischen Fernsehens*. Für einen Journalisten und heimattreuen Bayern ist das so ziemlich das Ende der Karriereleiter. In der *Münchner Runde* kocht an diesem Tage sozusagen der Chef persönlich. Und der Chef beginnt: »Guten Abend zur Münchner Runde [...] Mit wem man auch redet in diesen Tagen, es gibt nur ein Thema: Das ist der Krieg in der Ukraine. Und die bange Frage lautet: Ist der Frieden doch noch herbeizuführen? Oder weitet sich dieser Krieg aus? Krieg oder Frieden? Es geht in diesen Stunden um alles.«[20]

Einer von Gottliebs Studiogästen ist die Russin *Anna Rose*, Deutschland-Korrespondentin der russischen Zeitung *Rossjskaja Gazetta*. Auch für Frau Rose ist es nicht die erste Sendung zum Thema Putin und Ukraine-Krise, und als potenzielle »Putin-Versteherin« ist ihr eine gewisse Defensivhaltung schon an der Körpersprache anzusehen.

Richtig wohl fühlt sich die Dame nicht in dieser Runde. Moderator Gottlieb wendet sich ihr zu: »Frau Rose: Was wir nicht so genau wissen – vielleicht können Sie uns hier helfen –, was erwartet eigentlich – Putin – vom Westen?«

Anna Rose entgegnet in leicht irritiertem Tonfall, aber letztlich doch so, als sei sie gerne bereit, eine für sie unangenehme Übung zu wiederholen: »Ich denke schon, dass Russland mehrmals gesagt hat, dass es an einer friedlichen Lösung interessiert ist. Das hat Herr Lawrow [russ. Außenminister] ständig gesagt. Das hat Herr Putin ständig gesagt.«

Das bringt es in etwa auf den Punkt: Lawrow und Putin sagen »mehrmals« und »ständig«, sie seien an einer friedlichen Lösung interessiert. Aber der Westen hört es nicht. Putin am Frieden interessiert? Das kann nicht sein. Putin ist zu misstrauen! Das ist der Subtext, der mehr oder weniger überall mitschwingt. Für die breite Masse des Publikums wird permanent auf emotionaler Ebene signalisiert: Diesem Mann ist nicht zu trauen. Diese Misstrauenshaltung gegenüber Putin wird (wenigstens bis jetzt) von *Tagesschau*-Sprechern, Moderatoren, Politikern und in speziell produzierten Fernseh-*Dokumentationen* über Putin und sein Russland wieder und wieder und immer wieder zur Schau gestellt.

Ebenfalls am 10. Februar 2015 sendet *Phoenix-TV* wieder einmal eine *Phoenix Runde* zum Thema Putin und Ukraine. In dieser Talkrunde bringt es *Christoph von Marschall*, ein Redakteur der Berliner Tageszeitung *Der Tagesspiegel,* auf den Punkt:
»Also bei Putin rätseln wir ja alle. Wir hätten uns vor ein paar Jahren überhaupt nicht vorstellen können, dass ein postsowjetisches Russland wieder in diese Verhaltensmuster verfällt, dass man also mit militärischer Gewalt versucht, Grenzen in Europa zu setzen.
Und Putin betreibt ja auch ein Verwirrspiel, indem er uns im Unklaren darüber lässt, was er wirklich möchte und welche Mittel er bereit ist, einzusetzen. Insofern stehen wir da alle vor einem Rätsel.«

Werfen wir auch hier kurz einen Blick auf den beruflichen Hintergrund, um den Vernetzungsgrad wenigstens vage abzuschätzen: Christoph von

Marschall ist Jahrgang 1959, arbeitete neben dem *Tagesspiegel* schon bei der *Süddeutschen Zeitung*, ist regelmäßiger Kommentator im *Deutschlandfunk*, arbeitet als Autor für das *Deutschlandradio* und schreibt für die Zeitschrift *Cicero* sowie die *Atlantic Times*. Für den *Tagesspiegel* berichtet er seit dem Jahre 2005 als US-Korrespondent aus Washington. Im Jahr 2002 verlieh ihm das Auswärtige Amt den *Deutsch-Amerikanischen Kommentarpreis*, und 2010 zeichnet ihn die *Steuben-Schurz-Gesellschaft*, die älteste deutsch-amerikanische Freundschaftsorganisation, mit dem deutsch-amerikanischen Medienpreis aus. Auch Christoph von Marschall dürfte also hinlänglich vernetzt sein, sodass er mit seinem zweimaligen »wir alle« »rätseln« beziehungsweise »stehen vor einem großen Rätsel« ein Großteil, wenn nicht die überwiegende Mehrheit des deutsch-amerikanischen Netzwerks gemeint haben dürfte.

Am 24. Februar 2015 gibt es dann erneut eine *Sandra-Maischberger-Sendung* zum Thema Ukraine/Putin, diesmal mit dem Titel »Zar Wladimir I., was will Putin wirklich?« Auch diesmal wird die Frage nicht wirklich beantwortet. *Arnulf Baring*, ein bekannter Autor und Zeithistoriker, wirft Russland »Imperialismus« vor, und *Werner Schulz*, ehemaliger Europaparlamentsabgeordneter von *Bündnis90/Die Grünen*, bezeichnet Putin sogar als »skrupellosen Verbrecher«.

In den darauffolgenden Wochen und Monaten wird die Ukraine-/Russland-Krise dann durch die Euro-/Griechenland-Krise aus den Medien verdrängt. Und kaum ist die Euro-/Griechenland-Krise scheinbar wenigstens halbwegs überstanden, folgt nahtlos die Flüchtlingskrise.

So weit einige Stimmen aus der deutschen Medienlandschaft zur Frage »Was will Putin?« aus dem Zeitraum Februar 2014 bis Februar 2015. Nicht nur, dass diese Frage über viele Monate hin in unseren Medien immer wieder gestellt wurde und unbeantwortet blieb – es wurde auch ausdrücklich wiederholt darauf hingewiesen, dass alle Journalisten, Politiker usw. über diese Frage rätseln. Es war Maybrit Illner, die das kollektive Rätselraten am besten auf den Punkt brachte, als sie am 4. September 2014 sagte: »... dabei gäben wir alle eine Menge darum, zu wissen, was Wladimir Putin wirklich *will*«.

Zum Abschluss dieser Szenen des großen Rätselratens über den geheimnisvollen Mann im fernen Moskau möchte ich noch ein paar Aussagen von März 2015 anfügen, die im Rahmen des *Brussels Forum* gemacht wurden, einer jährlich in Brüssel stattfindenden Veranstaltung, die etwas der *Münchner Sicherheitskonferenz* ähnelt, zwar nicht so bekannt ist, aber ähnlich prominent und hochkarätig besetzt.

Am 20. März gab es dort ein Podiumsgespräch unter der Überschrift »Zero-Sum? Russia, Power Politics, and the post-Cold War Era«[7*], an dem folgende Personen teilnahmen: der Russe *Konstantin Kosatschew*, Vorsitzender des Komitees für internationale Beziehungen im *Russischen Föderationsrat* (vergleichbar mit dem Deutschen Bundesrat), der Norweger *Jens Stoltenberg*, seit Oktober 2014 NATO-Generalsekretär, die US-Amerikanerin *Victoria Nuland*, *Assistant Secretary of State* (Staatssekretärin) im Dienst des US-Außenministeriums, zuständig für Europa und Eurasien, und Anfang 2014 verwickelt in den Regierungswechsel in der Ukraine. Die Dame wurde Anfang Februar 2014 durch ihren unsäglichen Ausspruch »Fuck the EU!« bekannt. Ferner nahm teil die Italienerin *Federica Mogherini*, die »Hohe Vertreterin« der Europäischen Union für Außen- und Sicherheitspolitik.

Im Rahmen dieses Podiumsgesprächs wandte sich Moderator *David Ignatius* an seinen russischen Gast: »Ich möchte Herrn *Kosatschew* eine Frage stellen, die – wie mir auffiel – alle Leute in Washington – und in der Welt überhaupt – stellen, wenn es in den Gesprächen um Russland geht. Und die Frage lautet: Wie sieht Präsident Wladimir Putin die Welt?«[21]

Na bitte: Jetzt rätseln sogar »alle Leute in Washington«, ja »in der Welt überhaupt« über Wladimir Putin! Putin, der rätselhafteste Mann der Welt. Toll! Applaus bitte! Das macht ihm so schnell keiner nach.

Sicher, Moderator Ignatius hat nicht gefragt, was Putin *will*, sondern, wie er *die Welt sieht*. Aber das ist dasselbe. Wenn Putin die Welt sieht wie eine Biene, wird er Blüten suchen und Honig sammeln. Wenn er die Welt sieht wie ein Fischadler, wird er über dem Wasser kreisen und nach schmackhaften Fischen Ausschau halten. Und wenn

---

7 * Auf Deutsch: Nullsummenspiel? Russland, Machtpolitik und die Ära nach dem Kalten Krieg.

er einen sieht, wird er in den Tiefflug übergehen, seine Krallen ausfahren, und dann: Zack!

Konstantin Kosatschew beginnt seine Antwort damit, dass er Putin sogleich aus der Schusslinie nimmt, und die Bevölkerung Russlands in den Mittelpunkt rückt: »Ich würde es definitiv vorziehen, anstatt über Herrn Putin lieber über die Millionen Russen zu sprechen. Denn Putin repräsentiert die Russen nicht nur als russischer Präsident, sondern er ist ein sehr weiser Mann, der sehr gut versteht, wie die Menschen in Russland das wahrnehmen, was [derzeit] um Russland herum vor sich geht.«[22]

Aus russischer Sicht erscheint die Debatte im Westen tatsächlich so, dass die Person Putins beziehungsweise das Bild des »bösen Putin« missbraucht wird, um einer eingehenden Debatte über die geopolitischen Hintergründe der Krise auszuweichen. *Konstantin Kosatschew* ergänzt: »Russland hat sich tatsächlich geändert, aber das hat nichts zu tun mit Einzelpersonen. Während der 90er-Jahre hat Russland sämtliche Militärstützpunkte in Osteuropa aufgelöst, hat alle Militärbasen in den früheren Sowjetrepubliken aufgelöst, abgesehen von zwischenstaatlichen Vereinbarungen. Weiter haben wir alle schweren Waffen aus dem europäischen Teil Russlands hinter den Ural und nach Sibirien verlegt. [...][23] Wir haben unsere Militärstützpunkte in Vietnam und Kuba geschlossen.«[24]

Nach dem, was *Kosatschew* sagt, gibt Putin letztlich »nur« den Willen des russischen Volkes wieder, das seit 1991 eine lange Reihe von Enttäuschungen mit dem Westen erlebt hat, und nun seinerseits misstrauisch geworden ist (NATO-Osterweiterung, usw.).

Im Westen hat man Putins Rückhalt im Volk lange Zeit bezweifelt, doch im Zuge der Krim-Annexion (über deren Bewertung die Juristen streiten, siehe unten) haben auch die westlichen Medien die Umfrageergebnisse in Russland anerkannt, und diese Umfragen haben im Jahre 2014 eine Zustimmung für Putin von über 80 Prozent ergeben; für westliche Politiker ein unerreichbarer Traumwert.

Im Westen reagiert man auf diese Popularität Putins auf zwei Arten: Zum einen hofft man, dass sie bald wieder absackt und Putin auch in Russland massive Kritik zu spüren bekommt, zum anderen denkt man: Die Zahlen stimmen zwar formal, aber sie sind das Ergebnis einer massiven Propaganda der russischen Massenmedien.

Ein Rätsel, eingehüllt in ein Mysterium

Nicht unerwähnt bleiben darf bei alledem, dass man über Putin schon seit dem Jahre 2000 rätselt, als er die Nachfolge Boris Jelzins im Amt des russischen Präsidenten antrat. Schon Anfang 2000 fragte *Der Spiegel* auf dem Cover »Wer ist Putin?« (Ausgabe 2, 2000), seinerzeit noch eine absolut berechtigte Frage. Doch schon bald erwies sich die Antwort auf diese Frage als deutlich schwieriger, als gedacht.

Abb. 1: *Der Spiegel*, 10. Januar 2000

Das zeigte sich unter anderem an den Büchern über Putin, die nach einiger Zeit erschienen. So fand sich zu dem Buch *Putin und das neue Russland* (2003) von Autor *Viktor Timtschenko* auf *Amazon.com* eine Rezension, in der der Rezensent schrieb, er habe so gut wie alle bisherigen Bücher über Putin gelesen, und resümierte: »Wer ist Putin? Wie Wolfgang Leonhardt in seinem Buch: *Was haben wir von Putin zu erwarten?* korrekt schreibt, bleibt Putin ein Rätsel. Die Politologin Irina Scherbakowa sprach es aus: ›Und Putin ist ... ein großes Fragezeichen.‹«

Das war im Jahre 2003. Ende 2004 brachte die *Hannoversche Neue Presse* anlässlich Kanzler Gerhard Schröders Behauptung, sein Freund Putin sei ein »lupenreiner Demokrat«, einen Artikel, der mit den Worten schloss:

»Noch dürfen wir rätseln über Putins wahres Gesicht.«[25]

Als dann im November 2005 Angela Merkel Bundeskanzlerin wurde, hatte sich in den deutschen Medien die Auffassung durchgesetzt, dass Putin nicht zu trauen ist. Alle hatten erkannt, dass er nicht dem Westen nacheifert. Damit war klar, was Putin *nicht* will: ein Russland nach westlichem Vorbild. Aber was er letztlich wirklich will, was seine *eigentliche* Strategie ist, sein *eigentliches* Ziel, das wusste man immer noch nicht. Offenbar hat man es (angeblich) nie herausgefunden. Seit inzwischen 16 Jahren. Ein echtes Phänomen.

Die (scheinbare) Rätselhaftigkeit Putins, das sei auch noch angefügt, ist darüber hinaus eingebettet in eine gewisse Rätselhaftigkeit Russlands *überhaupt* und einen im Westen oft als rätselhaft empfundenen Nationalcharakter der Russen. Das bekannteste Zitat, das sich auf diese Rätselhaftigkeit bezieht, stammt von *Winston Churchill*, Großbritanniens Premierminister im Zweiten Weltkrieg: Am 1. September 1939 war die deutsche Wehrmacht über Polen hergefallen, und am 17. September 1939 holte sich die UdSSR ihren Anteil an der polnischen Beute. Zwei Wochen später, am 1. Oktober, sagte Winston Churchill in einer Sendung der *BBC* folgenden Satz über Russland, der später in die Geschichtsbücher Eingang fand:

»It is a riddle wrapped in a mystery inside an enigma.«

»Russland ist ein Rätsel, umgeben von einem Mysterium, verborgen in einem Geheimnis.«

Rund 80 Jahre nach Churchills berühmtem Ausspruch beginnt der weltbekannte frühere US-Sicherheitsberater und Außenminister *Henry Kissinger* in seinem 2015er-Buch *Weltordnung* das Kapitel »Das europäische Kräftegleichgewicht und sein Ende« mit der Zwischenüberschrift »Das Rätsel Russland«.

Die Rätselhaftigkeit Russlands an sich erklärt sich unter anderem dadurch, dass keiner so richtig weiß, wo Russland hingehört: zu Europa oder Asien, oder ob es eine ganz eigene Kategorie darstellt. Wobei scheinbar keiner genau weiß, worin diese Kategorie bestehen könnte – nicht einmal die Russen selbst. Siehe dazu auch das Kapitel »Liegt die Antwort in der *russischen Seele*?« auf Seite 145.

»Putin will die Weltmacht?«

Unter den bisherigen Lösungsvorschlägen für das Rätsel um Wladimir Putins wahre Absichten dürfte für manche Leser der irritierendste Vorschlag derjenige sein, bei dem Putin seinen Machtbereich so sehr ausweiten will, dass es zwangsläufig zu einem noch gefährlicheren Konflikt mit dem Westen kommt, Stichwort »Westbalkan« (Angela Merkel). Mit der weiteren Ausdehnung des russischen Machtbereichs würde die Gefahr einer militärischen Konfrontation zwischen Russland und der NATO fraglos deutlich zunehmen.

Wir Bürger und Medienkonsumenten glauben und hoffen derzeit, dass sich der Ärger mit Putin letztlich doch irgendwie auf ein paar Ecken in Osteuropa beschränken wird. Russland gilt einerseits als wirtschaftlich und militärisch zu schwach, und auf der anderen Seite versichert man uns in den Medien seit Ausbruch der Ukraine-Krise immer wieder, es gebe keine militärische Lösung und niemand wolle (den großen) Krieg, auch Russland nicht. Führende NATO-Vertreter bestreiten bis heute, dass wir uns wieder in einem neuen Kalten Krieg befinden.

Russland erscheint uns viel zu schwach, als dass wir es im Zusammenhang mit einer »globalen« Option Putins sähen. »Globale Option Putins« würde bedeuten, dass Putin den USA irgendwann mächtig in die Quere kommt. Sicherlich nicht Russland alleine, sondern in einem Bündnis mit anderen USA-Gegnern (zum Beispiel China), die alle zusammen die USA als Weltmacht Nummer eins in die Schranken weisen und Interessensphären definieren wollen, aus denen sich die USA künftig herauszuhalten hätten.

Eine Konfrontation auf dieser globalen Ebene wollen und können wir uns derzeit nicht vorstellen. Dennoch schwingt Putins globale Option in etlichen medialen Diskussionen unterschwellig mit, vor allem bei den Amerikanern und den ihnen nahestehenden Europäern.

Ein Vertreter der These von Putins globaler Ambition ist der ehemalige deutsche Außenminister *Joschka Fischer*. Am 2. Mai 2014 veröffentlichte die Schweizer Zeitung *Blick* ein Interview mit ihm zum Thema Putin, Überschrift:[26]

»Putin will die Weltmacht«

Mit »Putin will die Weltmacht« meint Joschka Fischer natürlich nicht, dass Putin gleich die *alleinige Weltherrschaft* anstrebt, durchaus aber, dass Putin den USA und dem Westen auf globaler Ebene substanziell Paroli bieten, und vom globalen Kuchen ein ordentliches Stück abhaben will, letztlich natürlich auch auf Kosten des Westens. Vereinfacht ausgedrückt: Globale Option bedeutet: Putin will Ärger! Die Krim reicht ihm nicht. Er will mehr.

Sehen wir uns also an, was Joschka Fischer in diesem Interview über Wladimir Putin sagt:

»Er überschätzt Russland. Russland hat nicht mehr [wirklich] die Fähigkeiten, zurück zur Weltmacht zu kommen, ohne sich umfassend zu modernisieren. Ich sehe diese umfassende Modernisierung nicht. Ich fürchte sogar, dass das Ganze für Russland ein weiterer Rückschlag sein wird wie so oft in der Geschichte. [...] Insofern ist das ein großer Jammer.«[27]

Man kann davon ausgehen, dass Putin schon seit Jahrzehnten weiß, dass Russland nicht mehr über die wirtschaftliche Basis verfügt, um sich gegen den Willen des Westens eine neue Weltmachtposition zu erstreiten. Putin wird genug fähige Wirtschaftsberater haben, die ihn seit geraumer Zeit auf das Problem der zu schwachen russischen Wirtschaft hingewiesen haben. Joschka Fischer unterstellt Wladimir Putin damit eine gewisse intellektuelle Beschränktheit oder irgendeine Art von Realitätsverweigerung.

Sollte Putin dauerhaft auf Konfrontationskurs mit dem Westen gehen, wird der Westen versuchen, Putin mittelfristig über die russische Wirtschaft zu Fall zu bringen, indem er diese daran hindert, zu wachsen und sich zu modernisieren. Zur Modernisierung braucht Russland westlichen Technologie- und Kapitalimport. Das alles könnte der Westen erheblich stören.

Folgt man Fischers Putin-Weltmacht-These, dann gehört zu dem entsprechenden Weltmachtsplan Putins auf jeden Fall auch ein Konzept, wie Russland mit einer westlichen Gegenstrategie fertig wird. Putin bräuchte einen Plan, der verhindert, dass die wirtschaftliche Zermürbungsstrategie des Westens aufgeht. Wirtschaftssanktionen wären schließlich eine voraussagbare Reaktion des Westens. Zu hoffen, Russland würde schon in der ersten Runde an den Wirtschaftssanktionen k.o. gehen, wäre naiv. Und ginge Russland wegen der Sanktionen tatsächlich »in der ersten Runde« k.o., könnte Putin theoretisch noch einen militärischen Plan B haben.

Joschka Fischer weiter: »Ich habe mir keine Illusionen gemacht seit seiner ersten Amtszeit [2000–2004]. Wladimir Putin hatte drei Ziele: Erstens Russland wieder von den Knien erheben zu lassen, was legitim ist. Zweitens die Wiederherstellung russischer Weltmacht, was, wie ich finde, nicht funktionieren wird.

Und das Dritte ist das Nutzen dieser Weltmacht. Das können wir im Iran und in Syrien sehen. Russland ist eine bedeutende Macht. Aber dazu muss es die wirtschaftlichen und sozialen Voraussetzungen schaffen. Was Putin betreibt, läuft auf eine Isolation Russlands hinaus. [...]

Die eigentliche Herausforderung für Russland kommt nicht aus dem Westen, sondern von Ostasien. Im Süden hat Russland keine Perspektive. Dort ist die Welt des Islam. Wo gehört Russland also hin? Isola-tion – oder sich für Europa, für den Westen zu öffnen. Das aber tut Putin nicht.«[28]

Hier haben wir den wohl wichtigsten Punkt der Analyse Joschka Fischers:

*Russland wird **nicht** vom Westen bedroht.*

Später in diesem Buch wird sich deutlich zeigen, dass Wladimir Putin und seine prominenten Mitstreiter das vollkommen anders sehen, und Russland vom Westen sogar in seiner Existenz bedroht glauben.

Joschka Fischer weiter: »Und China wird die strategische Herausforderung für Russland auf längere Sicht, nicht der Westen. Aber das ist eine russische Entscheidung. Die muss in Russland getroffen werden. Ich hielte das für falsch, für sehr kurzsichtig.«[29]

Erneut fragt sich, was der Grund für Putins »Kurzsichtigkeit« sein soll. Ist er zu dumm? Und seine Berater auch? Oder ist Putin getrieben von irgendwelchen Emotionen und fixen Ideen, die seinen Verstand vernebeln? *Kann* Putin nicht weiter voraussehen? Oder *will* er nicht? Oder ist es vielmehr Joschka Fischer, der nicht weit genug voraussehen kann, und dessen ganze Russland-Analyse nur dann Sinn ergibt, funktioniert und überzeugt, wenn im Zentrum dieser Analyse ein kurzsichtiger, sprich etwas dummer Putin sein, Unwesen treibt?

Joschka Fischer weiter: »Für mich ist klar: Je weniger zweideutig die europäische Position gegenüber Russland ist, desto deeskalierender wirkt das. Und je mehr Verständnis man Putin gegenüber zeigt, desto mehr ist das eine Einladung für die nächsten Schritte. Denn in Moskau wird das als Schwäche oder gar als Dekadenz verstanden.«[30]

Diese »nächsten Schritte« Putins sind der springende Punkt. Leider führt der Ex-Außenminister diesen Punkt in diesem Interview nicht weiter aus, aber folgt man der Diskussion in den USA und teilweise auch in Europa, bedeuten die »nächsten Schritte« Putins, dass Russland den Druck auf jene osteuropäischen Nachbarstaaten erhöhen wird, in denen es russische Minderheiten gibt, also die baltischen Staaten, aber auch Moldawien (10 Prozent Russen) und Transnistrien (30 Prozent Russen).

Reagiert der Westen dann mit entsprechendem Gegendruck, was ziemlich sicher wäre, könnte sich der Konflikt schnell hochschaukeln. Es könnte im Baltikum zu anti-russischen Ausschreitungen kommen, und schon hätte Putin einen Anlass, einzumarschieren.

Frage von *Blick*: »Ist Putin eine Gefahr für Europa?«

Joschka Fischer: »Er ist vor allem eine Gefahr für die Zukunft Russlands. Das ist meine Hauptsorge. Ich denke, für die Sicherheit Europas können die Europäer schon selber sorgen. Da spielen die NATO eine Rolle, die USA, aber auch die Europäer. Ich glaube nicht, dass Wladimir Putin die Absicht hat, so weit zu gehen, dass es zu einer bewaffneten Konfrontation käme. Allerdings, ich habe das auch prognostiziert, wird die Ost-Ukraine der nächste Zielpunkt sein. Und aus meiner Einschätzung geht es um die Destabilisierung der Ukraine.«[31]

Zum Zeitpunkt der Interviewveröffentlichung, dem 2. Mai 2014, war der Bürgerkrieg in der Ost-Ukraine bereits im Gange. Von daher muss man den Satz »Ich glaube nicht, dass Putin die Absicht hat, so weit zu gehen, dass es zu einer bewaffneten Konfrontation käme.« so lesen, dass Fischer einen offenen Krieg zwischen Russland und der NATO meint, also praktisch einen Dritten Weltkrieg, den Fischer zum Zeitpunkt des Interviews aber für unwahrscheinlich hält.

Frage von *Blick*: »Was ist der große Plan [von Putin]?«

Joschka Fischer: »Das läuft faktisch auf die Revision der postsowjetischen Ordnung in Osteuropa hinaus. Eine These, die ich schon sehr lange vertrete. Man hat die Ukraine und deren Bedeutung für Russland im Westen unterschätzt.«[32]

Fischers Behauptung, westliche Politiker hätten die Bedeutung der Ukraine unterschätzt, vernebelt die Tatsachen, ist im Kern vollkommen falsch, und Joschka Fischer dürfte das auch wissen. Wie wir noch sehen werden, war amerikanischen Geostrategen[8*] schon Ende der 90er-Jahre absolut klar, welche Bedeutung die Ukraine für Russland hat. *Zbigniew Brzeziński*, der bekannte Geostratege und ehemalige Sicherheitsberater von US-Präsident *Jimmy Carter*, hat die Bedeutung

---

[8*] Die Geostrategie befasst sich im Prinzip mit allen Machtfaktoren einzelner Staaten oder Staatengruppen, die deren Lage im globalen Machtgefüge beeinflussen können: »harte« Faktoren wie geografische Lage, Größe der Bevölkerung, wirtschaftliche und finanzielle Leistungsfähigkeit, technologisches, industrielles und militärisches Potenzial, aber auch »weiche« Faktoren, wie das Selbstbewusstsein der Bevölkerung, und spezielle psychische Ressourcen (z. B. die Religion).

der Ukraine für Russland schon 1997 in seinem viel beachteten Buch *Die einzige Weltmacht – Amerikas Strategie der Vorherrschaft* klar dargelegt – Titel des US-Originals: *The Grand Chessboard – American Primary and Its Geostrategic Imperatives.*

Fischer dann weiter zur Krim-Annexion beziehungsweise zur Krim-Sezession: »Das ist keine Einzelhandlung. Ich meine, Wladimir Putin ist das Gegenteil eines Irren. Er denkt sehr rational. Lediglich seine Ausgangsposition ist meines Erachtens überhaupt nicht durchdacht. Aber das kommt in der Politik ja öfter vor. Wladimir Putin will den Weltmachtstatus Russlands wiederherstellen.«[33]

Erstaunlich, wie sehr Joschka Fischer in seiner Analyse darauf vertraut, dass Wladimir Putin die Dinge nicht zu Ende denkt und, auf Deutsch gesagt, in einzelnen, aber höchst wichtigen Punkten ganz einfach etwas zu dumm ist. Ansonsten lässt es sich Joschka Fischer nicht nehmen, darauf zu verweisen, dass er – Joschka Fischer – nicht unbegabt ist, wenn es um langfristige politische Zukunftsprognosen geht, siehe oben »Ich habe das auch [richtig] prognostiziert«. Eine gewisse Rollenverteilung à la »hier der schlaue Joschka, dort der dumme Wladimir« ist nicht ganz von der Hand zu weisen.

Frage *Blick*: »Die Ukraine als Speerspitze einer neuen Westausdehnung Russlands?«

Fischers Antwort: »Davon lässt sich die russische Strategie ableiten. Westausdehnung bedeutet ja auch, dass der nach dem Zerfall der Sowjetunion verloren gegangene Einfluss in Europa wiederhergestellt werden muss. Natürlich nicht mit militärischen Mitteln. Da spielen Energieexporte und ähnliche Dinge eine Rolle. Die russische Politik wird sich an diesem Punkt nicht ändern [Fischer prophezeit damit erneut.]. Insofern rate ich den Europäern und dem Westen dringend, sich darauf einzustellen.«[35]

Versucht Putin, den Westen zu spalten?

Schließt man Krieg als Möglichkeit aus, so wäre eine »Westausdehnung« Russlands nur möglich, wenn es Putin gelingt, den Westen zu spalten und innerhalb des Westens Verbündete zu finden, also Staaten, die Russland sehr viel weiter entgegenkommen, als die USA und die EU bisher bereit sind. Solche Tendenzen konnte man bisher wenigstens ansatzweise in Ungarn und Griechenland erkennen. Bleibt der Westen jedoch ein geschlossener Block, hat Putin in Sachen nichtmilitärischer Westausdehnung keinerlei Chance.

Was sich letztlich hinter dem Begriff »Westausdehnung« verbirgt (siehe Angela Merkels »Westbalkan«), ist die Befürchtung, Putin verfolge eine Strategie der *Spaltung des Westens*. Daraus folgt für den Westen, dass eines der wichtigsten Ziele der NATO-Strategie darin bestehen muss, die »Putin-Versteher« aus der öffentlichen Debatte herauszudrängen, zu verhindern, dass »Putin verstehen« gesellschaftsfähig wird, und vor allem zu verhindern, dass in den etablierten Parteien das »Putin-Verstehen« zur Mehrheitsmeinung werden kann. Denn wenn Putin die etablierten Parteien einschließlich der normalen Parteimitglieder in ihrer Haltung gegenüber Russland spalten könnte, hätte er gewonnen.

Damit wird auch die zwingende Logik erkennbar, die Putin-Sympathisanten in der Öffentlichkeit für jeden erkennbar zu stigmatisieren. Und damit es auch der Dümmste begreift, braucht man eine griffige Formel. Der Begriff »Putin-Versteher« ist somit eine logische und zwangsläufige Ausgeburt im ideologischen Kampf gegen eine Spaltung des Westens.

Frage *Blick*: »Sind in einem solchen Szenario Sanktionen des Westens überhaupt sinnvoll?«

Antwort Fischer: »Ich bin kein Freund von Sanktionen, aber sie sind als Mittel nicht auszuschließen. Der russische Föderationsrat hat ja erklärt, man könne ausländische Investoren enteignen. Nach so einer Selbstsanktion muss die EU eigentlich kaum noch Sanktionen aussprechen. Eine solche Ansage hatte sofort 70 Milliarden Dollar Kapitalabfluss zur Folge, und dabei wird es nicht bleiben. Das zeigt, es ist alles nicht zu Ende gedacht.«[36]

Im Zentrum der Fischer'schen Analyse rumort also ein etwas dummer Wladimir Putin, der die Dinge nicht zu Ende denkt. Und folgt man den Fischer'schen Gedanken, gibt es im Kreml seit Jahren auch niemanden, der Putin auf seine groben Denkfehler hinweisen kann. Kurz: Blöder Putin – armes Russland.

Doch so sehr Joschka Fischer sich selbst für weitsichtig hält, letztendlich wirkt seine These vom kurzsichtigen, die Dinge nicht zu Ende denkenden Putin doch erstaunlich hausbacken. Und so stellt sich die Frage, ob es nicht möglich wäre, dass es in Putins Kalkül einige Faktoren gibt, die ausgerechnet der sich weitsichtig dünkende Joschka Fischer übersehen hat.

Der Ex-Außenminister weiter: »Ich bin der Meinung, jedes Signal Europas und des Westens, das auf Verständnis und Ähnliches zielt, wird in Moskau nicht als Einladung zum Dialog, sondern als Signal der Schwäche verstanden, als Ermutigung für eine falsche Politik. Da bin ich entschieden dagegen. [...]«[37]

Frage *Blick*: »Und der Weg aus dieser Krise?«

Antwort Fischer: »Entweder wird die Krise weiter eskalieren. Das hängt von Moskau ab. Der Westen wird dann meines Erachtens eine sich immer stärker versteifende, abwehrende Position einnehmen müssen. Auch aufgrund der Tatsache, dass wir Partner und Freunde haben, die sich einem russischen Druck ausgesetzt sehen.«[38]

Tatsächlich hat sich der Konflikt mit Russland seit Mai 2014, dem Zeitpunkt des Interviews, weiter verschärft. Insofern trifft Fischers Kurzzeitprognose zu.

So weit ein paar Auszüge aus dem Interview mit Joschka Fischer, das die Schweizer Zeitung *Blick* am 2. Mai 2014 veröffentlicht hat. Man wird sehen, ob sich Joschka Fischers These vom Kurzdenker Putin in Zukunft bestätigen wird.

Abschließend zu diesem Interview wäre noch zu klären, ob Joschka Fischer mit seiner These über Putins angebliche Weltmachtsambitionen eine abweichende Sondermeinung vertritt. Hier lautet die Antwort eindeutig: nein. Es ist *keine* Sondermeinung, vielmehr bewegt sich Joschka Fischer mit seiner Ansicht in dem aus USA und NATO bekannten Meinungsbild.

Fischers große geistige Nähe zur US-Politiker-Elite dokumentiert sich unter anderem in der von ihm 2009 mitgegründeten Beratungsfirma *Joschka Fischer & Company GmbH*, die laut eigenen Angaben eine *strategische Partnerschaft*[39] mit der *Albright Stonebridge Group* in Washington, D. C., eingegangen ist, ebenfalls eine Beratungsfirma, die ihrerseits als Schnittstelle zwischen der hohen US-Politik und der Wirtschaft fungiert. *Madeleine K. Albright* wiederum, eine der drei Vorsitzenden der *Albright Stonebridge Group*, war von 1997 bis 2001 unter US-Präsident *Bill Clinton* US-Außenministerin. In diese Zeit fiel der völkerrechtswidrige[40] Jugoslawien-Krieg, dem seinerzeit auch Joschka Fischer als deutscher Außenminister zugestimmt hatte.

Man kann also feststellen, dass Joschka Fischer eindeutig eher zu einer amerikanischen Position tendiert. Wie wir weiter unten noch sehen werden, fürchtet in den USA ein bedeutender Teil der politischen Elite eine weitere territoriale Expansion Russlands, sei es in der Ukraine, im Baltikum oder anderswo. Dementsprechend wird in den USA überwiegend eine härtere Gangart gegenüber Russland befürwortet.

Bevor wir uns jetzt endlich ansehen, was Putin *selbst* sagt, müssen wir uns noch kurz mit dem Thema *Weltherrschaft* befassen, weil diesbezüglich ein gewisses Hintergrundwissen hilft, bestimmte Dinge auf den nachfolgenden Seiten besser zu verstehen.

Weltherrschaft im dritten Jahrtausend

Um besser zu verstehen, was weltpolitisch vor sich geht, muss man den Globus insgesamt betrachten, und dazu gehören natürlich auch jene Mächte, die global agieren und global Macht ausüben; allen voran die USA. Die globale Vorherrschaft der USA muss man dann weiter im Zusammenhang mit der technologisch-industriellen Entwicklung des 20. und 21. Jahrhunderts und dem allgemeinen Trend zur Globalisierung sehen. Das heißt: Es war eigentlich klar, dass irgendeine Macht im 20. Jahrhundert ihren technologisch-industriellen Vorsprung nutzen wird, um so etwas wie eine Weltherrschaft oder Weltdominanz anzustreben. Hitler hat es versucht, Stalin kam nur bis zur Elbe, die USA aber haben tatsächlich Weltdominanz erlangt.

Eine kurze Abhandlung zur Weltherrschaft

Die Idee der Weltherrschaft ist nicht neu. Der mazedonische Eroberer *Alexander der Große* (gest. 323 v. Chr.) war der Erste, dem man ein Weltreich zuschreibt. Auch das *Römische Reich* galt als Weltreich. Dasselbe gilt für das von *Dschingis Khan* gegründete Reich der Mongolen. Napoleon Bonaparte hatte letztlich auch Weltherrschafts-Ambitionen, schließlich war Europa Anfang des 19. Jahrhunderts das unangefochtene Machtzentrum der Welt. Wer Europa beherrschte, war automatisch Weltherrscher.

Dann taucht die Idee der Weltherrschaft natürlich auch in Nazi-Deutschland und in der UdSSR auf. Die Idee der Weltherrschaft und der Wunsch danach sind eine Art historische Konstante. Sie liegt dem Menschen gewissermaßen im Blute. Und, vorausgesetzt, ein Weltherrscher wäre weise und gerecht, wäre Weltherrschaft eigentlich auch keine schlechte Sache: Unter einer echten Weltherrschaft gäbe es auch sicherlich keine Kriege mehr, eine Menschheitsplage, die in rund 5000 Jahren unendliches Leid über die Völker der Welt gebracht hat. Weltherrschaft könnte also eine sehr gute Sache sein. Theoretisch.

Das Problem ist nur, dass eine echte globale Weltherrschaft ausgerechnet diejenige Herrschaftsform ist, die mit Abstand am meisten Neider, Rivalen und Feinde hervorruft. Überall auf dem Planeten würde es Politiker geben, die eine bestehende Weltherrschaft beseitigen, ändern oder übernehmen wollen, oder »besser« noch: am Entstehen hindern. Eher früher als später würden sich die Gegner der Weltherrschaft zusammenschließen und Gegenpläne schmieden.

Zudem: Die Weltherrschaft *zu erlangen* wäre die eine Sache, sie *zu behalten*, eine völlig andere. Ein Weltherrscher muss sich entscheiden: Will er zulassen, dass sein Reich irgendwann wieder zerfällt? Oder will er sicherstellen, dass ein Zerfall in Zukunft unmöglich sein wird, und erstickt er deshalb jegliche Opposition im Keim, und zwar *weltweit*? Würde ein Weltherrscher erlauben, dass ein Staat X sagt: »Wir pfeifen auf die Weltregierung. Wir gehen unseren eigenen Weg.«?

Großreiche sind oft durch maßlose Gewalt geprägt. Man denke nur an die Römer, Dschingis Khan, die spanischen Konquistadoren in der Neuen Welt, an Nazi-Deutschland oder die UdSSR mit ihren Säuberungsaktionen und sibirischen Arbeitslagern. Diese Beispiele sind hinlänglich bekannt. Schon von daher läge es auf der Hand, dass weltweit alle heute noch existierenden wirklich souveränen Herrscher den globalen politischen Trend Richtung Weltherrschaft mit Argusaugen beobachten, nach Verbündeten Ausschau halten und bei der erstbesten Gelegenheit zuschlagen würden. Denn jeder weiß: Gibt es erst einmal eine *echte* Weltregierung, wird lokaler oder nationaler Widerstand ziemlich aussichtslos.

Die Feinde einer Weltregierung werden sich also wenn, dann frühzeitig organisieren müssen. Das wiederum bedeutet für den Weltherrscher in spe, dass er seinerseits die frühen Etappen auf dem Wege zur Weltherrschaft auf verdeckte und geheime Weise bewerkstelligen muss, da ein offenes Vorgehen ohne Tarnung und Täuschung einfach viel zu früh viel zu viel Widerstand und Feinde heraufbeschwören würde.

Das ist eine der großen Lektionen der Weltgeschichte: Weltreiche scheitern irgendwann auch an der Überzahl ihrer Feinde. Und an dem Problem der Überzahl der Feinde hat sich bis heute nichts geändert. Denn noch immer gibt es kein Volk auf unserem Planeten, das so groß ist, dass es keine Verbündeten bräuchte und kein gegnerisches Bündnis mehr fürchten müsste.

Wer also heutzutage ein globales Weltreich anstrebt, der muss in der Anfangs- und Aufbauphase verdeckt vorgehen. Anders *kann* es nicht gelingen. Dies gilt es klar zu erkennen.

Das höchste Ziel bei allen taktischen Entscheidungen

Denkbar wäre natürlich auch, dass in fernerer Zukunft neben oder nach den USA noch andere politische Großmächte auftreten, die eine Weltdominanz oder Weltherrschaft anstreben, und die ihre Bestrebungen in der Anfangsphase auf subtile, verdeckte und geheime Weise vorantreiben.

Wer die Weltherrschaft will, wer die multipolare Welt durch eine echte monopolare Welt ersetzen will, – wer also eine Welt mit nur einer echten Supermacht will, der muss die noch vorhandenen anderen Pole irgendwie austricksen. Das bedeutet, wie schon erwähnt, in jedem Fall: Der zukünftige Monopolist muss im Geheimen beginnen. An diese Regel muss sich jeder halten, egal, ob er weiß, gelb oder schwarz ist, und egal, ob er Jude, Christ, Moslem, Hindu, Buddhist oder Atheist ist. Man posaunt seine Weltherrschaftsambitionen nicht heraus. Jedenfalls nicht in der Anfangsphase.

Darüber hinaus ist geheimes Vorgehen bei strategisch relevanten Dinge sowieso ein Muss. Schon *Sun Tsu* unterstreicht vor rund 2500 Jahren die Bedeutung der Geheimhaltung. Er sagt:

»Wahre Vortrefflichkeit ist es, insgeheim zu planen, sich heimlich zu bewegen, dem Feind einen Strich durch die Rechnung zu machen und seine Pläne zu vereiteln.[41]

Das höchste Ziel bei allen taktischen Entscheidungen [und natürlich auch bei strategischen Entscheidungen, Anm. B.] muss sein, sie geheim zu halten; halte deine Entscheidungen geheim, und du bist sicher vor den Augen der geschicktesten Spione und vor den Ränken der klügsten Köpfe.«[42]

Damit dürfen wir Sun Tsu scherzhaft als den »Gottvater der Verschwörungstheorie« bezeichnen, denn jede Verschwörungstheorie baut auf der Annahme auf, dass jene, die ihre Macht vergrößern oder wenigstens absichern wollen, ihre wahren Absichten verbergen, und ihre Gegner (und natürlich auch die Öffentlichkeit) über ihre wahren Absichten täuschen.

Damit wird auch klar, wie lächerlich der in unseren Medien so beliebte Verschwörungstheoretiker-Vorwurf ist. Geheimhaltung, Täuschung und Lüge war, schon immer unverzichtbarer Teil des machtpolitischen Spiels. Die heutige Beliebtheit des Verschwörungstheoretiker-Vorwurfs kennzeichnet lediglich das Erreichen eines neuen Gipfels auf dem Weg zur allgemeinen Volksverdummung.

Weltschicksal Weltherrschaft?

Vielleicht aber ist Weltherrschaft auch das Schicksal der Welt. Im Zuge der globalen Vernetzung wird echte Weltherrschaft jedenfalls als reale Möglichkeit immer offensichtlicher, machbarer und wahrscheinlicher. Doch bedeutet das noch lange nicht, dass es mit der Weltherrschaft im positiven Sinne *schon beim ersten Mal klappt!* Jene Menschen, die das Talent haben, neue Möglichkeiten lange vor den anderen zu erkennen und zielstrebig zu nutzen, tun dies nicht unbedingt immer zum Wohle der Allgemeinheit.

Die womöglich erste echte globale Weltherrschaft, die viel gepriesene *One World*, könnte auf sehr unterschiedliche Weisen entstehen. Sie könnte dilettantisch zusammengeschustert werden, etwa so wie die

Europäische Union und der Euro, oder sie könnte wohldurchdacht und zum echten Nutzen der ganzen Menschheit errichtet werden. Ob es beim ersten Versuch klappt, weiß niemand. Gegenwärtig sind Zweifel angebracht. Die unterschiedlichen denkbaren Varianten der One World lassen sich einreihen irgendwo zwischen dem ganz großen Irrtum und dem echten Geniestreich, oder zwischen der ganz großen Lüge und der ganz großen Wahrheit. Es gibt nicht nur eine mögliche One World, es gibt viele.

Die Frage lautet: Welche One World wollen wir? Und es fragt sich natürlich auch, ob diese Frage überhaupt noch demokratisch beantwortet würde. Denn je mehr Wähler für die Weltregierung es gibt (sagen wir im Moment fünf Milliarden), desto weniger Einfluss hat die Stimme des Einzelnen. Irgendwann kommt der Moment, wo das Gewicht der einzelnen Stimme so gering ist, dass sie sich in Nichts auflöst.

Aber vielleicht wäre das der Preis, den wir für echten weltweiten Frieden und für die Bewahrung vor globaler Selbstzerstörung zu zahlen hätten: *die faktische weltweite Abschaffung der Demokratie!*

Jenseits der One World – jenseits der Lichtgeschwindigkeit

Der Vollständigkeit halber noch Folgendes: Die Idee der One World an sich, als neuer Horizont einer großen Menschheitshoffnung, verliert allerdings dramatisch an Anziehungskraft und Faszination, wenn man das Weltgeschehen von einer höheren, galaktischen oder universalen Perspektive aus betrachtet:

In dem Moment, wo der Mensch die Begrenzung der Lichtgeschwindigkeit überwindet, und in vertretbarer Zeit zu anderen Sonnensystemen mit erdähnlichen Planeten reisen kann, wird die Idee der One World ad absurdum geführt. Denn wo läge der Reiz der irdischen One World, wenn es jenseits unseres Sonnensystems *Tausende* bewohnbare Welten gäbe?

Das bedeutet: Bei genauerer Betrachtung liegt die tiefere psychologische Wurzel für die Faszination der One World im fehlenden Glauben daran, *dass wir unser Sonnensystem eines Tages verlassen und fernab andere erdähnliche Planeten besiedeln können.* So hoffnungsfroh uns der One-World-Traum auch stimmen mag, er ist letztlich doch nur das Ergebnis einer erdgebundenen Fantasielosigkeit, Ergebnis unserer felsenfesten Überzeugung, dass nichts schneller reisen können wird als Licht.

Die Mutter des One-World-Traumes ist nicht der Glaube daran, »dass alles möglich ist«, sondern der Glaube daran, dass bestimmte Dinge *niemals möglich sein werden: wie beispielsweise schneller reisen als Licht!*

Die Nichtüberwindbarkeit der Lichtgeschwindigkeit bedeutet, dass die erdnächste Nachbarsonne *Alpha Centauri*, selbst wenn man mit Raumschiffen an die Lichtgeschwindigkeit herankäme, erst nach über vier Jahren Reise zu erreichen wäre. Wohlgemerkt *one way*.

Blieben wir auf immer und ewig an Mutter Erde gebunden, würde das Leuchtfeuer der One World bald zu einer Funzel verkommen, und größte Langeweile würde sich breitmachen. Selbst wenn wir eine One World bekämen, die wirklich gut funktioniert, würde die Menschheit innerhalb weniger Generationen immer frustrierter werden, weil sie erkennt, dass sie hier nicht weg kann.

Je länger wir in der One World leben, in besagtem Weltstaat und unter einer echten, unglaublich machtvollen Weltregierung, desto mehr würde uns bewusst werden, dass die One World letztlich nur das Sprungbrett sein kann für eine intersolare oder intergalaktische Menschheit. Ist die One World nur eine Übergangsphase, ist alles in Ordnung. Wehe aber, sie wird zum Endstadium.

Mögliche Weltherrschaftsambitionen heutzutage muss man also vor dem Hintergrund des Menschheitsschicksals sehen. Möglicherweise muss die Menschheit die Erfahrung der One World machen. Die One World scheint die logische Konsequenz menschlicher Kreativität und menschlicher Fähigkeiten zu sein, die in Form von Technologie überwiegend auf die materielle Welt angewandt werden.

Früher oder später käme in der globalisierten Welt so oder so eine politische Macht, die eine echte und absolute Weltherrschaft anstrebt. Und insbesondere, wenn dies das erste Mal versucht werden wird, wird man so viele Schritte wie nur irgend möglich im Verborgenen und unter falschen Vorzeichen, falschem Etikette und irreführenden Erklärungen durchführen müssen, um das Entstehen eines gegnerischen Bündnisses frühzeitig auszubremsen.

Der Konflikt zwischen Russland und dem »Westen« könnte also bereits im Spannungsfeld dieser logischen Entwicklung des Weltschicksals erfolgen. Was sich derzeit »monopolare Welt« unter der Führerschaft der USA nennt, könnte sich als Vorstufe zur One World entpuppen. Aus der *ein-poligen* Welt könnte relativ bald die One World entstehen. Russland allerdings steht – das zeigt sich auf den folgenden Seiten – für das Modell einer *multi-polaren* Welt, und scheint jedenfalls im Moment bereit, sich dem von den USA forcierten Trend zur One World notfalls mit aller Macht entgegenzustemmen.

Was Putin sagt

Kommen wir nun endlich zu dem, was Putin selbst sagt.

Wladimir Putin hat immer wieder öffentlich erklärt, was er politisch will, und wie er die Welt sieht. Die entsprechenden Reden sind bekannt, und nicht nur im Internet (zum Beispiel auf Englisch bei *kremlin.ru*) abrufbar, sondern liegen auch in gedruckter Form als deutsche Übersetzung[9*] vor. Aus den unterschiedlichen Reden Putins der vergangenen Jahre lässt sich ein klares, ziemlich geschlossenes Weltbild des russischen Präsidenten ableiten.

Mag sein, dass dieses Weltbild Teil eines Putin'schen Bluffs ist, mit dem er eine äußere Bedrohung durch den Westen vortäuscht, um so die Einheit nach innen zu stärken. Aber sein erklärtes Weltbild *an sich* ist ziemlich klar. Dieses Weltbild hat eine gewisse suggestive Geschlossenheit und Kraft, und wird von bedeutenden Teilen der russischen Elite geteilt. Ob nun Bluff, fixe Idee oder feste Überzeugung, – wenn Putins Weltbild von genug Russen geteilt und geglaubt wird, wird es zu einem bedeutenden politischen Faktor, und der Glaube an die Putin'sche Weltsicht könnte in einem 140-Millionen-Menschen-Staat erhebliche Energien mobilisieren.

[9*] Compact-Edition: Wladimir Putin – Reden an die Deutschen, 2014.

Die nachfolgenden Ausschnitte aus Putins Reden sind überwiegend chronologisch geordnet. Die Auswahl der Zitate beginnt mit Aussagen Wladimir Putins von 2001 und endet im September 2015. Über die ganze Zeitspanne dieser 15 Jahre ist in Putins Reden keine echte Neu- oder Umorientierung zu erkennen. Seit 2014 hat sich seine Sprache natürlich verschärft, aber schon lange vor der Ukraine-Krise hat Putin die USA argumentativ substanziell angegriffen.

Bevor wir uns den Zitaten zuwenden, noch kurz der Hinweis, dass sich andere russische Politiker ähnlich äußern wie Putin. Es geht hier also keinesfalls um Putin alleine, sondern um die Weltsicht der zurzeit in Russland an der Macht befindlichen Elite.

Putins 2001er-Rede vor dem Deutschen Bundestag

Beginnen wir mit Wladimir Putins Rede vor dem Deutschen Bundestag am 25. September 2001. Es war das erste Mal in der Geschichte, dass ein russisches Staatsoberhaupt dort eine Rede hielt. Putin war gerade 18 Monate im Amt, und im Westen war man noch dabei, sich ein Urteil über ihn zu bilden. Zwei Wochen zuvor war es in New York zu dem Anschlag auf die Zwillingstürme gekommen, und die öffentliche Aufmerksamkeit war noch ganz gefangen von diesem Ereignis.
 In seiner Rede, die er zum Großteil in deutscher Sprache hielt, beklagte Putin, dass es in den zehn Jahren seit dem Zerfall der UdSSR noch zu keiner echten vertrauensvollen Annäherung zwischen Russland und dem Westen gekommen war. In der Hauptsache war Putins Rede ein einziges Werben für eine Verbesserung und Intensivierung der politischen und wirtschaftlichen Beziehungen zwischen Europa (insbesondere Deutschland) und Russland. Unter anderem sagte er:

»Niemand bezweifelt den großen Wert der Beziehungen Europas zu den Vereinigten Staaten. Aber ich bin der Meinung, dass Europa seinen Ruf als mächtiger und selbstständiger Mittelpunkt der Weltpolitik langfristig nur festigen wird, wenn es seine eigenen Möglichkeiten mit den russischen menschlichen, territorialen und Natur-Ressourcen sowie mit den Wirtschafts-, Kultur- und Verteidigungspotenzialen Russlands vereinigen wird.«[43]

Hier wird sofort ein Kernproblem erkennbar, das auch ein Grundthema dieses Buches ist: Im übertragenen Sinn umwirbt Putin Europa, obwohl Europa schon längst den USA versprochen, mit diesen verlobt oder gar verheiratet ist. Wie auch immer man die Beziehungen zwischen Europa und den USA umschreibt, es war klar, dass den USA die Avancen Putins 2001 alles andere gelegen kamen. Und da die USA seinerzeit (und natürlich auch heute noch) in der deutschen Gesellschaft, der deutschen Politik und den deutschen Medien eine Vielzahl starker und engagierter Interessenvertreter hatten, war abzusehen, dass viele Deutsche sich gegenüber Putin eher abwartend, zurückhaltend, vorsichtig und mitunter auch misstrauisch verhielten. Diese skeptische Stimmung war auch während der Rede Putins im Deutschen Bundestag zu spüren und zu beobachten, als während der Live-Übertragung der Rede die Kameras die zuhörenden deutschen Politiker in Nahaufnahme zeigten. Am deutlichsten erkennbar war diese eher negative Stimmung, unmittelbar nachdem Putin die Möglichkeit angesprochen hatte, dass sich die Potenziale und Ressourcen Europas und Russlands »vereinigen« könnten. In diesen Sekunden war eine der Kameras auf Außenminister *Joschka Fischer* und Innenminister *Otto Schily* gerichtet (siehe Abb. 2). Otto Schily wirkte auf diesen Aufnahmen unmotiviert, innerlich leer, teilnahmslos, fast wie ohne Hoffnung, und Joschka Fischer unverhohlen misstrauisch, ja fast feindselig. Als dann ein zögerlicher kurzer Applaus einsetzte, klatschte Außenminister Joschka Fischer demonstrativ nicht, sondern blieb regungslos sitzen, bewegte sich keinen Zentimeter und fixierte den Redner Putin weiterhin mit seinem provozierend misstrauischen Blick.

Eine vergleichbare Mimik und Körpersprache, die irgendetwas zwischen Desinteresse und Unwohlsein signalisierten, sah man auch (noch) beim damaligen Bundeskanzler Gerhard Schröder.

Zwar schaffte es Putin gegen Ende der Rede auch einmal, das Plenum zum Lachen zu bringen, als er die in Russland deutlich niedrigere Einkommenssteuer (13 Prozent) und Gewinnsteuer (24 Prozent[10*]) ansprach, aber insgesamt prallte sein Freundschaftsangebot an einer deutlich spürbaren Wand von sagen wir 80 Prozent Zurückhaltung und 20 Prozent Misstrauen ab. Putin selbst sprach in der Rede diese psychologische Barriere an:

Abb. 2: Am 25. September 2001 im Deutschen Bundestag etwa sechs Minuten nach Beginn von Wladimir Putins Rede: Innenminister Otto Schily und Außenminister Joschka Fischer, dahinter Justizministerin Herta Däubler-Gmelin unmittelbar nach Putins Vorschlag einer Vereinigung der russischen und europäischen Ressourcen und Potenziale.

»Wir leben weiterhin im alten Wertesystem. Wir sprechen von einer Partnerschaft. In Wirklichkeit haben wir aber immer noch nicht gelernt, einander zu vertrauen. Trotz der vielen süßen Reden leisten wir weiterhin heimlich Widerstand. Mal verlangen wir Loyalität zur NATO, mal streiten wir uns über die Zweckmäßigkeit ihrer Ausbreitung. Wir können uns immer noch nicht über die Probleme im Zusammenhang mit dem Raketenabwehrsystem einigen und so weiter.«[44]

10* Werte von 2001.

Angesichts der stellenweise frostigen Atmosphäre im Deutschen Bundestag war schon vor 14 Jahren leicht zu erahnen, wohin die Reise mit Russland gehen wird, und dass Putins Werben um Deutschland an unüberbrückbaren Problemen mit den USA und ihren Interessenvertretern in Europa scheitern könnte.

Putins 2007er-Brandrede in München

Sechs Jahre danach, am 10. Februar 2007, hielt Putin auf der *Münchner Sicherheitskonferenz* eine Art Donner- und Brandrede, in der er seine Unzufriedenheit über die zwischenzeitliche Entwicklung der Beziehungen zum Westen und insbesondere über die Politik der USA zum Ausdruck brachte.

Seit 2001 waren entscheidende Dinge passiert: Die USA hatten 2003 mit Lügen einen völkerrechtswidrigen Krieg gegen den Irak vom Zaune gebrochen, und diesen der Welt mit der Aussicht schmackhaft gemacht, man werde den Irak in eine blühende Demokratie verwandeln. Alles, was dazu erforderlich wäre, sei die Entmachtung Saddam Husseins und seines Regimes. Doch stattdessen versank der Irak im Terror mit nahezu täglichen Terroranschlägen mit Dutzenden von Toten. Wladimir Putin kritisierte in seiner Rede die USA scharf:

»Ich bin der Auffassung, dass das unipolare Modell [der USA-dominierten Weltordnung] nicht nur inakzeptabel, sondern in der heutigen Welt auch unmöglich ist. Und zwar nicht nur deshalb, weil für die Führung einer einzelnen Macht in der heutigen [...] Welt weder die militärischen noch die politischen und ökonomischen Ressourcen ausreichen würden. Noch wichtiger ist, dass das Modell selbst verfehlt ist, weil ihm keine moralischen Fundamente für die moderne Zivilisation zugrunde liegen.

Was gegenwärtig in der Welt geschieht [...] ist eine Folge der Versuche, genau dieses Konzept [...] einer unipolaren Welt, in die internationalen Beziehungen zu tragen. Und was ist das Ergebnis? Unilaterale und häufig illegitime Aktionen haben kein einziges Problem gelöst. Vielmehr haben sie neue menschliche Tragödien verursacht und neue

Spannungsherde geschaffen. [...] Die Zahl der Kriege wie auch der lokalen und regionalen Konflikte hat sich nicht vermindert.«[45]

Damit greift Putin den Vorherrschaftsanspruch der USA direkt an. Wirklich direkt? Nein! Denn diese Worte sind nicht so sehr an Amerika gerichtet, sondern eher an Europa beziehungsweise jene politischen Kräfte innerhalb Europas, die sowieso schon kritisch gegenüber den USA eingestellt sind. Im Prinzip versucht Putin hier, entweder einen Keil zwischen Europa und die USA zu treiben, oder zwischen jene Europäer, die die Politik der USA befürworten, und jene, die einen eigenständigen Weg Europas wollen.

»Gegenwärtig erleben wir eine fast unbeschränkte, übermäßige Anwendung von Gewalt – militärischer Gewalt – in den internationalen Beziehungen, einer Gewalt, die die Welt in einen Abgrund permanenter Konflikte stürzt. Im Ergebnis haben wir nicht genügend Kraft, auch nur einen dieser Konflikte wirklich umfassend zu lösen. Politische Lösungen zu finden, wird gleichfalls unmöglich.«[46]

Eine Welt, die »in einen Abgrund permanenter Konflikte stürzt«? Das ist nicht mehr business as usual. Das ist eine ernste Krise, und zwar eine verdammt ernste. Ist der apokalyptische Unterton wieder nur »Bluff«, oder meint Wladimir Putin tatsächlich eine weltpolitische Lage, die sich bereits im weiteren Dunstkreis eines Dritten Weltkrieges befindet?

»Wir erleben mehr und mehr Abneigung gegen die Grundprinzipien des Völkerrechts [Serbien 1999, Irak 2003]. Und Rechtsnormen, die unabhängig sein sollten, nähern sich in Wirklichkeit zunehmend dem Rechtssystem eines einzelnen Staates an. Ein Staat – und dabei spreche ich natürlich [...] vor allem von den Vereinigten Staaten – hat seine nationalen Grenzen in jeder Hinsicht überschritten. Das zeigen die wirtschaftlichen, politischen, kulturellen [...] Standards, die er anderen Nationen aufnötigt. Wem gefällt das? Wer ist glücklich darüber?

In den internationalen Beziehungen sehen wir eine zunehmende Neigung, bestimmte Fragen nach Kriterien sogenannter politischer Zweckmäßigkeit zu lösen, auf der Grundlage des aktuellen politischen

Klimas. Natürlich ist das äußerst gefährlich. Es führt zu der Tatsache, dass niemand sich sicher fühlt. Ich möchte das betonen: Niemand fühlt sich sicher! Weil niemand sich hinter der schützenden Mauer des Völkerrechts in Sicherheit wiegen kann. Natürlich stimuliert eine derartige Politik das Wettrüsten.«[47]

Putin skizziert die USA als Bedrohung der Welt, fast schon als »Reich des Bösen«. Was erwartet er sich von einer solchen Rede? Glaubt er allen Ernstes, dass er Teile der politischen Klasse in Europa von seiner Sicht der Dinge überzeugen kann? Hofft er, noch wankende, unentschiedene Staaten außerhalb der NATO auf seine Seite zu ziehen?

Auf jeden Fall muss ihm klar sein, dass er sich damit bei den USA äußerst unbeliebt macht. Ihm muss klar sein, dass er dafür einen Preis zu zahlen hat. Und Putin wäre sicher auch bereit, diesen Preis zu zahlen, würde er glauben, *dass er diesen Preis so oder so zu entrichten hätte*. Anders gesagt: Putins Münchner Rede von 2007 klingt durchaus so, als glaube er, Russland steuere jetzt *sowieso* auf eine ernste Konfrontation mit den USA zu.

Putin in der Münchner Rede zur NATO-Osterweiterung:

»Ich denke, es liegt auf der Hand, dass die Expansion der NATO mit der Modernisierung des Bündnisses selbst oder mit der Gewährleistung der Sicherheit in Europa in keinerlei Zusammenhang steht. Sie stellt im Gegenteil eine ernste Provokation [Russlands] dar [...]. Wir haben das Recht, zu fragen, gegen wen diese Expansion sich richtet.«[48]

Dass sich Russland von der NATO-Osterweiterung bedroht fühlt, haben russische Politiker von Gorbatschow bis Putin bis zu diesem Zeitpunkt über viele Jahre immer wieder bei allen möglichen Gelegenheiten zur Sprache gebracht. Und sie werden es auch nach Putins Münchner Rede weiterhin zur Sprache bringen. Putin im selben Zusammenhang:

»Und jetzt versucht man, uns neue Trennungslinien und neue Mauern aufzuzwingen. Diese Mauern mögen virtuell sein, aber sie teilen dennoch, sie durchschneiden unseren Kontinent. Ist es möglich, dass wir noch einmal Jahre und Jahrzehnte sowie mehrere Generationen von Politikern brauchen werden, um diese Mauern [...] abzutragen?«[49]

Diese »Trennungslinien und neuen Mauern« zwischen Russland und Europa sind seit Ausbruch der Ukraine-Krise 2014 massiv verstärkt und erhöht worden. Putins Worte von 2007 klingen damit fast wie eine Prophezeiung.

War Putins 2001er-Rede im Deutschen Bundestag noch ein Werben um Deutschland als Hauptmacht der EU, so hatte sich der Ton in seiner Münchner Rede drastisch verschärft. Putin warf dem Westen und insbesondere den USA ganz offen *destruktiv-feindselige* Absichten vor.

Im August 2008 kam es dann in Georgien zu einem begrenzten militärischen Konflikt zwischen Georgien und Russland, bei dem Putin in unseren Medien umgehend als Hauptschuldiger auf die Anklagebank wanderte. Ein Jahr später allerdings stellte eine Untersuchungskommission der EU fest, dass es der georgische Präsident *Micheil Saakaschwili* war, der »den entscheidenden Befehl für die militärische Eskalation in der Nacht des 7. August 2008 gab«.[50] Doch als der EU-Bericht veröffentlicht wurde, hatte sich das negative Bild Putins längst in vielen Köpfen festgesetzt.

Abb. 3: *Der Spiegel*, 18. August 2008

In einem *ARD*-Interview am 29. August 2008 anlässlich des gerade zurückliegenden Georgien-Krieges sagte Putin über die Bündnispolitik der USA:

»Um Ordnung im eigenen Haus, im eigenen Lager, mit den eigenen Verbündeten zu schaffen, um sie im Rahmen der Blockdisziplin zu halten, braucht man eine äußere Gefahr. Der Iran passt nicht ganz für eine solche Rolle. Also will man unbedingt Russland als Feindbild ins Leben zurückrufen.«[51]

Der hier von Putin angesprochene Punkt, dass die USA versuchen, die Europäer mit allen möglichen Tricks in ihrem Einflussbereich zu halten, findet sich in seinen Reden öfters.

Die Ereignisse im Frühjahr 2014 in der Ukraine führten dann genau zu dem, was Putin 2007 als Befürchtung aussprach, dass es nämlich »noch einmal Jahre und Jahrzehnte« dauert, die neuen alten Mauern »zu demontieren und abzutragen«. Und die Entwicklung in der Ukraine passt perfekt in das von Putin 2008 angesprochene Muster einer NATO, die zur inneren Eintracht eine neue äußere Bedrohung braucht.

Folgt und glaubt man Putins Worten, so änderte sich spätestens 2007/08 der Hintergrund für die Frage nach dem, was er will. Jetzt geht es im Kern nicht mehr um die Öffnung des Westens gegenüber Russland, sondern darum, wie Russland auf die neue Abschottung reagiert. Was will Putin jetzt, da die Mauern, die den Westen von Russland abschotten, immer höher und undurchlässiger werden?

Putins Rede zum Krim-Anschluss (18. März 2014)

Als dann Ende 2013 die Ukraine-Krise ausbrach, am 22. Februar 2014 die ukrainische Regierung gestürzt wurde, sich am 16. März die Bewohner der Krim mehrheitlich für die Abspaltung von der Ukraine und den Anschluss an Russland aussprachen, und Russland am 18. März die Krim in die Russische Föderation aufnahm, hatte sich der Trennungsgraben zwischen dem Westen und Russland weiter vertieft, hatten sich die Mauern weiter erhöht. Der Anschluss der Krim an Russland gilt im Westen als eindeutiger Völkerrechtsbruch, als Bedrohung der gesamten Friedensordnung in Europa seit Ende des Zweiten Weltkrieges, und damit als Hauptgrund für die nun auch offiziell erklärte politische und wirtschaftliche Isolation Russlands durch den Westen.

Diese juristische Sicht des Westens – die »Annexion« der Krim – ist aber keineswegs unumstritten. Die bekannte deutsche Russland-Kennerin *Gabriele Krone-Schmalz* weist in ihrem Buch *Russland verstehen* auf die strittige Rechtslage hin. Sie schreibt:

»Hat Russland völkerrechtliche Ansprüche der Ukraine verletzt? Ja. Zu diesem Schluss ist der Strafrechtler und Rechtsphilosoph Reinhard Merkel gekommen (*FAZ* vom 07. April 2014). Doch die Sachlage ist, wie er in beeindruckender Weise darlegt, kompliziert:«

Gabriele Krone-Schmalz zitiert dann Reinhard Merkel, der 2012 auf Vorschlag der deutschen Bundesregierung in den *Deutschen Ethikrat* berufen wurde, also alles andere als irgendein x-beliebiger Professor für Strafrecht und Rechtsphilosophie ist. Reinhard Merkel:

»Hat Russland die Krim annektiert? Nein.
 Waren das Referendum auf der Krim und deren Abspaltung von der Ukraine völkerrechtswidrig? Nein. Waren sie also rechtens? Nein; sie verstießen gegen die ukrainische Verfassung ([Anm. von Krone-Schmalz:] aber das ist keine Frage des Völkerrechts). Hätte aber Russland wegen dieser Verfassungswidrigkeit den Beitritt der Krim nicht ablehnen müssen? Nein. [...] Jedenfalls seine militärische Präsenz auf der Krim außerhalb seiner Pachtgebiete dort war völkerrechtswidrig. Folgt daraus nicht, dass die von dieser Militärpräsenz erst möglich gemachte Abspaltung der Krim null und nichtig war und somit deren nachfolgender Beitritt zu Russland doch nichts anderes als eine maskierte Annexion? Nein.«[52]

Die Rechtslage im Fall der »Annexion« der Krim ist also keinesfalls juristisch eindeutig. (Deshalb schreibe ich nachfolgend »Anschluss« und nicht »Annexion«.) Somit fußt ein zentrales Schlüsselelement der aktuellen Politik des Westens gegenüber Russland auf strittigen Rechtsgutachten, oder wie der Volksmund in solchen Fällen gerne sagt: auf juristischer Haarspalterei.

Es war klar, dass Russland dem Anschluss der Krim in besonderer Weise Aufmerksamkeit widmen, ja ihn in gewisser Weise auch feiern musste. In seiner festlich inszenierten Rede zum Krim-Anschluss befasste sich Wladimir Putin natürlich auch mit den Hintergründen, wegen der es seiner Ansicht nach zum Anschluss der Krim kommen musste:

»Denen [Ukrainern], die dem Putsch [in Kiew am 22. Februar 2014] Widerstand leisteten, wurden Repressionen und Strafexpeditionen angedroht. Und natürlich war die russischsprachige Krim die erste in dieser Reihe. Im Zusammenhang damit haben sich die Bewohner der Krim und Sewastopols an Russland gewandt mit dem Aufruf, ihre Rechte und ihr Leben zu schützen und das, was im Lande ablief, nicht zuzulassen, was aber bis heute noch in Kiew, in Donezk, in Charkow und anderen Städten in der Ukraine passiert.
Natürlich konnten wir diese Bitte nicht ausschlagen, wir konnten die Krim und ihre Bewohner nicht der Not überlassen, denn das wäre Verrat gewesen.«[53]

Wie auch immer man die Abspaltung der Krim von der Ukraine beurteilt, wer wollte angesichts des Bürgerkrieges in der Ost-Ukraine mit Sicherheit ausschließen, dass es auf der Krim nicht auch zu Hunderten oder gar Tausenden Toten gekommen wäre? Die Möglichkeit, dass Putin durch seine Politik auf der Krim zahlreiche Menschenleben gerettet hat, ist nicht von der Hand zu weisen. Doch in unseren Medien weigert man sich konsequent, Putin diesen Pluspunkt gutzuschreiben.

»Vor allem ging es darum, Bedingungen für eine friedliche, freie Meinungsäußerung zu schaffen, damit die Bewohner der Krim ihr Schicksal [...] selbst bestimmen konnten. Allerdings, was hören wir heute von unseren Kollegen in Westeuropa, in Nordamerika? Uns wird gesagt, wir würden die geltenden Normen des Völkerrechts verletzen. Erstens, es ist sehr gut, dass sie sich wenigstens daran erinnern, dass es ein Völkerrecht gibt. Vielen Dank [...] dafür; besser spät, als nie.«[54]

Damit spielt Putin auf Dinge an, wie den völkerrechtswidrigen Angriff des Westens auf Jugoslawien im Jahre 1999 und den völkerrechtswidrigen Angriff des Westens auf den Irak im Jahre 2003.

Putin wieder: »Von [...] den USA und von Europa hören wir, dass [das] Kosovo angeblich ein Sonderfall gewesen sei. Worin besteht denn das Besondere nach Meinung unserer Kollegen? Es stellt sich heraus, dass es darin besteht, dass es im Verlauf des Kosovo-Konflikts viele menschliche Opfer gegeben hat. Was ist das denn? Ein juristisches Argument? In der Entscheidung des Internationalen Gerichtshofs ist davon überhaupt keine Rede.«[55]

Der Westen verweist demnach bei der Unterscheidung der Fälle Kosovo und Krim auf das internationale Recht, wird darin aber nicht vom Internationalen Gerichtshof gestützt.

»Wissen Sie, das sind schon nicht einmal mehr doppelte Standards. Das ist ein frappierend primitiver und unverhohlener Zynismus. Es kann doch nicht sein, dass man alles so grob für seine Interessen zurechtbiegt, ein und dieselbe Sache heute ›schwarz‹ und morgen ›weiß‹ nennt. Denn soll daraus etwa folgen, dass man einen jeden Konflikt vorantreiben muss, bis es zu Toten kommt?

Ich will es direkt sagen: Wenn die örtlichen Einheiten der Selbstverteidigung die Lage [auf der Krim] nicht rechtzeitig unter ihre Kontrolle gebracht hätten, hätte es dort auch Opfer geben können. [...] Auf der Krim ist es zu keinem einzigen bewaffneten Zusammenstoß gekommen, es gab keine menschlichen Opfer.«[56]

Dann wechselt Putin zur globalen Perspektive:

»Im Zusammenhang mit der Lage in der Ukraine spiegelt sich all das, was derzeit, aber auch bereits in den vergangenen Jahrzehnten in der Welt passiert. Nach dem Verschwinden der bipolaren Welt [1991] ist diese Welt nicht etwa stabiler geworden. Wichtige und internationale Institutionen erstarken nicht, im Gegenteil, häufig ist es so, dass sie an Bedeutung verlieren. Unsere westlichen Partner, allen voran die Vereinigten Staaten, ziehen es vor, [...] vom Recht des Stärkeren Gebrauch zu machen. Sie glauben an ihre Auserwähltheit[57] und Exklusivität[11*], daran, dass sie die Geschicke der Welt lenken dürfen, und daran, dass immer nur sie allein recht haben können. Sie handeln so, wie es ihnen einfällt: Mal hier, mal da wenden sie Gewalt gegen souveräne Staaten an [1999 Serbien, 2001 Afghanistan, 2003 Irak, 2011 Libyen], bilden Koalitionen nach dem Prinzip ›Wer nicht mit uns ist, ist gegen uns‹. [...] Und das während einer Zeit, in der Russland aufrichtig um Dialog mit unseren Kollegen im Westen bemüht war. Wir schlagen ständig Kooperation in Schlüsselfragen vor [...]. Aber wir sehen keinerlei Entgegenkommen. Im Gegenteil, wir wurden Mal um Mal betrogen.«[58]

Genau dasselbe: die Ausübung des Rechts des Stärkeren, Verlogenheit und Gewaltbereitschaft, wird Putin und Russland in westlichen Medien vorgeworfen. Misstrauen auf beiden Seiten. Zur Erinnerung: In den *ARD-Tagesthemen* am 8. Dezember 2014 fragte Moderator *Thomas Roth* Kanzlerin Angela Merkel: »Ist das nicht auch eine Enttäuschung, wenn Sie mit jemandem so häufig reden, und dennoch nicht darauf bauen können, was er meint, was er sagt, und dann auch tut, was er sagt?«

Putin vorzuwerfen, ihm sei nicht zu trauen, aber gleichzeitig beständig zu verschweigen, dass Putin seinerseits exakt dasselbe Problem mit dem Westen hat, ist schlichtweg unaufrichtig, unseriös, ja ungeheuerlich.

Putin weiter: »Es wurden Entscheidungen hinter unserem Rücken getroffen, man stellte uns vor vollendete Tatsachen. So war es mit der NATO-Osterweiterung, mit der Installation von militärischer Infrastruktur an unseren Grenzen. Uns wurde immer ein und dasselbe erzählt: ›Na, das hat nichts mit euch zu tun.‹ Es ist leicht gesagt, es habe

---

11* Das ist eine Anspielungen auf Reden Barack Obamas aus dem Jahre 2013, in denen er das Volk der USA beziehungsweise die USA immer wieder als außergewöhnlich bezeichnete. Am 24. September 2013 sagte er sogar vor der Vollversammlung der Vereinten Nationen: »Ich glaube, Amerika ist außergewöhnlich, zum Teil auch deshalb, weil wir den Willen gezeigt haben, Blut und Vermögen zu opfern, nicht nur um für unsere Interessen einzustehen, sondern für die Interessen aller [Menschen, Völker].«

nichts mit uns zu tun. So war es auch mit dem Aufbau der Raketenabwehrsysteme. Ungeachtet all unserer Befürchtungen bewegt sich die Maschinerie vorwärts. So war es auch mit dem endlosen In-die-Länge-Ziehen der Verhandlungen zu Fragen der Visafreiheit, mit den Versprechen eines [...] freien Zugangs zu den globalen Märkten. Heute droht man uns mit Sanktionen, aber wir leben ohnehin schon unter einer Reihe an Einschränkungen, die für uns, unsere Wirtschaft und unser Land insgesamt sehr bedeutend sind. Beispielsweise haben die USA [...] noch im Kalten Krieg verboten, bestimmte Technologien und Ausrüstung an die UdSSR zu verkaufen [...]. Diese [Verbote] sind heute formal annulliert, aber [...] faktisch gelten viele Verbote auch weiterhin.

Kurz, wir haben allen Grund zu der Annahme, dass die sprichwörtliche Eindämmungspolitik gegen Russland, die im 18., im 19. und im 20. Jahrhundert betrieben wurde, auch heute noch fortgeführt wird.«[59]

Das Beunruhigende an dem Zeitrahmen von 300 Jahren ist, dass darin mehrere große Kriege stattfanden, die Russland sehr viel Kraft und Menschenleben gekostet haben: der Krieg gegen Napoleon (1812), der Erste Weltkrieg[12*] und der Zweite Weltkrieg.

Wenn Wladimir Putin tatsächlich glaubt, »alle Gründe zur Annahme« zu haben, er hätte es letztlich mit dem gleichen Gegner zu tun wie seit 300 Jahren, dann wird er sich selbstverständlich auch auf einen potenziell *zukünftigen Krieg* vorbereiten, denn gemäß seiner Logik müsste er davon ausgehen, dass dieser Gegner äußerst hartnäckig ist, und sein Ziel auch heute noch nicht aus den Augen verloren hat, sprich: bereit ist für den nächsten Krieg mit Russland. Kurzum: Eigentlich redet Putin wie ein Verschwörungstheoretiker. Und dies wird nicht die einzige Stelle bleiben.

12* ... in dem zugegebenermaßen Russland das Deutsche Reich angegriffen hat, nicht umgekehrt. Aber darauf kommen wir noch zurück.

»Grenze überschritten«

Putin führt aus: »Man versucht ständig, uns in irgendeine Ecke zu drängen, und zwar dafür, dass wir eine unabhängige Position vertreten, dafür, dass wir diese verteidigen, und dafür, dass wir die Dinge beim Namen nennen und nicht heucheln. Im Falle der Ukraine haben unsere westlichen Partner eine Grenze überschritten [...].
Sie waren doch ausgezeichnet im Bilde darüber, dass sowohl in der Ukraine, als auch auf der Krim Millionen russischer Menschen leben. Wie sehr muss man denn politisches Feingefühl und Augenmaß eingebüßt haben, um die Folgen seiner Handlungen nicht vorauszusehen? Russland ist an eine Grenze gelangt, hinter die es nicht mehr zurück konnte. Wenn man eine Feder bis zum Anschlag zusammendrückt, wird sie sich irgendwann einmal mit Gewalt ausspannen. Dessen sollte man immer gewahr sein.«[60]

Die Botschaft ist deutlich genug: Bis hierher und nicht weiter. Oder ist die Botschaft eben doch nicht klar, und es ist alles nur ein Bluff?

Nun, wenn wir Deutschen uns nicht sicher sind, ob Putin blufft oder nicht, sollten wir wenigstens alles daransetzen, in Erfahrung zu bringen, was tatsächlich der Fall ist.

»Wir [die Russen] werden es mit Sicherheit auch mit Gegenmanövern von außen zu tun bekommen, doch wir müssen für uns selbst entscheiden, ob wir dazu bereit sind, unsere nationalen Interessen konsequent zu verteidigen, oder ob wir sie mehr und mehr aufgeben und uns wer weiß wohin zurückziehen.«[61]

Dies ist die dritte Stelle in Putins Rede zum Krim-Anschluss, an der er eine rote Linie markiert. Weiter oben sprach er von »Grenze überschritten«, »Russland ist an eine Grenze gelangt«, hier von drohender Selbstaufgabe, falls man nicht zur konsequenten Verteidigung bereit sei.

»Manche westlichen Politiker schrecken uns bereits nicht nur mit Sanktionen, sondern auch mit der Perspektive einer Verschärfung der inneren Probleme. Es wäre interessant, zu erfahren, was sie damit meinen: Aktivitäten einer gewissen Fünften Kolonne, also verschiedener Vaterlandsverräter, oder rechnen sie damit, dass sie die soziale und wirtschaftliche Lage Russlands verschlechtern können und damit eine Unzufriedenheit der Menschen hervorrufen? Wir betrachten solche Verlautbarungen als unverantwortlich und offen aggressiv und werden entsprechend darauf reagieren. [...][62]

Auch Russland steht es bevor, eine schwierige Entscheidung zu treffen, unter Berücksichtigung der [...] inneren und äußeren Faktoren. [...] Hier [in Russland] gibt es, wie in jeder demokratischen Gesellschaft, verschiedene Standpunkte, doch die Position der [...] absoluten Mehrheit [...] ist ebenso offensichtlich. Sie kennen die jüngsten [...] Umfragen [...]: Ungefähr 95 Prozent der Bürger sind der Meinung, dass Russland die Interessen von Russen und anderen Nationalitäten auf der Krim verteidigen sollte. [...] Und mehr als 83 Prozent gehen davon aus, dass Russland das tun muss, selbst wenn eine solche Position unsere Beziehungen zu manchen Staaten verschlechtert.«[63]

So weit Putins Rede zum Anschluss der Krim.

Kaum war die Krim Teil Russlands, begann der Bürgerkrieg in der Ost-Ukraine. Als dann am 17. Juli 2014 über der Ost-Ukraine das malaysische Passagierflugzeug MH17 abgeschossen wurde, verschärften sich die Spannungen zwischen Russland und dem Westen weiter. Und obwohl kurz nach dem Abschuss von MH17 keinerlei Beweise für die Schuld Russlands vorlagen, wanderte Putin in den westlichen Medien umgehend auf die Anklagebank, wurde auf den Titelblättern der Zeitungen offen verteufelt, und in der öffentlichen Wahrnehmung in eine Reihe gestellt mit Personen wie *Saddam Hussein*, *Muammar al-Gaddafi* und anderen, gelegentlich auch *Adolf Hitler,* wie zum Beispiel von *Hillary Clinton*, und Bundesfinanzminister *Wolfgang Schäuble.*[64]

Beispiele für die Verteufelung Putins in westlichen Medien nach MH17:

Als dann nach Monaten immer noch keine Beweise für »Putins Schuld« am MH17-Abschuss vorlagen, begriff man in weiten Kreisen

Abb. 4: *The Sun*
18. Juli 2014, Großbritannien

Abb. 5: *Der Spiegel*
28. Juli 2014, Deutschland

Abb. 6: *Newsweek**
1. August 2014, USA

der westlichen Öffentlichkeit, dass – und in diesem Falle kann man das ohne Zweifel so sagen – die *westliche Propaganda* über das Ziel hinausgeschossen war. Die Verteufelung Putins hatte letztlich nicht zum gewünschten Ziel geführt. Stattdessen hatte sich die Vertrauenskrise zwischen den westlichen Medien und den Bürgern und Medienkonsumenten auch in Deutschland weiter vertieft. So rügte im Juni 2014 sogar der *ARD-Programmbeirat* die öffentlich-staatliche Berichterstattung über die Ukraine-Krise als »tendenziös«, »mangelhaft« und »einseitig« und warf der Berichterstattung »anti-russische Tendenzen« vor.[65] Das Bild von Putin als einem Politiker, dem nicht zu trauen ist, hat sich im Westen dennoch weiter verfestigt.

Andererseits genoss Putin zeitgleich laut russischen Meinungsumfragen, die auch im Westen kaum jemand anzweifelt, geradezu fantastische Zustimmungswerte von über 80 Prozent.[66] Damit begann man im Westen zu begreifen, dass Putin inzwischen gar nicht mehr so sehr das Problem war, sondern mehr oder weniger das ganze russische Volk.

Putins Rede auf dem 2014er-Waldai-Club

Am 24. Oktober 2014 wurde in Russland der seit 2004 jährlich im Herbst stattfindende internationale *Waldai-Diskussions-Club* abgehal-

---

* Pariah = Ausgestoßener, Außenseiter

ten, ein internationales Treffen von Journalisten, Politikern und Wissenschaftlern zum offenen Gedankenaustausch. Im Jahre 2014 wurde die Veranstaltung natürlich überschattet von der Ukraine-Krise und der dramatischen Verschlechterung der Beziehungen zwischen Russland und dem Westen. Das Thema des *Waldai-Diskussions-Clubs* von 2014 lautete: »**Neue Spielregeln oder Spiel ohne Regeln**«[67] Damit war die russische Sicht auf die Weltlage umrissen: Entweder die Welt lässt es zu, dass internationale Regeln mehr und mehr gebrochen werden und die Welt mehr und mehr ins Chaos stürzt – wobei für Putin die »Krim-Annexion« natürlich stets eine offene Flanke bleibt –, oder aber die Mächte der Welt finden zusammen und erarbeiten, so wie nach Ende des Zweiten Weltkrieges, einvernehmlich eine neue Weltordnung.

Wladimir Putin klagt in seiner Waldai-Rede die USA erneut als den Hauptschuldigen für den zunehmenden Verfall der internationalen Ordnung an, wobei zu seinen Hauptargumenten erneut die völkerrechtswidrigen Kriege gegen Jugoslawien (1999), den Irak (2003), und die nicht von den UN gedeckten Luftangriffe auf das Gaddafi-Regime (2011) gehören.

Hier einige Auszüge aus der Waldai-Rede Putins:[68]

»Wir versammeln uns [hier], um offen zu sprechen. Eine Direktheit und Härte der Einschätzungen braucht man heute, [...] um zu verstehen zu versuchen, was denn in Wirklichkeit in der Welt vor sich geht, warum sie immer weniger sicher und vorhersagbar wird, weshalb an allen Orten die Risiken steigen. [...] Vergessen wir bei der Analyse des heutigen Zustands nicht die Lektionen der Geschichte. Erstens werden Veränderungen der Weltordnung – und mit einem Ereignis genau solcher Tragweite haben wir es heute zu tun – in der Regel wenn nicht von einem globalen Krieg, [...] so doch von einer Kette an intensiven Konflikten auf regionaler Ebene begleitet.«[69]

»Lektionen der Geschichte«, »globaler Krieg« – Putin konstruiert einen möglichen Zusammenhang zwischen einer zusammenbrechenden Weltordnung und einem nachfolgenden globalen Krieg.

»Leider gibt es keinerlei Garantien dafür, dass das bestehende System der globalen und regionalen Sicherheit dazu in der Lage wäre, uns vor Erschütterungen zu bewahren. [...]
Ich bin davon überzeugt, dass dieser Mechanismus der gegenseitigen Kontrolle und der Gegengewichte, der in den vergangenen Jahrzehnten teils mühevoll aufgebaut werden konnte, nicht zerstört werden durfte, jedenfalls hätte man nichts zerstören dürfen, ohne an dessen Stelle etwas Neues aufzubauen, denn sonst gibt es tatsächlich keine anderen Mittel mehr als die rohe Gewalt. [...] Allerdings haben die Vereinigten Staaten, die sich zu den Siegern des Kalten Kriegs erklärt haben [...], selbstsicher angenommen, dass daran einfach kein Bedarf besteht. Und anstelle der Einrichtung einer neuen Balance der Kräfte [...] wurden ganz im Gegenteil Schritte unternommen, die zu einer enormen Vertiefung des Ungleichgewichts führten.«[70]

Die USA als Hauptgefahr für die internationale Ordnung. So Putin.

»Es ergibt sich der Eindruck, dass die sogenannten ›Sieger‹ im Kalten Krieg darangingen, die Situation bis zum Ende auszupressen und die ganze Welt nach ihrem Gusto, nach ihren Interessen umzuformatieren. [...] Das Zeitalter der Doppellesarten und des Verschweigens hat in der Weltpolitik begonnen. [...] Dabei gestattete es die totale Kontrolle über die globalen Massenmedien, auf Wunsch Weiß für Schwarz, und Schwarz für Weiß auszugeben.«[71]

Die »totale Kontrolle über die globalen Massenmedien« klingt ein wenig nach George Orwell und dem »großen Bruder«. Erneut bewegt sich Putin in Richtung auf ein »verschwörungstheoretisches« Deutungsmuster für die weltpolitische Lage. Schließlich müssten die Massenmedien der Welt zunächst durch potente Finanziers unter Kontrolle gebracht, sprich aufgekauft werden. Globale Medienmacht und globale Finanzmacht gehen Hand in Hand. Und dann stellt sich bald auch die Frage: War es von vornherein die Absicht, die Massenmedien der Welt aufzukaufen, um die Weltmeinung unter Kontrolle zu bringen, sodass man der Welt, wenn die Zeit reif ist, ein X für ein U vormachen kann? So jedenfalls die »verschwörungstheoretische« Logik, die sich in Putins Worten andeutet.

»Unter den Bedingungen der Dominanz einer Seite [der USA] und ihrer Aliierten, oder anders gesagt, ihrer Satelliten, geriet die Suche nach globalen Lösungen oftmals zu einem Streben, die eigenen Lösungen als universell auszugeben. Die Ambitionen dieser Gruppe [NATO] haben sich derart gesteigert, dass die in ihren Kreisen herausgearbeiteten Herangehensweisen als Meinung der gesamten Weltöffentlichkeit präsentiert wurden. Aber das ist nicht so. [...]
Die Mittel, mit denen man auf die Widerspenstigen einwirkte, sind gut bekannt und vielfach erprobt: Das sind militärische Maßnahmen, wirtschaftlicher und propagandistischer Druck, Einmischung in die inneren Angelegenheiten. [...]
Seinerzeit sponserten sie [die USA] extremistische islamische Bewegungen für den Kampf gegen die Sowjetunion. [...] Daraus entstanden sowohl die ›Taliban‹ als auch die ›al-Qaida‹. Der Westen hat diese wenn schon nicht unterstützt, so doch mindestens seine Augen davor verschlossen, und ich würde sagen, er hat den Einfall internationaler Terroristen nach Russland und in die Länder Zentralasiens tatkräftig informationsmäßig, politisch, finanziell unterstützt; das haben wir nicht vergessen. [...]
In Syrien gingen die Vereinigten Staaten und ihre Verbündeten wie in guten alten Zeiten daran, Terrorbrigaden direkt mit Finanzen und Waffen zu versorgen, die Aufstockung ihrer Truppenstärke[72] durch Söldner aus verschiedenen Ländern zu begünstigen. Gestatten Sie die Frage: Woher haben die Rebellen Geld, Waffen, Militärexperten? Woher kommt denn all das? Wie ist es zu erklären, dass diese berüchtigte, sogenannte ISIS zu einer gewaltigen De-facto-Armeegruppierung werden konnte?«[73]

Die USA als Terror-Förderer und Massenmörder-Gehilfe? Fakt und auch im Westen unstrittig ist, dass die USA in Afghanistan die Taliban im Kampf gegen die UdSSR mitschufen, ebenso wie sie die ISIS zu verantworten haben, weil sie den Irak ins Chaos stürzten.

»Im Grunde ist eine unipolare Welt eine Apologie[13*], sie ist die Apologetik einer Diktatur über Menschen und Länder. [...]

13* Entschuldigung, Ausrede.

Wir sehen jetzt wieder Versuche, die Welt zu zerschlagen, Trennlinien zu ziehen, Koalitionen nicht für, sondern gegen beliebige Parteien zu bilden, und abermals ein Feindbild zu schaffen wie in Zeiten des ›Kalten Krieges‹, und damit das Recht auf die Führungsrolle, oder wenn Sie so wollen, das Diktat [– über die Welt] zu erlangen. [...]
Die Sanktionen unterminieren bereits die Grundlagen des Welthandels und die Regeln der WTO,[14*] [...] Jetzt riskieren sie [die USA] Vertrauensverlust in ihrer Rolle als treibende Kräfte der Globalisierung. [...] So unternimmt bereits jetzt eine immer größer werdende Zahl an Staaten Versuche, sich aus der Dollar-Abhängigkeit zu befreien, alternative Finanzzentren und Reservewährungen zu etablieren. Unserer Meinung nach sägen unsere amerikanischen Freunde schlicht an dem Ast, auf dem sie sitzen.«[74]

Am Rande fragt sich natürlich auch, warum Putin bei all seiner scharfen Kritik immer noch von seinen »Freunden«, »Partnern« und »Kollegen« im Westen spricht.

»Die Ukraine [...] ist ein Beispiel für diese Art von Konflikten, die Auswirkung auf das weltweite Kräfteverhältnis haben – und dabei denke ich, dass dies bei Weitem noch nicht der letzte dieser Art ist.«[75]

Also wird sich Russland auf potenzielle Folgekrisen einstellen, natürlich auch militärisch.

»Hieraus folgt die greifbare Perspektive der Zerstörung des bisherigen Systems der Vereinbarungen über die Begrenzung und Kontrolle der Arten von Bewaffnung. Den Beginn dieses gefährlichen Prozesses legten zweifelsohne die Vereinigten Staaten von Amerika, als sie im Jahre 2002 einseitig aus dem ABM-Vertrag zurücktraten und daraufhin darangingen, und es heute noch aktiv betreiben, ihr eigenes globales Raketenabwehrsystem aufzubauen.«[76]

Der ABM-Vertrag ist ein Rüstungskontrollvertrag, den die USA und Russland im Jahre 1972 abgeschlossen haben. ABM steht für *Anti-Bal-*

14* WTO = World Trade Organisation.

listic Missiles. Damit sind Abfangraketen gemeint, mit denen man gegnerische Atomraketen abschießen kann. Die Idee des Vertrages war es, einen Atomkrieg zwischen NATO und Warschauer Pakt dadurch zu verhindern, dass man die Verwundbarkeit beider Seiten aufrechterhält, indem man die Entwicklung von Raketenabwehrsystemen verbietet. Die Überzeugung war seinerzeit, dass kein Land einen Atomkrieg beginnen würde, wenn es sich nicht gegen den sofort erfolgenden atomaren Gegenschlag des Gegners schützen kann.

Nach der Kündigung des ABM-Vertrages haben die USA ihre Bemühungen forciert, genau ein solches Raketenabwehrsystem zu entwickeln, was nun das atomare Gleichgewicht auszuhebeln droht und so *die Wahrscheinlichkeit eines Atomkrieges erhöht*. Im Kreml glaubt man, dass dieses System zwischen 2016 und 2020 einsatzbereit sein wird (siehe unten).

Zunächst wurde Russland jahrelang versichert, dieses System richte sich nur gegen angebliche »Schurkenstaaten« wie den Iran und Nordkorea. Doch die Stationierungsorte *in Osteuropa* deuten ganz klar auf eine mögliche Verwendung auch gegen Russland hin. Ein weiterer wichtiger Aspekt ist, dass dieses System ein reines US-System ist, und andere NATO-Staaten lediglich ein Mitspracherecht im Hinblick auf die Stationierungsorte haben.

»Übrigens haben unsere Kollegen [im Westen] seinerzeit versucht, diese Prozesse irgendwie zu steuern, sich regionale Konflikte zunutze zu machen, ›farbige Revolutionen‹ in ihrem Interesse zu konstruieren, aber der Geist entwich der Flasche. Was man nun mit ihm macht, verstehen [...] die Autoren der Theorie des gelenkten Chaos selbst nicht. In ihren Reihen herrschen Zwiespalt und Uneinigkeit.«[77]

Dass die USA vorsätzlich weltweit Chaos heraufbeschwören, ist ein weiterer von »Verschwörungstheoretikern« erhobener Vorwurf. Die Idee: Man zerschlägt bestehende Staaten, um deren Trümmerteile besser kontrollieren zu können. Teile und herrsche.

Putins Behauptung, die USA würden Umstürze anzetteln, wird erstaunlicherweise ausgerechnet aus Kreisen hoher US-Militärs bestätigt: Ex-US-General *Wesley Clark*, von 1997 bis 2000 Oberbefehlshaber der NATO in Europa und westlicher Oberbefehlshaber im 1999er-Kosovo-Krieg, hielt am 3. Oktober 2007 eine Rede in Kalifornien, in der er öffentlich zugab, dass ihm schon zwei Monate nach den Terroranschlägen vom 11. September 2001 von einem hohen Offizier des *Joint Chief of Staff* (der oberster Generalstab der USA) mitgeteilt worden war, – und das las dieser Offizier von einem Papier aus dem *Büro des Verteidigungsministers* ab –, dass die USA »sieben Länder angreifen und deren Regierungen innerhalb von fünf Jahren stürzen« wollen: »Wir fangen mit dem Irak an, und dann kommen Syrien, der Libanon, Libyen, Somalia, der Sudan und der Iran dran.«[78]

Anlass von Wesley Clarks Rede war sein Buch *A Time to Lead*, das einen Monat zuvor erschienen war, und in dem alles nachzulesen ist, was Clark oben berichtet.[79]

In derselben Rede gibt Clark zu, dass die USA im Irak noch unter Saddam Hussein den *Aufstand der Schiiten provoziert* hatten, – Umstürze also erprobter Teil einer verdeckten US-Außenpolitik sind!

Der Kreis zu einem möglichen dritten Weltkrieg schließt sich nach Aussagen Wesley Clarks folgendermaßen: Schon im März 1991, kurz nach dem ersten Krieg gegen den Irak, hatte ihm *Paul Wolfowitz* (2001 stellvertretender Verteidigungsminister unter George W. Bush) gesagt:

»Wir haben ungefähr fünf oder zehn Jahre Zeit [...], um all die sowjetischen Klientelregime zu beseitigen: Syrien, Iran und Irak, – bevor die nächste große Supermacht uns herausfordert.«[80]

Wesley Clark kritisiert all das und sagt über die USA:

»Dieses Land wurde von einer Gruppe von Leuten durch einen politischen Staatsstreich übernommen! Das waren Wolfowitz und Cheney [Dick Cheney, damals US-Vizepräsident] und Rumsfeld [Donald Rumsfeld, damals Verteidigungsminister], und man kann ein halbes Dutzend anderer Kollaborateure nennen von dem *Projekt für das neue amerikanische Jahrhundert*. **SIE wollten den Nahen Osten destabilisieren, ihn komplett auf den Kopf stellen, ihn [mit dieser Strategie] unter unsere Kontrolle bringen.**«[81]

Nun, zunächst hat das alles zum Teil deutlich länger gedauert (Irak, Libyen), oder es hat nur teilweise (Syrien) oder noch gar nicht geklappt (Iran). Denkt man an das Scheitern des »Arabischen Frühlings«, kann man aber sagen, dass ein Großteil der Arbeit getan ist. Über den Zusammenhang mit der aktuellen Flüchtlingsflut könnte man jetzt ein ganzes Kapitel schreiben…

Noch interessanter jedoch ist die Frage, wer aus der Perspektive von 1991 die USA in fünf bis zehn Jahren als »große Supermacht« hätte herausfordern können? Sicherlich nicht Japan, Deutschland oder die EU. Diese sind ja schließlich ziemlich beste Freunde. Bleiben China und Russland als mögliche Herausforderer. Chinas Wirtschaftsleistung allerdings betrug 1991 nur einen Bruchteil jener der USA. Erst ab etwa 2000 war überhaupt erkennbar, dass China einmal zum Rivalen Amerikas werden könnte.

Hatte der spätere Vize-Verteidigungsminister Paul Wolfowitz also schon im Jahre 1991 damit gerechnet, dass Russland sich irgendwann wieder erholt? Hatte man schon seinerzeit Parallelen zu Deutschland nach dem Ersten Weltkrieg gezogen? Frei nach dem Motto: »Der Schlag jetzt (1918 und 1991) hat gesessen, aber das war es noch nicht«? Jedenfalls erscheint es aus der Perspektive des im Jahre 1991 noch nicht wirklich besiegten russischen Imperiums plausibel, dass man in der Zwischenzeit die »sowjetischen Klientelregime«, sprich die russischen Verbündeten im Nahen Osten, beseitigt, um die Ausgangslage für den finalen Showdown mit einem wieder erstarkten Russland zu verbessern. Alles nur ein dummer Zufall? Eine Verschwörung? Man weiß es nicht.

Von »gesteuerten farbigen Revolutionen« sprach Putin schon am 18. März 2014 in seiner Rede im Kreml anlässlich des Beitritts der Krim zur Russischen Föderation:

»Es gab auch eine ganze Serie an gesteuerten ›farbigen‹ Revolutionen. Es ist klar, dass die Menschen in [diesen] Ländern, […] müde waren von der Tyrannei, von der Armut, von der Perspektivlosigkeit, doch diese Gefühle wurden zynisch ausgenutzt.«[82]

Siehe die *Rosen-Revolution* 2003 in Georgien, die *Orangene Revolution* 2004 in der Ukraine, und der *Arabische Frühling* ab 2011.

Putin führte dies in seiner Rede zur Wiedervereinigung der Krim mit Russland weiter aus: »Diesen Ländern wurden Standards aufgezwungen, die in keinerlei Weise den Lebensweisen, den Traditionen oder der Kultur dieser Völker entsprachen. Im Endeffekt herrscht, anstelle von Demokratie und Freiheit, das Chaos, Gewalt und eine Abfolge an Staatsstreichen. Der ›Arabische Frühling‹ wurde zum ›Arabischen Winter‹.«[83]

Auch im Westen gilt der *Arabische Frühling* als eindeutig gescheitert. Allerdings weigert man sich zum Beispiel in Deutschland, den *Arabischen Frühling* als unmittelbare Folge einer planmäßigen US-Politik zu thematisieren, *obwohl* es in den USA angesehene und respektierte Leute wie Wesley Clark gibt, die das ganz offen aussprechen und sogar in Buchform publizieren.

»Ein ähnliches Szenario kam in der Ukraine zur Anwendung. [...] Jetzt [2014] wurde eine vorab ausgebildete, gut ausgerüstete Armee aus bewaffneten Radikalen mobil gemacht.

Wir verstehen sehr gut, was hier abläuft, wir wissen, dass diese Aktionen sowohl gegen die Ukraine als auch gegen Russland gerichtet waren, ebenso auch gegen eine Integration im eurasischen Raum. Und das während einer Zeit, in der Russland aufrichtig um Dialog mit unseren Kollegen im Westen bemüht war. Wir schlagen ständig Kooperation in Schlüsselfragen vor, wir wollen das gegenseitige Vertrauen fördern, wir wünschen, dass unsere Beziehungen auf Augenhöhe stattfinden, dass sie offen und ehrlich seien. Aber wir sehen keinerlei Entgegenkommen.«[84]

So weit ein kurzer Auszug aus Putins Rede zum Beitritt der Krim zur Russischen Föderation, nun zurück zu seiner Waldai-Rede:

»Warum erwähne ich das? Weil durch die Umsetzung des Assoziationsprojekts [der EU] mit der Ukraine uns unsere Partner mit ihren

Produkten und Dienstleistungen gewissermaßen durch die Hintertür ins Haus fallen, aber das war nicht abgemacht, und uns hat niemand nach unserer Meinung dazu gefragt.«

Damit bezieht sich Putin auf ein Ende 2014 bereits bestehendes Freihandelsabkommen zwischen Russland, Weißrussland, Kasachstan und der Ukraine, das der Ukraine erlaubte, viele Güter zollfrei in diese drei Länder zu exportieren. Wäre es ohne Absprache mit Russland auch zu einem Freihandelsabkommen zwischen der Ukraine und der EU gekommen, hätte die EU theoretisch durch die »Hintertür Ukraine« zollfrei nach Russland exportieren können. Russland befürchtete dadurch Zollausfälle in Höhe von zwei Milliarden Euro jährlich.[85]

Grundsätzlich stand die Ukraine vor der Entscheidung, die wirtschaftlichen Beziehungen entweder zu Russland oder zur EU zu intensivieren. So sagte EU-Kommissionspräsident *Barroso* am 25. Februar 2013 in Brüssel ganz offen, dass sich die Ukraine zwischen der EU und Russland entscheiden muss: »Ein Land kann nicht zugleich Mitglied einer Zollunion [mit Russland] sein und in einer weitreichenden Freihandelszone mit der EU. Das ist nicht möglich.«[86]

Putin führte in Waldai weiter aus: »Die Gespräche zu allen Themen, die mit der EU-Assoziation der Ukraine zusammenhängen, haben wir beharrlich, aber [...] vollkommen zivilisiert geführt, wir haben Motive und Argumente eingebracht und mögliche Probleme aufgezeigt. Aber niemand wollte uns hören oder mit uns sprechen, uns wurde einfach nur gesagt: ›Das ist nicht eure Sache, das war's, Ende der Diskussion.‹ Anstelle eines schwierigen, aber wie gesagt zivilisierten Dialogs wurde die Angelegenheit bis dahin gesteigert, dass es zu einem Staatsstreich kam, das Land ins Chaos gestürzt, die Wirtschaft und der soziale Bereich zerrüttet wurden und ein Bürgerkrieg mit unzähligen Opfern begann. [...]

Wir verstehen sehr gut, dass die Welt in ein Zeitalter der Veränderungen und tief greifender Transformationen eingetreten ist, in dem alle ein besonderes Maß an Vorsicht und Fähigkeit brauchen, unüberlegte Schritte zu vermeiden. In den Jahren nach dem Kalten Krieg haben die Teilnehmer an der Weltpolitik diese Qualitäten in gewissem

Maße eingebüßt. Jetzt gilt es, sich wieder an sie zu erinnern. Im andern Fall werden sich die Hoffnungen auf friedliche, stabile Entwicklung als gefährliche Illusion erweisen, und die heutigen Erschütterungen wären dann die Vorboten eines Zusammenbruchs der Weltordnung.«[87]

Putin beschreibt die aktuelle politische Entwicklung in der Welt als dynamischen Prozess und zieht eine weitere Verschlechterung und zunehmende Gefährdung der Weltlage in Betracht. Den »Zusammenbruch der Weltordnung« kann man wieder als Anspielung auf einen möglichen Dritten Weltkrieg verstehen. Denn was, so ist zu fragen, käme *nach* dem Zusammenbruch der Weltordnung und der Enttäuschung der »Hoffnung auf eine friedliche Entwicklung« der Welt?

Putin auf der Pressekonferenz am 18. Dezember 2014

Am 18. Dezember 2014, genau neun Monate nach Putins im Kreml pompös inszenierter Rede zum Anschluss der Krim, gab der Kreml-Chef eine große Pressekonferenz in Moskau. Dort antwortete er auf die Frage eines Journalisten:

»Sie erinnern sich sicherlich, dass ich beim Internationalen Diskussionsclub[88] ein Beispiel mit unserem bekanntesten Symbol gebracht habe: dem Bären, der seine Taiga verteidigt.

Und sehen Sie – wenn wir bei dieser Analogie bleiben –, manchmal glaube ich, es wäre das Beste, wenn dieser Bär nur still dasitzt. Vielleicht wäre es das Beste, er hört damit auf, Schweine und Ferkel durch die Taiga zu jagen, und sammelt Beeren und Honig. Vielleicht lässt man ihn dann in Ruhe.

Aber Irrtum: Das wäre nicht der Fall. Weil es immer einen geben wird, der versucht, ihn in Ketten zu legen. Und sobald der Bär in Ketten liegt, werden sie ihm die Zähne und Klauen herausreißen. Damit meine ich die Macht der atomaren Abschreckung. Sobald – und Gott möge das verhüten – es geschieht und sie den Bären nicht mehr brauchen, wird die Taiga zur Beute.

Wir haben es selbst von hochrangigen Offiziellen [des Westens] gehört[15*], dass es unfair ist, dass ganz Sibirien mit seinen ungeheuren Ressourcen ganz und gar Russland alleine gehört.[89] Warum genau ist das unfair? Ist es fair, Texas von Mexiko wegzureißen [1845 von den USA annektiert], aber unfair, wenn wir in unserem eigenen Land arbeiten? [...] Und dann, wenn die Zähne und Klauen herausgerissen sind, wird der Bär völlig nutzlos sein. Vielleicht wird er dann ausgestopft, und das war's dann.

Also: **Es geht nicht um die Krim, sondern darum, unsere Unabhängigkeit zu verteidigen, unsere Eigenständigkeit und Recht zu existieren. Das sollten wir alle begreifen.«**[90]

Diese Worte bringen aus Putins erklärter Sicht den Kern des ganzen Konfliktes auf den Punkt: Russland sieht sich vom Westen *in seiner Existenz bedroht*. Der Westen hingegen glaubt, oder besser gesagt, gibt seinen Völkern gegenüber vor, zu glauben, Russland bedrohe die europäische Friedensordnung.

Was Putins erklärte Sicht der Lage betrifft, so ist die Bedrohung der Existenz eines Staates oder Volkes natürlich *der* klassische Kriegsgrund. Wessen Existenz bedroht ist, der hat nur noch eine Wahl: kämpfen oder kapitulieren. Und wenn Russland nicht vor Hitlers Wehrmacht kapituliert hat, warum sollte es dann vor der NATO kapitulieren? Die Europäer jedenfalls würden – das scheint klar – nie und nimmer so hart und ausdauernd kämpfen wie die Truppen Hitlers.

Wie aber hätte man sich diese Putinsche Bedrohungsfantasie konkret vorzustellen? Wie sollte der Westen Russland in seiner Existenz bedrohen? Diese Frage lässt sich ganz gut am Beispiel des menschlichen Körpers erklären: Der menschliche Körper lebt nicht isoliert, sondern braucht eine Umwelt, mit der er interagiert. Wir brauchen zum Beispiel Sauerstoff, Wasser, Nahrung, andere Menschen. Ähnliches gilt für einen Staat. So müssen die meisten Staaten des Westens Rohöl im-

---

15* Damit spielt Putin auf eine angebliche Aussage der früheren US-Außenministerin Madeleine Albright an, eine Aussage, die in Russland seit Jahren sehr bekannt ist, für die es westlichen Medien nach aber keine belastbare Quelle gibt. Madeleine Albright soll gesagt haben, dass der Reichtum an Rohstoffen in Sibirien zu groß sei, um einem einzigen Land (Russland) zu gehören.

portieren. Und alle Staaten der Welt sind abhängig vom internationalen Kapitalverkehr und Technologieaustausch. Das heißt, um einen Staat zu besiegen oder zu vernichten, muss man ihn insbesondere in der globalisierten Welt nicht »erschießen« oder »erwürgen«, sondern es reicht, wenn man ihn auf »Diät« setzt und damit schwächt. Ist der betroffene Staat irgendwann schwach genug, wird er zum einen anfällig für »Krankheiten«, beispielsweise drohen ihm innere Unruhen, wenn das Volk unzufrieden wird, andererseits, – sollte es doch zum Krieg kommen, – wird er nicht im Vollbesitz seiner Kräfte sein, werden seine Waffen veraltet sein, und er lässt sich leichter besiegen.

Das Zauberwort des Schwächungsprozesses lautet *Isolation*. Und so wie ein Mensch irgendwann Probleme bekommt, wenn er nicht mehr zum Arzt, Rechtsanwalt und Kfz-Mechaniker gehen darf, bekommt ein Staat immer größere Probleme, je mehr Verbündete er verliert. Im Falle Russlands wären da zunächst die Staaten Osteuropas zu nennen, die sich nach 1991 von Russland abgewendet haben. Zugegebenermaßen waren diese Staaten natürlich keine echten Verbündeten, sondern zwangsweise in den Warschauer Pakt eingegliedert. Der Seitenwechsel dieser Staaten zur NATO war aus russischer Sicht aber dennoch ein bedeutender Schritt zur Isolation. Ebenfalls bedroht sind die russischen Verbündeten Syrien und Iran.

Ein weiterer Aspekt bei der Existenzbedrohung durch Schwächung ist nun, dass für den Außenstehenden nicht leicht zu erkennen ist, wann der Schwächungsprozess so weit fortgeschritten ist, dass er unumkehrbar wird. Man kann das mit zwei etwa gleichstarken Schwergewichtsboxern vergleichen, von denen sich einer zwei Tage vor dem entscheidenden Kampf ein Grippevirus eingehandelt hat. Dieser Boxer mag zwar äußerlich noch kraftstrotzend aussehen, aber dennoch weiß er, dass ihm nach ein paar Runden die Puste ausgehen wird.

Solche Dinge sind der russischen Regierung natürlich bewusst, und so wird man auf irgendwelchen Strategiepapieren im Kreml eine rote Linie markiert haben, von der man es nicht zulassen wird, dass sie überschritten wird. Und allem Anschein nach liegen sowohl die Ukraine beziehungsweise die Krim als auch Syrien irgendwo auf dieser Linie, weil ein Totalverlust der Militärstützpunkte dort eine massive Schwächung des russischen Einflusses im Schwarzmeer-, Mittelmeerraum und Nahen Osten bedeuten würde. Natürlich könnte man jetzt fragen: Was bitte haben die Russen im Mittelmeerraum zu suchen? Und die Antwort könnte lauten: »Eigentlich nichts.« Nur: Was haben dann die Amerikaner dort zu suchen?

Wenn Putin also von der Bedrohung der Existenz Russlands spricht, muss man die Möglichkeit berücksichtigen, dass unterhalb der *Tagesschau*-Wirklichkeit Dinge geschehen, die Russland in einem Maß schwächen, das es entweder nicht tolerieren kann oder will.

Am Rande bemerkt könnte dieses ganze Spiel dann nach Russland theoretisch natürlich auch mit China weitergespielt werden. Schließlich verlöre China mit Russland seinerseits *seinen* wichtigsten Verbündeten. Und würde das technisch-militärische Potenzial Russland in die NATO übergehen, könnte China wohl gleich kapitulieren. Dann hätte die US-geführte NATO weltweit keinen ernst zu nehmenden Rivalen mehr.

Putins 2014er-Rede zur Lage der Nation

Am Donnerstag, den 4. Dezember 2014, zwei Wochen vor der großen Pressekonferenz, hielt Putin seine jährliche Rede zur Lage der Nation. Darin sagte er mit Blick auf die gemeinsame Geschichte der Ukraine und Russlands:

»Zusammen mit der ethnischen Nähe, mit der gemeinsamen Sprache und der materiellen Kultur, mit dem gemeinsamen Territorium, [...] hat sich das Christentum als eine mächtige geistig einigende Kraft erwiesen, die es ermöglichte, unterschiedliche Stämme [...] der großen ostslawischen Welt in [... eine einheitliche] russische Nation einzubeziehen und eine gemeinsame Staatlichkeit zu formen. Auf dieser spirituellen Grundlage haben sich unsere Vorfahren erstmals und für immer als ein einheitliches Volk begriffen. Dadurch können wir sagen, dass die Krim, das alte Chersones [ca. 50 km nördlich der Krim] und Sewastopol eine riesige zivilisatorische und sakrale Bedeutung für Russland haben. Genauso wie der Tempelberg in Jerusalem für Moslems und Juden. Und genauso werden wir das künftig immer sehen. [...]«[91]

Den Vergleich mit dem »Tempelberg in Jerusalem« haben westliche Medien dankbar aufgegriffen und als Beweis für Putins Realitätsferne, Irrationalität oder Gestrigkeit angeführt; als Beleg dafür, dass Putin nicht ernst zu nehmen ist, und er – so wie es Angela Merkel im März 2014 gesagt haben soll – »in einer anderen Welt« lebt[92].

Nimmt man Putins Verweis auf die »sakrale Bedeutung« hingegen ernst, ergibt sich ein ganz anderes Bild: Sollten Putin und andere einflussreiche Russen bestimmte Gebiete als *heiligen Boden* betrachten, werden sie, wenn sie glauben, es müsse sein, äußerst hart darum kämpfen. Dabei geht es nicht nur um Boden oder Territorium, sondern es geht letztlich um das, was den Russen *an sich* heilig ist! Das ist der tiefere Kern: das Heilige *an sich!* Glaubt man Putin, geht es darum, dass den Russen *überhaupt noch* etwas heilig ist! Im Gegensatz zu immer mehr Menschen im Westen.

Genau an diesem Punkt könnte das eigentliche psychologisch-geistige Konfliktpotenzial liegen: in den »heiligen Werten der Russen«. Im Westen will man nicht sehen, dass es in Russland so etwas wie eine Kombination von »heiligen« Werten und roten Linien gibt, die diejenigen Russen, auf die es ankommt, also die Mächtigen mit ihren Anhängern, zu verteidigen bereit wären, und zwar *mit allem, was sie haben!* So, wie man es seit Jahrtausenden überall auf der Welt macht, wenn einem etwas wirklich heilig ist.

»Wie kann man in diesem Zusammenhang die bewaffnete Machtergreifung [in Kiew], die Gewalt und die Morde unterstützen? Was wiegen allein schon die blutigen Ereignisse von Odessa [2. Mai 2014, 48 Tote[93]], wo Menschen lebendig verbrannt wurden?
Wie kann man die anschließenden Versuche unterstützen, mithilfe von Streitkräften die Einwohner des Südostens niederzuringen, die mit dieser Willkür nicht einverstanden waren? All das wird begleitet von heuchlerischer Rhetorik über internationales Recht und Menschenrechte. Das ist reiner Zynismus.«[94]

Aus westlicher Sicht ist es im Endeffekt völlig gleichgültig, ob Putin lügt, die Tatsachen verdreht und Propaganda betreibt; entscheidend ist einzig und alleine, ob ihm das russische Volk glaubt, und ob das Volk Putin die Stange halten wird, wenn sich die Beziehungen zum Westen noch weiter verschlechtern. Es kommt nicht darauf an, ob Putin Propaganda betreibt, es kommt einzig und alleine darauf an, wie erfolgreich diese Propaganda ist.

»Und wie hat sich von Anfang an unser Dialog mit amerikanischen und europäischen Partnern zu diesem Thema entwickelt? Ich habe nicht zufällig die amerikanischen Freunde erwähnt, denn die beeinflussen stets die Beziehungen zu unseren Nachbarn [Balten, Polen, Deutsche], offen oder verdeckt. Manchmal ist sogar nicht klar, mit wem es sich eher lohnt, zu verhandeln: mit Regierungen mancher Staaten oder direkt mit ihren amerikanischen Förderern und Sponsoren.
Im Falle des Assoziierungsabkommens der Ukraine mit der EU gab es überhaupt keinen Dialog [...].«[95]

Das Fehlen dieses Dialogs mit Russland beim Assoziierungsabkommen zwischen der EU und der Ukraine wird inzwischen auch von westlicher Seite eingeräumt.

»Man hat uns gesagt, dass das uns nichts angeht. Alle Argumente, dass Russland und die Ukraine Mitglieder der GUS-Freihandelszone sind, dass wir eine historisch gewachsene enge Kooperation in Industrie und Landwirtschaft haben und de facto Teil einer einheitlichen Infrastruktur sind, all das wollte man weder sehen noch hören. Dann haben wir gesagt: Gut, wenn ihr mit uns keinen Dialog führen wollt, dann werden wir gezwungen sein, unsere legitimen Interessen einseitig zu schützen, und werden nicht für die aus unserer Sicht fehlerhafte Politik zahlen. [...] Natürlich haben wir das Recht, zu fragen: Wofür hat sich die Tragödie in der Ukraine zugetragen? Konnte man die bestehenden Fragen, auch strittige Fragen, nicht im Verlauf eines Dialogs und im Rahmen des Rechts und der legitimen Prozesse lösen?«[96]

Selbstverständlich fragt sich, wem die Ukraine-Krise genützt hat. Cui bono? Sicherlich den USA. Das kann keiner bestreiten. Infolge der Ukraine-Krise und des neuen Konfliktes mit Russland konnten die USA über das Instrument der NATO ihren Einfluss auf Europa wieder erheblich verstärken.

»Heute wird versucht, uns mit aller Kraft weiszumachen, dass genau das, was passiert ist, die richtige und ausgewogene Politik ist, der wir uns gedankenlos und blind unterzuordnen haben. Das wird nicht geschehen. Wenn für einige europäische Staaten der Nationalstolz ein längst vergessener Begriff ist und die Souveränität ein zu großer Luxus, so ist für Russland die **reale staatliche Souveränität eine absolut unumgängliche Bedingung seiner Existenz.**«[97]

Mit »Nationalstolz« und »Souveränität« als »zu großer Luxus« in Europa bezieht sich Putin erneut auf einen globalen geostrategischen Rahmen, und nähert sich wieder einer, wie man bei uns so schön sagt: *verschwörungstheoretischen* Deutung der Weltlage, nämlich der Beseitigung des nationalstaatlichen Denkens und der Nationalstaaten als unabdingbare Vorstufe zur Errichtung eines Weltstaates und einer Weltregierung.

Was den Prozess der schleichenden Auflösung der Nationalstaaten in Europa betrifft, Stichwort EU, ist kaum anzunehmen, dass dieser Prozess beendet sein wird, wenn die europäische Integration abgeschlossen ist. Schon jetzt deutet sich an, dass mit dem TTIP-Handelsabkommen zwischen Europa und den USA so etwas wie eine nordatlantische Handelsunion entsteht. Als Werte-Union betrachten sich Europa und die USA sowieso schon, und ein Verteidigungsbündnis sind wir seit 60 Jahren. Wenn wir dann auch noch eine Wirtschaftsunion sind, all das noch zusätzlich überwölbt von den Vereinten Nationen, dann steht mittelfristig auch der Vereinigung Europas und Nordamerikas nichts mehr im Wege. Und wenn Europa und Nordamerika faktisch einen gemeinsamen nordatlantischen Staat bilden, wird man auch nach anderen Weltteilen Ausschau halten, weiteren Staaten eben, die sich dem westlichen Trend der One World anschließen wollen.

Wenn in Europa die Kategorie *Nationalstaat* beseitigt ist, ebenso wie die traditionelle Kategorie *Volk*, dann sind in Europa grundlegende psychologische und ideologische Barrieren auf dem Weg zum Weltstaat beseitigt. Der Rest ist dann nur noch eine Frage der Zeit. Die Auflösung und Beseitigung nationaler und nationalstaatlicher Identität ist der zentrale Schlüssel zur Schaffung eines Weltstaates. Und dass dieser Weltstaat nicht demokratisch organisiert sein kann, liegt auf der Hand. Nichts könnte bürgerferner sein als ein Weltstaat. Dafür ist die Europäische Union ein eindeutiger Fingerzeig.

Und genau hier liegt ein weiteres grundlegendes Kommunikationsproblem der westlichen Gesellschaften: Es ist praktisch unmöglich, den globalen Trend zur Weltregierung offen zu kommunizieren, weil uns die Demokratie (noch) als einer der höchsten Werte gilt. Nichtsdestotrotz bereitet man die westlichen Bürger psychologisch darauf vor, unter anderem indem man mehr und mehr Aufmerksamkeit auf solche Probleme lenkt, die als nur auf globaler Ebene lösbar gelten. Paradebeispiel dafür ist der Klimawandel. Parole: Wir müssen uns alle zusammenschließen, oder wir gehen alle gemeinsam unter.

»Übrigens, zu den Sanktionen. Das ist nicht bloß eine nervöse Reaktion der USA und ihrer Verbündeten auf unsere Position im Zusammenhang mit den Ereignissen [...] in der Ukraine [...]. Ich bin überzeugt, dass auch ohne all dies ein Vorwand gefunden worden wäre, um die wachsenden Möglichkeiten Russlands einzudämmen, es zu schwächen oder noch besser in den eigenen Interessen zu nutzen. Diese Eindämmungspolitik wurde nicht erst gestern erfunden. Sie wird gegen unser Land bereits viele Jahre betrieben, man kann sogar sagen Jahrzehnte, **wenn nicht Jahrhunderte**.«[98]

Schon wieder zirkulieren Putins Gedanken im Dunstkreis einer Verschwörungstheorie. Warum sagt er solche Sachen? Russland seit Jahrhunderten von finsteren Mächten eingedämmt? Glaubt der Kreml-Chef wirklich, was er da sagt?

Nun, Putins verschwörungstheoretische Anklänge dürften wenigstens teilweise für das heimische Publikum gedacht sein. Verschwörungstheorien sind in Russland nämlich schon immer recht populär und alles andere als ein Tabu-Thema, wie beispielsweise in Deutschland. Die Russen scheinen in ihrem Glauben an Verschwörungstheorien geistig ähnlich weit von den Deutschen entfernt zu sein, wie es polygame Muslime den Deutschen in sexueller Hinsicht sind.

Auf den Hang der Russen zu Verschwörungstheorien kommen wir unten unter der Überschrift *Verschwörungsglaube in Russland* zurück. (siehe Seite 156).

Unterstellt man, der Westen würde schon seit »Jahrhunderten« auf Russlands Unglück hinarbeiten, kommt man nicht umhin, anzunehmen, es gäbe irgendwo im Westen einen dazugehörigen geheimen Plan. Man wird, so die sich Putin wohl aufdrängende Schlussfolgerung, kaum rein zufällig 300 Jahre lang versuchen, Russland niederzuhalten. Der Zeitraum von 300 Jahren dürfte dann doch etwas zu groß sein für die Regentschaft einer obskuren Macht namens »Zufall«.

»Kurzum, jedes Mal, wenn [in den Jahrhunderten] jemand denkt, dass Russland zu stark und zu selbstständig geworden ist, werden diese Instrumente unverzüglich eingesetzt. [...].

Trotz unserer damals beispiellosen Offenheit und der Kooperationsbereitschaft in vielen strittigen Fragen, trotz unserer Betrachtung der ehemaligen Gegner als enge Freunde und fast Verbündete, setzte sich die Unterstützung des Separatismus in Russland aus dem Ausland fort: informationstechnisch, politisch, finanziell, geheimdienstlich. Es war absolut offensichtlich und unzweifelhaft, dass man uns allzu gern zu einem **Jugoslawien-Szenario** drängen wollte, **zu Zerfall und Zerstückelung.** Mit allen tragischen Konsequenzen für die Völker Russlands. Das ist nicht gelungen. Wir haben das nicht zugelassen.«[99]

Die Jugoslawien-Kriege dauerten mit Unterbrechung von 1991 bis 1999, und im Laufe aller Teilkriege starben rund 120 000 Menschen. 1991 hatte Jugoslawien 23 Millionen Einwohner; übertragen auf russische Verhältnisse wären dies etwa 700 000 Tote.

Putin unterstellt damit den Gegnern Russlands, und allen voran natürlich den USA, im Extremfall sogar einen als Krieg getarnten *Massenmord* in Russland zu inszenieren, und dann aus dem zerfallenden Russland Beutestücke (zum Beispiel sibirische Rohstoffe) herauszureißen. Man darf wirklich gespannt sein, ob und wann Putin endlich damit aufhört, von seinen »Freunden«, »Partnern« und »Kollegen« im Westen und in den USA zu sprechen. Allmählich wirkt es etwas albern.

Putin kommt dann vom verhinderten »jugoslawischen Szenario« zum Sieg Russlands über Hitler: »Genauso wie es Hitler nicht gelungen ist, der mit seinen menschenverachtenden Ideen Russland zerstören und hinter den Ural drängen wollte. Alle sollten im Gedächtnis behalten, wie so etwas endet.«[100]

Nochmals ein Wink mit dem Zaunpfahl in Richtung ganz großer Krieg. Eine klare Drohung. Nur für wen? Für den Westen? Oder will Putin sich für das heimische Publikum in Szene setzen? Sicherlich auch Letzteres, denn es handelt sich um eine Rede an die Nation, die sich in dieser unruhigen Zeit mehrere zehn Millionen Russen angesehen haben dürften.

»Im nächsten Jahr werden wir den 70. Jahrestag des Sieges im Großen Vaterländischen Krieg begehen. Unsere Armee besiegte den Feind und befreite Europa.«[101]

Hier fehlt am Ende der entscheidende Zusatz »vom Nationalsozialismus«. Da dieser Zusatz fehlt, kann es in den Ohren beispielsweise der Polen nur wie Hohn klingen, obwohl die Polen trotz allem unter russischer Herrschaft natürlich sehr viel weniger gelitten haben, als unter der Herrschaft Nazi-Deutschlands.

»Doch auch die schweren Niederlagen der Jahre 1941 und 1942 dürfen wir nicht vergessen, um diese Fehler künftig nicht mehr zuzulassen.«[102]

Was genau meint Putin mit »diese Fehler«? Meint er, dass Russland sich heutzutage militärisch besser vorbereiten muss, damit es nicht wieder militärisch in seiner Existenz bedroht werden kann? Diesmal durch NATO und USA? Glaubt Putin, die USA planten gegen Russland etwas Ähnliches wie Hitler gegen das Reich Stalins?

»In diesem Zusammenhang werde ich Fragen aus dem Bereich der internationalen Sicherheit anreißen. [...] Seit dem Jahr 2002, nach der einseitigen amerikanischen Kündigung des ABM-Vertrags [...], der einen Eckstein der globalen Sicherheit, des strategischen Gleichgewichts und der Stabilität darstellte, wird hartnäckig an der Schaffung des globalen Raketenabwehrsystems der USA gearbeitet, auch in Europa. **Das ist nicht nur eine Bedrohung für die Sicherheit Russlands, sondern für die gesamte Welt, da dies das strategische Gleichgewicht der Kräfte stören kann.**

Ich denke, dass das auch für die USA selbst schädlich ist, denn das erzeugt eine gefährliche Illusion der eigenen Unverwundbarkeit, stärkt die Neigung zu einseitigen und oft, wie wir sehen, undurchdachten Entscheidungen und zusätzlichen Risiken. [...]

Wir [...] haben nicht vor, uns in einen kostspieligen Rüstungswettlauf hineinziehen zu lassen, aber wir werden [...] die Wehrfähigkeit unseres Landes unter den neuen Bedingungen gewährleisten. Daran bestehen keine Zweifel. Das wird gemacht. Russland hat dafür Möglichkeiten und asymmetrische Lösungen.

Es wird niemandem gelingen, militärische Überlegenheit gegenüber Russland zu erlangen. Unsere Armee ist modern und kampffähig. Wie man heute sagt, höflich, aber abschreckend. Für die Verteidigung unserer Freiheit werden wir genug Kraft, Willensstärke und Mut haben.«[103]

Sicher, es ließe sich wieder unterstellen, dass Putin »nur« blufft. Große Klappe, nichts dahinter. Putin bastelt sich ein »Feindbild Westen« zusammen, das er braucht, um Russland im Inneren zusammenzuhalten. Nur, wie lange könnte eine solche Strategie funktionieren? Müsste Putin nicht nach und nach die Dosis der Bedrohungs-Fata-Morgana erhöhen? Würde er nicht früher oder später ganz automatisch an einen Punkt gelangen, wo er einen richtigen Krieg braucht? Wie lange kann Putin pokern und bluffen, und den Westen künstlich zum Schreckgespenst aufblasen, bis er seine Karten doch auf den Tisch legen muss? Und was dann?

»**Wir werden die Vielfalt der Welt verteidigen.** Wir werden den Menschen im Ausland die Wahrheit vermitteln. Damit alle das richtige und authentische Bild von Russland sehen, anstelle des verzerrten und des gefälschten. Wir werden aktiv geschäftliche und humanitäre Kontakte pflegen, unsere Beziehungen in den Bereichen Wissenschaft, Bildung und Kultur voranbringen. Und wir werden das auch unter Bedingungen tun, wenn die Regierungen einiger Länder versuchen, rund um Russland fast schon einen neuen eisernen Vorhang zu errichten.«[104]

So weit Putin in seiner Rede zur Lage der Nation Ende 2014. Die deutschen Medien haben es weitestgehend vermieden, die interessantesten Ausschnitte dieser Rede zu zitieren oder auch nur indirekt anzusprechen. Diese Form der hiesigen Medienpolitik lässt sich im Internet recht gut belegen, wenn man beispielsweise nachschaut, ob bestimmte Kernsätze aus Reden Putins zitiert werden (siehe unten). Und um diese Kernsätze geht es letztlich. Es geht um den *konkreten Wortlaut*. Da helfen keine inhaltlichen Zusammenfassungen, die entlarvende sprachliche Spitzen plattbügeln.

Etwas vereinfachend gesagt: Putins ziemlich unmissverständliche Aussage zu Russlands Haltung in der aktuellen weltpolitischen Lage wird in unseren Medien totgeschwiegen, und stattdessen wird dem westlichen Publikum ein rätselhafter oder bestenfalls spinnerter Putin aufgetischt. Unsere Medien trauen sich ganz offensichtlich nicht, den lieben Bürger auch nur ahnen zu lassen, wie gefährlich Wladimir Putin uns allen werden könnte, sollte der Westen seinerseits auf seinem gefährlichen Spiel beharren. Es sieht so aus, als habe man bei uns in Politik und Massenmedien eine Heidenangst davor, dass der westliche Medienkonsument Putin ernst nehmen könnte; dass der Medienkonsument also auf die angebliche Angstmache-Propaganda hereinfällt, also *wirklich* Angst vor Putin und einem drohenden Krieg bekommt, und deshalb gegenüber Russland zu Konzessionen bereit sein würde, um »das Schlimmste« zu verhindern.

Am 18. November 2014, Putin war gerade vom G20-Gipfel[16*] in Australien zurückgekehrt, wo Angela Merkel im Rahmen ihrer Rede im

---

16* 15. und 16. November 2014 in Brisbane

Lowy-Institute die Furcht vor einer russischen Expansion Richtung »Westbalkan« geschürt hatte, fand in Russland das *Russian Popular Front's Action Forum* statt, wo Putin sich Fragen aus dem Publikum stellte. Auf eine der Fragen antwortete Wladimir Putin:

»Und was Ihre Aussage betrifft, Sie haben ja gesagt: ›Amerika will uns erniedrigen‹ – haben Sie ›erniedrigen‹ gesagt, ja? ... das stimmt nicht. Sie wollen uns nicht erniedrigen, **sie wollen uns unterwerfen**. Sie wollen auf unsere Kosten ihre eigenen Probleme lösen.[17*] Sie wollen uns ihrem Einfluss unterwerfen. Keinem und niemandem in der ganzen Geschichte gelang es in Bezug auf Russland, und es wird auch in der Zukunft nicht gelingen.«[105]

Machen wir zu Putins Satz »Sie wollen uns unterwerfen«, der schon wieder klingt, wie aus dem Dunstkreis eines kommenden Krieges, ein kleines Experiment: Gehen wir ins Internet, und suchen wir auf *Google* nach »*Putin*« + »*erniedrigen*« + »*unterwerfen*« und schauen wir, welche der sogenannten deutschsprachigen Flaggschiff-Medien einen Treffer verzeichnen: Ich habe das am 21. August 2015 getan, und das Ergebnis war wie folgt: Unter den ersten 50 Suchfunden fanden sich weder *Spiegel* noch *Focus*, *Süddeutsche*, *Welt*, *Stern*, *Zeit* oder *Bild*. Der *Tagesspiegel* (Platz drei) griff die Sache zwar auf, kennzeichnete Putins Aussage aber als »russische Propaganda«. Die *FAZ* (Platz sechs) erwähnte das besagte Putin-Zitat unter der Überschrift »Verschwörungsjournalismus«.

Hier wie in ähnlichen Fällen ist ein ganz klares Muster zu erkennen: Solche zu sehr nach drohendem Krieg klingenden Äußerungen werden von den Mainstream-Medien weitestgehend ignoriert, sagen wir zu 95 Prozent. Und werden sie von vereinzelten Massenmedien irgendwo am Rande doch erwähnt, dann unter entsprechender Deutungsvorgabe, zum Beispiel »Verschwörungsjournalismus«.

Zu sehr nach drohendem Krieg klingende Äußerungen gelten bei uns als diskussionsunwürdig, eine Diskussion findet nicht einmal ansatzweise statt. Obige Putin-Aussage findet man überwiegend nur in

---

17* Das zielt auf die hohe Verschuldung der USA, ihr hohes Außenhandelsdefizit und ihre Abhängigkeit vom Dollar als Weltleitwährung.

»verschwörungsaffinen« Seiten im Internet, und bestenfalls in Leserkommentaren in den Foren der Mainstream-Medien. Wie auch immer man diese flächendeckende – formulieren wir es nachsichtig –, *mainstream-mediale Leisetreterei* wertet, sie ist in welcher Form auch immer organisiert, keinesfalls zufällig und damit beabsichtigt. Das lässt sich in einer Vielzahl von Fällen sehr schnell, äußerst kostengünstig und damit vollkommen problemlos nachweisen. Dem Internet sei Dank!

Putins Rede vor den Vereinten Nationen am 28. Sept. 2015

Unmittelbar vor der Fertigstellung des Manuskriptes dieses Buches hielt Wladimir Putin eine Rede vor der Vollversammlung der Vereinten Nationen. In den Wochen zuvor hatte Russland damit begonnen, verstärkt russisches Militärmaterial (Flugzeuge, Panzer, etc.) in Syrien anzulanden, und war dabei, eine Anti-IS-Koalition zu schmieden.

Mit alledem dokumentierte Wladimir Putin seine Bereitschaft, wenn nicht gerade den Bürgerkrieg in Syrien endgültig zu beenden, so doch ihn wenigstens auf ein Maß zu reduzieren, das eine Explosion der ganzen Region ausschließt.

In den Wochen und Monaten zuvor waren die Flüchtlingsströme nach Europa angeschwollen, ein bedeutender Teil der Flüchtlinge kam aus Syrien, und so fiel Putins Initiative auch in Europa und in insbesondere in Deutschland in gewissem Maße auf fruchtbaren Boden. Insgesamt schien es, als sei es Putin gelungen, die Isolation aufzubrechen, die der Westen wegen der Krim-Annexion und des Bürgerkriegs in der Ost-Ukraine über Russland verhängt hatte.

Putins Rede vor den Vereinten Nationen[106] war zum Großteil erneut eine einzige Anklage der USA, die aus Sicht Putins die internationale Ordnung bedrohen. Dabei wiederholte er die bekannten Punkte: dass die USA eine außergewöhnliche Rolle in der Welt beanspruchen, und dass sie das Prinzip der monopolaren Welt forcieren wollen. Wörtlich sprach er von den USA als »einziges Zentrum der Herrschaft auf der Welt«, und von den entsprechenden Politikern als einer »Spitze der Pyramide«, was den einen oder anderen Leser – ob nun berechtigt oder nicht – an die Pyramide auf der Ein-Dollar-Note erinnern dürfte. Im Hinblick auf eine mögliche weitere Forcierung der monopolaren Welt spekulierte Putin:

»... das wäre eine Welt, in der echte unabhängige Staaten durch eine ständig wachsende Zahl von De-facto-Protektoraten und extern kontrollierten Gebieten ersetzt werden könnte.«[107]

Es wäre klar, wo die Sache letztlich endete, wenn mehr und mehr Staaten der Welt ihre »echte Unabhängigkeit« verlören: im Weltstaat!

Auch die seitens der USA beziehungsweise des Westens provozierten Regierungsumstürze sprach er wieder an:

»Es schien jedoch, dass – statt aus den Fehlern anderer zu lernen – wiederholt sie jeder ständig, sodass der Export von Revolutionen, dieses Mal sogenannten ›demokratischen‹, weitergeht. Es würde genügen, die Situation im Nahen Osten und Nordafrika zu betrachten, wie von meinen Vorrednern bereits erwähnt. Sicherlich haben politische und soziale Probleme in dieser Region sich über eine lange Zeit angehäuft, und die Menschen dort wünschten sich natürlich Änderungen.

Aber wie ist es tatsächlich geworden? Anstatt Reformen zu bringen, hat eine aggressive ausländische Einmischung zu einer [...] Zerstörung der nationalen Institutionen und der Lebensweise geführt. Statt den Triumph der Demokratie und des Fortschritts haben wir Gewalt, Armut und eine soziale Katastrophe erhalten. Niemand kümmert sich nur ein bisschen um die Menschenrechte, einschließlich des Rechts auf Leben.

Ich komme nicht umhin, diejenigen zu fragen, die diese Situation verursacht haben: ›Realisiert Ihr jetzt, was Ihr getan habt?‹ Aber ich fürchte, niemand wird das beantworten. In der Tat, die Politik, die auf Eigendünkel und Glaube an die Außergewöhnlichkeit und Straffreiheit beruht, wurde nie aufgegeben.«[108]

Kaum hatte Putin seine Rede gehalten, wurde auf deutschen Fernsehkanälen wieder orakelt, was Putin denn *jetzt* vorhat und ob man ihm *diesmal* trauen könne?

Als *Professor Günter Meyer*, Leiter des *Zentrums für Forschung zur Arabischen Welt* an der Uni Mainz, in einer *Phoenix-Runde*[109] feststellte, dass im Jahr 2012 die Möglichkeit bestanden hatte, zwischen der syrischen Regierung und der syrischen Opposition Verhandlungen zur Beilegung des Bürgerkrieges aufzunehmen, erfuhr man, dass es zu diesen Verhandlungen nur deshalb nicht gekommen war, weil die USA schon damals auf dem Rücktritt Präsident *Baschar al-Assads* bestanden hatten. Für einen kurzen Moment gab es betretene Gesichter im Studio. Dann wechselte man zu anderen Aspekten des syrischen Bürgerkriegs.

Was will Putin – Zwischenresümee

Bezüglich der Frage, was Putin wirklich will, bringt uns folgende, weiter oben zitierte Aussage Putins vom Dezember 2014 der Antwort sicher am nächsten. Zum Ukraine-Konflikt sagte Putin:

»Es geht nicht um die Krim, sondern darum, unsere Unabhängigkeit zu verteidigen, unsere Eigenständigkeit und unser Recht, zu existieren.«[110]

Es geht Putin, – so jedenfalls seine öffentlichen Erklärungen – nicht um irgendwelches Kleinklein, worunter letztlich auch der Krim-Anschluss und der Bürgerkrieg in der Ost-Ukraine fiele – es geht ihm um das große Ganze, nämlich um *die Existenz Russlands*. Diese Existenz Russlands sieht Putin vom Westen bedroht, und zwar nicht irgendwie abstrakt oder nur ökonomisch, sondern in letzter Konsequenz in Form der territorialen Zerschlagung des heutigen russischen Staates.

Mehrfach bezieht sich Putin im Zusammenhang mit dem neuen NATO-Russland-Konflikt auf mögliche Kriegsszenarien und unterstellt dem Westen kriegerisch-feindselige Absichten. Zur Erinnerung drei Zitate aus Putins Rede zur Lage der Nation am 4. Dezember 2014:[111]

»Es war absolut offensichtlich und unzweifelhaft, dass man [der Westen] uns allzu gern zu einem Jugoslawien-Szenario drängen wollte, zu

Zerfall und **Zerstückelung**. Mit allen tragischen Konsequenzen für die Völker Russlands.«[112]

»Doch auch die schweren Niederlagen der Jahre 1941 und 1942 dürfen wir nicht vergessen, um diese Fehler künftig nicht mehr zuzulassen.«[113]

»Es wird niemandem gelingen, militärische Überlegenheit gegenüber Russland zu erlangen. [...] Für die Verteidigung unserer Freiheit werden wir genug Kraft, Willensstärke und Mut haben.«[114]

All diese Aussagen sind letztlich in Richtung USA gemeint. Inwieweit eine direkte militärische Konfrontation zwischen Russland und dem Westen derzeit möglich ist, oder irgendwann möglich wäre, ist natürlich schwer zu sagen. Möglich, dass sich die Gesamtlage wieder entspannt. Möglich aber auch, dass neue Spannungsfaktoren die internationale Lage in relativ kurzer Zeit wieder verschärfen.

In jedem Fall ergibt sich hier für den neutralen Beobachter eine Grauzone, innerhalb der er nicht erkennen kann, was bezogen auf den NATO-Russland-Konflikt Putinsche Kriegshysterie und Panikmache ist und was von den westlichen Medien propagierte Beschwichtigungen und simples Nicht-Sehen-Wollen der Gefahr. Wer redet einen Krieg mit Russland herbei? Und wer schweigt über eine entsprechend drohende Kriegsgefahr, obwohl er längst vor ihr warnen müsste? Wer sind die Feinde des Friedens? Jene, die offen oder zwischen den Zeilen zu viel vom Krieg reden? Oder jene, die zu viel vom sicheren Frieden reden?

Zwischenmeldung:

Am 12. August 2015 brachten praktisch sämtliche deutsche Flaggschiff-Medien eine über dpa verbreitete Meldung: [115]
[Westliche] **Sicherheitsexperten warnen: Moskau und NATO bereiten sich auf mögliche militärische Konfrontation vor**

> *[...] Die Organisation [European Leadership Network] ist ein vor wenigen Jahren gegründetes Netzwerk bekannter [westlicher] Sicherheitspolitiker. Ihr Ziel ist eine atomwaffenfreie Zukunft. Eines der Mitglieder ist der frühere Bundesverteidigungsminister Volker Rühe.*
>
> *Die Übungen [NATO-Manöver] gäben Anlass zur Sorge und trügen mit dazu bei, die durch den Ukraine-Konflikt entstandenen Spannungen in Europa aufrechtzuerhalten, so die Experten. Dazu kommt die NATO-Osterweiterung, die Russland in den vergangenen Jahren immer wieder erzürnt und verunsichert hat.*

Europa muss sich entscheiden, ob Putins veröffentlichte Sicht auf die Lage der Welt und die USA als globale Bedrohung nur ein Bluff ist. Europa muss sich entscheiden, ob es unter der Prämisse eines angeblichen »Bluffs« Putins seine bisherige Russland-Politik fortsetzt und in diese Richtung weiterpokert, auch auf die Gefahr hin, dass sich Europa verzockt, am Ende alles verliert und sich am Ende einem großen Krieg auf eigenem Territorium gegenübersieht.

Oder aber, Europa nimmt die Existenzängste Russlands ernst, und entschärft die Lage dadurch, dass die NATO jene Faktoren abbaut und entschärft, von denen Russland behauptet, sich bedroht zu fühlen, als da wären: die US-Raketenabwehr, eine potenziell fortgesetzte NATO-Osterweiterung, die Aufstockung der NATO-Truppen in Osteuropa, usw.

Träfe es zu, dass Russland von der NATO mittelfristig in seiner Existenz bedroht wird, so erübrigte sich die Frage, was Putin will. Dann liegt die Antwort auf der Hand: Es ist klar, dass Putin gegen die Bedrohung vorgeht, wenn er eine realistische Chance sieht, mit ihr fertig zu werden. Jeder Politiker würde so handeln. So haben Politiker weltweit seit Jahrtausenden gehandelt. Wenn die Existenz eines Staates bedroht ist, dann ist der jeweilige Staat bereit, sämtliche Kräfte zu mobilisieren und maximale Risiken einzugehen.

Mit dem »Recht zu existieren« ist aus russischer beziehungsweise der Sicht Putins natürlich nicht (nur) ein rein physisches Überleben oder ein

»Recht auf ein Dahinvegetieren« gemeint, sondern ein Leben in Würde und mit bestimmten kulturellen und geistigen Standards, die Russland[18*] *selbst* definiert. Putin pocht verständlicherweise nicht nur auf ein bloßes Recht der Russen, zu existieren, sondern er pocht auf das Recht der Russen, *als Russen zu leben,* so wie es den Russen gefällt: Und er stellt klar, dass die Russen notfalls auch bereit sind, mit Waffengewalt für ihr *Recht, als Russen zu leben,* zu kämpfen. Notfalls auch *gegen die NATO!*

Geht man dann weiter in die Details, so zeigt sich, dass Putin den Westen nicht als einheitlichen Block betrachtet, sondern als eine Konstruktion, die im Wesentlichen aus einer US-amerikanischen Zentralmacht besteht und den von der Zentralmacht abhängigen NATO-Vasallen. In wichtigen Bereichen betrachtet Putin das Konstrukt NATO als Unterdrückungsinstrument der USA, dessen Fortbestand letztlich über *die Kontrolle der öffentlichen Meinung* in Europa gesichert wird. Zudem sieht Putin die USA als im Niedergang begriffen, und deren aggressive Politik als Versuch, diesen Niedergang abzuwenden.

Da Putin dem Westen beziehungsweise dessen angelsächsischem Kern (USA + Großbritannien) eine kategorisch antirussische Haltung unterstellt, die die westliche Russland-Politik seit (angeblich) 300 Jahren bestimmt, kann man weiter davon ausgehen, dass Putin weder kurz- noch mittelfristig eine Änderung der westlichen Russland-Politik erwartet. Also wird Putin sich strategisch auf die (von ihm unterstellte) kategorisch anti-russische Haltung der Angelsachsen (USA und Großbritannien) einstellen, sowohl wirtschaftlich als auch im Hinblick auf die Bündnispolitik und natürlich auch das Militär. Putin geht also davon aus, dass das Verhältnis speziell zu den USA grundsätzlich angespannt bleibt, eben weil *deren* Strategie sich nicht ändert, und dass die Spannungen sogar noch weiter zunehmen können.

Zur Verdeutlichung und Bewusstmachung nochmals ein paar schon zitierte Putin-Aussagen:

18. März 2014: »Wir [die Russen] werden es mit Sicherheit auch mit Gegenmanövern von außen zu tun bekommen, doch wir müssen für

---
[18*] bzw. die jeweilige russische Elite.

uns selbst entscheiden, ob wir dazu bereit sind, unsere nationalen Interessen **konsequent zu verteidigen** [also notfalls auch militärisch], oder ob wir sie mehr und mehr aufgeben und uns wer weiß wohin zurückziehen.«[116]

24. Oktober 2014: »Die Ukraine [...] ist ein Beispiel für diese Art von Konflikten, die Auswirkungen auf das weltweite Kräfteverhältnis haben – und dabei denke ich, dass dies **bei Weitem noch nicht der letzte dieser Art** ist.«[117]

18. November 2014: »Sie [die USA] wollen uns nicht erniedrigen, **sie wollen uns unterwerfen**. [...] Sie wollen uns ihrem Einfluss unterwerfen. Keinen und niemandem in der ganzen Geschichte gelang es in Bezug auf Russland, und es wird auch in der Zukunft nicht gelingen.«[118]

Zusammenfassend lässt sich sagen: Es kommt nicht so sehr darauf an, was Putin seinen Worten nach will, sondern wie er die weltpolitische Lage analysiert. Würde Russland tatsächlich vom Westen in seiner Existenz bedroht, wäre klar, was der Kremlchef will:

Erstens: verhindern, dass es zu einem Krieg zwischen Russland und der NATO kommt, was seitens Russlands selbstverständlich auch Versuche einschlösse, im Vorfeld die NATO zu spalten. Derzeit (November 2015) scheint die Gefahr einer Spaltung der NATO jedoch abgewendet. Die »Putin-Versteher« im Westen sind in der öffentlichen Debatte derzeit weitestgehend ausmanövriert. Ihnen ist es nicht gelungen, lautstarke Befürworter einer Verständigung mit Russland dauerhaft in der ersten Reihe der westlichen Politiker und in den Medien zu positionieren.

Zweitens: Würde Putin irgendwann glauben, den Krieg mit der NATO nicht mehr verhindern zu können, würde er natürlich alles daransetzen, *dass Russland diesen Krieg gewinnt!*
Dazu würde selbstverständlich auch gehören, dass Russland vorzeitig und völlig überraschend zuschlägt, um als gegenüber der NATO

global gesehen schwächere militärische Macht das strategisch wichtige Überraschungsmoment *in Europa* auf seiner Seite zu haben.

Auf keinen Fall würde ein von Putin regiertes Russland wohl zusehen, wie sich an seiner Westgrenze mehr und mehr NATO-Militär zusammenballt. Vor diesem Szenario hat Putin zwar indirekt, aber letztlich doch deutlich genug gewarnt, als er von den russischen Fehlern in den Jahren 1941/1942 sprach! Der faktisch schon *irgendwie* in der Luft liegende Russland-NATO-Krieg bräche also wenn, dann wahrscheinlich mit einem *Überraschungsangriff Russlands gegen Westeuropa* aus, da Europa (wenigstens bisher) nicht in der Lage wäre, Russlands Armee aufzuhalten. Und sobald Russland einen Großteil Europas überrannt hätte – was nach rund einer Woche der Fall sein könnte –, könnte es noch vor Ausbruch eines Atomkrieges Verhandlungen mit Washington aufnehmen und Europa als Faustpfand einsetzen. So ein bei Militärs durchaus bekanntes Szenario aus Zeiten des Kalten Krieges.

Neben einem Überraschungsangriff wäre der andere entscheidende Punkt natürlich die Frage des Atomwaffeneinsatzes. Frage also: Würde Wladimir Putin *notfalls* auch Atomwaffen einsetzen? Diese Frage ist einfach zu beantworten, denn die neue russische Militärdoktrin gibt darauf eine klare Antwort. Sie lautet: »Ja!«, und zwar nicht erst, wenn Russland atomar angegriffen wird, sondern auch schon dann, wenn Russland in einem konventionellen Krieg ernsthaft ins Hintertreffen gerät.[119]

So weit ein Zwischenresümee zu der Frage, was Putin will, basierend auf dem, was er bisher in der Öffentlichkeit gesagt hat: Wenn Putin die Existenz Russlands von der NATO über eine bestimmte Grenze hinaus bedroht sähe, würde er den Krieg wagen. Diese Möglichkeit steht im Raume.

Ein paar Seiten weiter unten wird die Antwort auf die Frage nach Putins möglichen Absichten noch etwas weiter ausgearbeitet, und es folgt dann das Fazit zu der Frage: *Was will Putin?* In diesem Fazit wird es unter anderem um den größeren welthistorischen Kontext gehen, in dem Putin den Konflikt mit den USA sieht, einen Kontext, der ihn offenbar in seiner kompromisslosen und gegebenenfalls kriegsbereiten Haltung bestärkt. Das heißt, offenbar geht es Putin nicht nur um die Existenz Russlands, *sondern um mehr!*

Im Fazit wird es dann weiter darum gehen, dass Putin diesen Krieg auch dann wagen könnte, wenn der Krieg zum Atomkrieg werden könnte. Kurz: Putin könnte *alles* riskieren! Das zu verstehen ist essenziell und existenziell für uns Europäer: Es ist sehr wohl ein gedanklicher Bezugsrahmen, ein bestimmtes Weltbild oder Überzeugungssystem denkbar – Sie können es auch *fixe Idee* nennen –, aus dem heraus Putin den ganz großen Krieg riskiert, wohl wissend, dass alles im Atomkrieg enden könnte, ähnlich wie Stalin von 1941 bis 1945 bereit war, wirklich alles in die Waagschale zu werfen.

Bevor wir im Fazit zu der Frage »Was will Putin?« zurückkommen, sehen wir uns aber noch an, wie andere russische Politiker die Weltlage einschätzen und welche zentrale Bedeutung der Begriff »nationale Identität« in Putins Weltbild einnimmt.

Andere russische Politiker zur Weltlage

Um zu zeigen, dass Putin mit seiner Sicht der Dinge in der russischen Politik alles andere als isoliert dasteht, sehen wir uns nun Aussagen anderer russischer Politiker zur aktuellen Entwicklung in der Welt an.

Sergei W. Lawrow: Der Westen will Putin stürzen!

Beginnen wir mit *Sergei W. Lawrow*, seit März 2004 russischer Außenminister: Vier Tage nach Putins Prophezeiung, die USA würden Russland nie unterwerfen können, wurde folgende Aussage Sergei Lawrows veröffentlicht:

»Was das Konzept hinter den Sanktionen betrifft, so zeigt der Westen, dass er nicht Russland zu einer Änderung seiner Politik bewegen will, sondern dass er einen Regimewechsel bewirken will.«[120]

Träten im Zusammenhang mit Russland der Begriff *Regimewechsel* und die Forderung des Westens danach bei uns mehr ins öffentliche Bewusstsein, würde man das Schicksal Russlands sicherlich bald als Glied in der Kette einer Politik begreifen, die wir schon von Afghanistan, vom Irak, von Libyen, Syrien und anderen Staaten her kennen und die vor allem eine Politik der USA ist. Denkt man an Afghanistan, an den Irak, Libyen und auch Syrien, so beginnt man zu ahnen, dass auch in Russland nach einem *Regimechange* die echten Probleme und das eigentliche Chaos erst beginnen könnten. Es ist bezeichnend für das Niveau der politischen Kultur im Westen, dass man im Falle Russlands zwar mit dem Gedanken eines Regimewechsels spielt, aber keinerlei Ahnung hat, was danach in diesem 140-Millionen-Menschen-Land passiert, obwohl wir alle die mahnenden Beispiele kennen.

Vereinfacht gesagt: Genauso, wie die arabischen Staaten keine demokratische Tradition haben und eine harte Herrscherhand gewohnt sind, so trifft dies auch auf Russland zu. Es wäre relativ wahrscheinlich, dass Russland nach dem *Regimechange* an seinen Rändern wegbröckelt, wenn im Zuge einer echten Liberalisierung ethnische Minderheiten in Russland mehr Autonomie fordern und darin von Nachbarstaaten und vom Westen unterstützt werden.

Wer einen Regimewechsel in Russland fordert – im Moment eine sowieso absurde Forderung angesichts von Putins hohen Zustimmungswerten –, sollte sich gleichzeitig Gedanken darüber machen, was danach geopolitisch in Zentral- und Ostasien passiert. Was wäre zum Beispiel, wenn es zu einer unkontrollierten Einwanderungswelle der Chinesen nach Ostsibirien kommt, dort ein neuer Staat ausgerufen wird, und dieser Staat ein Bündnis mit China eingeht?

Dmitri A. Medwedew Ende 2011: Noch ist Zeit!

Bereits am 23. November 2011 hielt der damalige Präsident Russlands (und heutige russische Ministerpräsident) *Dmitri A. Medwedew* eine Fernsehansprache an das russische Volk, in der er wie Putin (in nahezu jeder großen Rede) die US-Raketenabwehr als ein Kernproblem in den Beziehungen zwischen NATO und Russland herausstellte und als permanente Quelle für Misstrauen der Russen gegenüber dem Westen. Nach Medwedews Einschätzung, könnte die US-Raketenabwehr in »sagen wir fünf, sechs oder acht Jahren« einsatzbereit sein, von 2011 aus gerechnet also ab 2016.

Unter anderem richtete Medwedew im Fernsehen folgende Worte an das russische Volk:

»... letztlich würde das dazu führen, dass Raketen und Militäreinheiten der USA in der Nähe zu Russlands Grenze und in umliegenden Gewässern stationiert würden. [...] Das europäische Programm[19*] für Raketenabwehr ist bereits im Gange, und die Arbeiten daran schreiten in Polen, der Türkei, Rumänien und Spanien bedauerlicherweise rasch voran. Wir sind mit vollendeten Tatsachen konfrontiert. [...]
Noch [2011!] gibt es Zeit, eine Übereinkunft zu erzielen. [...] Aber wenn man von uns verlangt, ›zu kooperieren‹ oder sogar gegen unsere eigenen Interessen zu handeln, wird es schwierig, einen gemeinsamen Nenner zu finden. **Dann wären wir gezwungen, anders zu reagieren.**«

Im weiteren Verlauf seiner Ansprache an das russische Volk betet Präsident Medwedew dann eine Liste militärischer Verteidigungsmaßnahmen herunter, die man jetzt angesichts des vorangetriebenen US-Raketensystems in die Wege leiten wird. Diese Liste umfasst fünf Punkte, die aus Sicht der NATO aber noch unterhalb der Schmerzgrenze bleiben, und zu keiner unmittelbaren Gegenreaktion zwingen. Medwedew signalisiert dem russischen Fernsehzuschauer mit diesen fünf Punkten, dass man sich jetzt mit konkreten militärischen Maßnahmen gegen die geplante US-Raketenabwehr zu Wehr setzt, sei es, dass man das US-System mit technischen Neuerungen an den russischen Atomraketen austrickst, oder Vorkehrung trifft, um die Komponenten der US-Raketenabwehr direkt zu bekämpfen, etwa mit Mittelstreckenraketen, die in Kaliningrad (dem früheren Königsberg) stationiert werden, und die bei Bedarf auch atomar bestückt werden können, was Medwedew aber nicht ausdrücklich betont.[121] Medwedew schließt seine Fünf-Punkte-Liste:

»Sollte sich ferner die Lage weiterhin nicht zugunsten Russlands entwickeln [was aus russischer Sicht seit Ende 2011 definitiv der Fall ist], behalten wir uns vor, weitere Abrüstungs- und Waffenkontrollmaßnahmen abzubrechen. [...] Doch lassen Sie mich betonen, dass wir uns einem fortgesetzten Dialog mit den USA und der NATO über [die]

[19*] Genauer: die in Europa stationierten Komponenten des US-Raketenabwehr-Programms!

Raketenabwehr und praktische Zusammenarbeit auf diesem Gebiet nicht verweigern. Wir sind dazu bereit.«[122]

Die Ansprache Medwedews zeigt, dass Russland nicht erst seit der Ukraine-Krise echte Probleme mit dem Westen hat, oder hartnäckig vorgibt, diese zu haben.

Was die US-Raketenabwehr betrifft, muss man als sogenannter Westler fairerweise zugeben, dass sich die weltpolitische Lage komplett ändern würde, wäre die US-Raketenabwehr eines Tages (schon 2016?) tatsächlich voll einsatzbereit. Wären die USA in der Lage, jede russische Atomrakete abzufangen, noch bevor sie amerikanisches Gebiet erreicht, könnten die USA tatsächlich einen großen Krieg mit Russland riskieren.

Sobald die US-Raketenabwehr funktioniert, bekäme das Wort *Weltkrieg* einen völlig neuen Klang. Geostrategisch gesehen befänden sich die USA eigentlich wieder in den Jahren von 1945 bis 1949, als sie weltweit die Einzigen waren, die einsatzfähige Atomwaffen hatten.

Verfügten die USA dank der Raketenabwehr über die Fähigkeit, die russische Atomstreitmacht zu neutralisieren, könnten sie Russland gegenüber auch schon unterhalb der Kriegsschwelle eine härtere Gangart einlegen. Somit ist die US-Raketenabwehr nicht nur ein Mittel im eigentlichen Krieg, sondern auch ein potenzielles Druck- und Erpressungsmittel in der Politik noch zu Friedenszeiten.

Russland müsste sich also überlegen, wie es die Zeit bis zur Fertigstellung der US-Raketenabwehr nutzt. Könnte Russland bis 2016 oder 2020 eine friedliche und vertrauenswürdige Koexistenz mit dem Westen erreichen? Danach sieht es derzeit ganz und gar nicht aus.

Könnte Russland dann im Rahmen eines Plan B seine Atomstreitmacht so nachrüsten, dass es die US-Raketenabwehr wirklich effektiv austricksen kann? Möglich, aber das werden wir wohl nie rechtzeitig erfahren, denn derlei unterliegt militärischer Geheimhaltung.

So oder so, die US-Raketenabwehr setzt Russland unter Druck. Wie Russland auf diesen Druck am Ende reagieren wird, weiß niemand. Es ist aber zu befürchten, dass Russland dem Westen gegenüber aktiv werden wird und beträchtliche Risiken eingeht, *bevor* seine eigene Atomstreitmacht gegenüber dem Westen so gut wie wirkungslos wird.

Darauf, dass die USA ihr Raketenabwehrprogramm bremsen oder zurückfahren, gibt es derzeit nicht den geringsten Hinweis. Und derlei ist auch deshalb nicht zu erwarten, da dieses System für die USA irgendwann *auch gegen China* von größtem Nutzen sein könnte.

Michail Gorbatschow warnt vor dem Dritten Weltkrieg

Keine drei Wochen nach Medwedews Fernsehansprache griff auch *Michael Gorbatschow* das Thema US-Raketenabwehr auf. Anlässlich einer Preisverleihung in München am 10. Dezember 2011 kritisierte Gorbatschow die westliche Politik gegenüber Russland am Beispiel der geplanten US-Raketenabwehr, auf die Russland – so Gorbatschow – nun reagieren müsse. In seiner Rede im Kaisersaal der Münchner Residenz vor etwa 400 Gästen, darunter Politikern aus Bayern und dem Bund, sagte der Lieblingsrusse der Deutschen:

»Und im Ergebnis [in Reaktion auf das US-Raketenabwehr-Projekt] hat die russische Regierung gesagt: ›Wir stationieren [...] Verteidigungswaffen da und da, und wir sind bereit, Waffen einzusetzen, die unsere Sicherheit gewährleisten.‹ Und was bedeutet das? – **Dritter Weltkrieg. Das bedeutet den Dritten Weltkrieg**. Und wenn Russland und die USA sich wieder in die Wolle kriegen, ist das der **Dritte Weltkrieg**. Das wird sich nicht auf einen lokalen Krieg beschränken.«[123]

Auch diese überdeutliche Warnung Gorbatschows vor bundesdeutscher Politikerprominenz an würdigem, ja prunkvollem Ort, dem Kaisersaal der Münchner Residenz, wurde von unseren Medien praktisch komplett totgeschwiegen. Wenn Sie ins Internet gehen, werden Sie in den bekannten Mainstream-Medien wie *Spiegel*, *Focus*, *Welt*, *FAZ*, *Süddeutsche*, *Stern*, *Handelsblatt* und *Bild* lediglich beim Münchner *Merkur-Online*[124] einen kurzen Hinweis auf Gorbatschows Weltkriegswarnung finden, allerdings in einem Tonfall, als wäre es an der Zeit, sich um Gorbatschows Gemütsverfassung Sorgen zu machen.

So wie hier ist im Internet sehr schön zu beobachten, dass immer dann, wenn führende russische Politiker vor einem Dritten Weltkrieg oder einem Krieg zwischen Russland und dem Westen warnen, oder wenn sie die aktuelle Weltlage so beschreiben, dass die Möglichkeit eines großen Krieges in Europa auf der Hand liegt, in unseren Mainstream-Medien praktisch oder faktisch nichts darüber berichtet wird! Es ist unverkennbar und sehr leicht *nachweisbar*, dass unsere Massenmedien den Gedanken eines drohenden großen Krieges in Europa seit mehreren Jahren auf breiter Front aus der öffentlichen Debatte herauszuhalten versuchen, was bisher nur deshalb nicht wirklich zu 100 Prozent gelungen ist, weil in vereinzelten Fällen eben doch ein paar bekannte Persönlichkeiten öffentlich vor der Gefahr eines großen Krieges warnen, so zum Beispiel *Matthias Platzeck*, der ehemalige brandenburgische Ministerpräsident und SPD-Vorsitzende am 7. Mai 2015 in der *Maybrit-Illner*-Sendung des *ZDF*:

»Nie waren wir so dicht an einem neuen Krieg. Deutschland muss zwischen den Fronten Verantwortung übernehmen.«

Nur in Ausnahmefällen gelingt es bekannten Persönlichkeiten, ihre tiefe Besorgnis in denjenigen Massenmedien auszusprechen, die eine echte Breitenwirkung haben. In der öffentlichen Wahrnehmung und Diskussion bleiben Fälle wie Matthias Platzeck jedoch letztlich nur Einzelmeinungen. Dieser Eindruck der Einzelmeinung wäre logischerweise nicht mehr aufrechtzuerhalten, wenn man hierzulande öffentlich zugäbe, dass in Russland ein drohender Krieg mit dem Westen seit einer Reihe von Monaten in den russischen Massenmedien deutlich mehr Raum einnimmt als bei uns (siehe George Friedmans Rede auf *Rossija 1,* Seite 235).

Sergei J. Glasjew warnt 2014 vor Drittem Weltkrieg

Auch die nächste Quelle ist ein enger Mitarbeiter Wladimir Putins: *Sergei Jurjewitsch Glasjew*. Er ist Putins Wirtschaftsberater für die *Eurasische Wirtschaftsintegration*, ein Pendant zum europäischen Binnenmarkt und damit ein Projekt von großer strategischer Bedeutung für die Zukunft Russlands. Glasjew gilt als einer der wichtigsten Bera-

ter Präsident Putins und ist (angeblich) »offiziell auch Putins Berater in der Ukraine-Politik«.[125]
Nach Ausbruch des Bürgerkrieges in der Ost-Ukraine sagte Sergei Glasjew am 10. Juni 2014 in einer großen Diskussionsrunde im russischen Fernsehen:

»Wir müssen, das ist sehr wichtig, das Territorium der Ukraine heute als von den USA und deren Söldnern okkupiert ansehen, mit Ausnahme des Donbass, der Gegenwehr leistet. [...] Wenn das ukrainische Territorium von den USA und ihren Söldnern okkupiert ist, die das ukrainische Marionettenregime dazu nutzen, die ganze ukrainische Bevölkerung zu militarisieren und gegen Russland aufzustacheln, zuerst einen Bürgerkrieg zu organisieren, in den dann ganz Europa und Eurasien involviert werden, dann ist es sehr wichtig, die Begriffe richtig zu definieren. [...] Die Amerikaner zetteln den Dritten Weltkrieg an – den Vierten Weltkrieg, wenn man den Kalten Krieg mit der Sowjetunion berücksichtigt.«[126]

Dies ist nicht nur eine allgemeine Warnung vor einem Dritten Weltkrieg, sondern suggeriert, dass dieser Krieg *im Prinzip schon begonnen hat!*
Aussagen oder Behauptungen wie die von Sergei Glasjew fallen für viele deutsche Medienkonsumenten automatisch unter die Kategorie »abstrus« und »Verschwörungstheorie«. Doch was bitte sollen wir tun, wenn russische Spitzenpolitiker wie Putin, Glasjew und der gleich folgende Sergei J. Naryschkin an Verschwörungstheorien glauben?

Sergei Naryschkin warnt 2015 vor Szenario wie 1914

Sergei J. Naryschkin (geboren 1954) war von Mai 2008 bis Dezember 2011 Leiter der russischen Präsidialverwaltung, die sich in etwa mit dem deutschen Bundeskanzleramt vergleichen lässt. Im Dezember 2011 wechselte Naryschkin in das Amt des Vorsitzenden der *Staatsduma* Russlands, also dem Parlament der Russischen Föderation. Damit bekleidet er formal eines der höchsten russischen Staatsämter.

Am 9. August 2015 erschien von Sergei Naryschkin in der russischen Tageszeitung *Rossijskaja gaseta*, die auch das Amtsblatt der russischen Regierung ist, ein Artikel[127], in dem er davor warnt, dass Provokationen der USA einen Weltkrieg auslösen könnten.

Naryschkin schreibt in dem Artikel, dass die USA wirtschaftlich am Ende sind, und den Untergang ihres Systems (Auslandsverschuldung, Bedrohung der Dollar-Leitwährung, usw.) nur noch hinauszögern können, wenn sie andere Staaten unterwerfen und deren Wirtschaft quasi aussaugen. In seinem Artikel zieht Naryschkin Parallelen zwischen der aktuellen Lage und dem August 1914, als der Erste Weltkrieg ausbrach, der bekanntermaßen durch eine Provokation ausgelöst wurde: das Attentat auf den österreichischen Thronfolger Franz Ferdinand in Sarajewo.

Ähnlich wie Putin zeichnet Naryschkin eine weltpolitische Situation, die durch die dem Untergang geweihten USA geprägt ist, die zur Erhaltung ihres Systems bereit sind, notfalls auch einen Weltkrieg anzuzetteln. Er spricht von »politischen Provokationen« des Westens, weltweiter »Gehirnwäsche« made in USA und rät dem Leser, genau zu analysieren, was derzeit im Westen vor sich geht. Nach westlicher Lesegewohnheit bewegt sich damit auch Sergei Naryschkin gedanklich in einen »verschwörungstheoretischen« Kontext. Oder wie würden Sie – lieber Leser – die Idee umschreiben, die USA unterzögen die ganze Welt und insbesondere ihre Verbündeten einer Gehirnwäsche?

So wie Putin, Lawrow und Glasjew macht Naryschkin klar, dass er einerseits mit einer Zunahme der Spannungen zwischen den USA und Russland rechnet, Russland sich andererseits aber nicht einschüchtern lassen wird.[128]

Nikolai Patruschew, Chef des Sicherheitsrates

Nikolai Patruschew (geb. 1951 in St. Petersburg) war von 1999 bis 2008 Chef des russischen Inlandsgeheimdienstes. Vor ihm hatte Wladimir Putin diesen Posten inne. Seit 2008 ist Patruschew Chef des *Sicherheitsrates der Russischen Föderation*, ein etwa zwölfköpfiges Gremium der höchsten Politiker des Landes. Mitglieder sind derzeit unter anderem die oben zitierten Wladimir Putin, Dmitri Medwedew, Sergei Naryschkin und Sergei Lawrow. Von der Größe, Hochkarätigkeit, Machtfülle und natürlich von der Funktion her entspricht dieses Gremium ziemlich genau dem *National Security Council* der USA, also praktisch dem Kriegsrat der USA.

So wie für Putin sind auch für Nikolai Patruschew die *Farbrevolutionen* einschließlich des Umsturzes in der Ukraine ein Werk US-amerikanischer Geheimdienste, und das eigentliche Ziel in der Ukraine sei Russland gewesen. Nikolai Patruschew wörtlich:

»Sie [die USA] wünschen sich, dass Russland nicht mehr als Land existiert. Weil wir über einen enormen Reichtum an Rohstoffen verfügen. Und die Amerikaner sind der Meinung, dass wir sie unrechtmäßig und unverdient besitzen.«[129]

Die Tageszeitung *Die Welt* kommentierte Patruschews Aussage: »Das klang ein bisschen nach Verschwörungstheorie.«

Das ist genau der Punkt: Zu viel von dem, was führende russische Politiker in der Öffentlichkeit sagen, klingt *ein bisschen* nach Verschwörungstheorie. Nun, es mag ja sein, dass man diese *Verschwörungstheorien* im Westen nicht ernst nehmen will. Nichtsdestotrotz wäre die russische Führungsspitze ernst zu nehmen, egal was sie glaubt, schließlich verfügt sie über einen mächtigen Militärapparat mitsamt Atomwaffenarsenal und über 140 Millionen Bürger, die – wenigstens derzeit – nachweislich zum großen Teil hinter ihrer Regierung stehen. Der russische Bär mag zwar an diesen oder jenen Unfug glauben, und sein Intelligenzquotient ist vielleicht nicht besonders respekteinflößend, seine Kraft, Zähne und Klauen sind es aber umso mehr.

So weit die russische Position, wie sie von

- (X) Präsident *Wladimir Putin*,
- (X) russ. Ministerpräsident *Dmitri A. Medwedew*,
- (X) Außenminister *Sergei W. Lawrow*,
- (X) Duma-Vorsitzendem *Sergei J. Naryschkin*,
- (X) Sicherheitsratschef *Nikolai Patruschew*,
- *Sergei J. Glasjew*, Putins Berater für die eurasische Wirtschaftsintegration, und
- *Michail Gorbatschow*

(X = ständige Mitglieder des russischen Sicherheitsrates)

vertreten wird: Russland beziehungsweise seine politische Elite sieht sich von den USA bedroht, und zwar letztlich in *seiner Existenz*. Führende russische Politiker glauben, man befinde sich in einem geostrategischen Konflikt mit dem Westen, der droht, in einem großen Krieg zu enden. Diese äußerst beunruhigende Sicht der politischen Elite Russlands auf die Weltlage wird dem deutschen Wahlvolk bisher nicht einmal ansatzweise in der erforderlichen Deutlichkeit mitgeteilt, weder von der Politik noch von den etablierten Medien. Zufall? Irrtum? Absicht? Todsünde? Man weiß es nicht.

Die nationale Identität

Ein Schlüsselbegriff in Putins Denken ist der Begriff *nationale Identität,* sowohl die nationale Identität Russlands als auch die nationalen Identitäten *anderer Völker* auf dem Planeten. Und von diesem Schlüsselbegriff *nationale Identität* könnte eine Zündschnur direkt zu den russischen Atomwaffen verlaufen. Deshalb müssen wir uns auch das genauer ansehen.

Die nationale Identität ist für Putin der Kern einer Ideologie, die einen konzeptionellen Gegenentwurf zur Ideologie der monopolaren Welt beziehungsweise der One World darstellt. Auf den Punkt gebracht:

Nationale Identität vs. One World!

Putin wehrt sich in seinen Reden gegen eine globale Ideologie, die die Nationalstaaten immer weiter zu schwächen droht, bis sie, auch wenn sie formal noch weiterbestehen mögen, faktisch verschwinden, und so einer nachfolgenden Weltregierung den Weg ebnen. Putin will nicht, dass Russland irgendwann zum Verwaltungsbezirk einer Weltregierung herabsinkt. Er will das globale Spiel, das seiner Ansicht nach von den USA vorangetrieben wird, nicht mitspielen. Relativ unverblümt spricht Putin von roten Linien, die Russland notfalls auch in einem Krieg verteidigen würde, sollten diese roten Linien von den Globalisten überschritten werden. Er spricht es nicht hundertprozentig klar aus und wahrt noch gewisse diplomatische Gepflogenheiten, aber er sagt beispielsweise:

»Die Souveränität, die Unabhängigkeit und territoriale Integrität Russlands sind bedingungslos. Das sind rote Linien, die niemand überschreiten darf.«[130]

Natürlich bestehen diese roten Linien im Prinzip für *jeden* Staat, doch für Putin geht es darum, dass gewisse Mächte dabei sind, diese Linien zu überschreiten, und mit aller massenmedialen Macht vorgeben, gerade das eben *nicht* zu tun.

Irgendeine Art grundsätzlichen Widerwillen Putins glaubt man ja selbst auf kurzen Filmausschnitten zu spüren, die in unseren Medien gesendet werden. Putin erscheint so bisweilen wie ein ungezogener Schuljunge, der sich trotzig der »Weisheit der Welt« widersetzt, der dem Denken »früherer Jahrhunderte« anhaftet und an überholten Dingen festhält, wie eben an Nationalstaaten und irgendwelchen nationalen Heiligtümern. Und das, wo heutzutage im Westen die Überzeugung immer weiter um sich greift, dass gerade Nationalstaaten und nationalstaatliches Denken die Hauptursache für den Ersten- und Zweiten Weltkrieg waren, ja überhaupt gleichzusetzen sind mit dem »Unglück der Menschheit«, insbesondere im Zusammenhang mit der weltweiten Verbreitung der Massenvernichtungswaffen.

Noch griffiger auf den Punkt gebracht: *Wladimir Putin verweigert sich einer besseren Welt!*, so die im Westen verbreitete Sicht.

Sehen wir uns also einige Aussagen Putins zur nationalen Identität an. Einige der nachfolgenden Zitate wurden schon behandelt:

»Vor allem muss das für uns selbst offensichtlich sein. Ich möchte unterstreichen: Entweder werden wir [Russen] souverän sein, oder wir werden uns in dieser Welt verlieren und auflösen. Und das müssen natürlich auch andere Mächte verstehen, alle Teilnehmer der internationalen Politik.«[131]

Da Putin nicht glauben wird, dass sich der Rest der Welt beziehungsweise »alle Teilnehmer der internationalen Politik« irgendwann zu sehr über das Verschwinden des heutigen russischen Staates grämen würden, kann man diese Worte Putins so verstehen, dass er letztlich *alle Staaten der Welt davor warnt, dass auch sie eines Tages zu verschwinden drohen.*

Denn sollte es gemäß der Putin'schen Angstvision gelingen, den 140-Millionen-Menschen-Staat Russland von der Landkarte zu tilgen beziehungsweise in Teilstaaten aufzusplittern, dürften die dahinterstehenden Mächte natürlich kaum innehalten, sondern sich ihr nächstes Opfer suchen. Der Appetit kommt bekanntlich beim Essen.

An dieser Stelle wird also tatsächlich eine globale Agenda Putins erkennbar, die etwas von einer Weltrebellion gegen eine drohende Weltherrschaft hat. Selbstverständlich kann man diese Gedanken Putins auch als Verschwörungstheorie betrachten. Oder es ist eben wieder der große Bluff Putins, bei dem die USA als Schein-Feind herhalten müssen.

»Jedes Land braucht militärische, technologische und wirtschaftliche Stärke, aber ob diese erfolgreich sein wird, wird einzig und alleine von der Qualität des Volkes, der Gesellschaft und ihrer intellektuellen, geistigen und moralischen Stärke bestimmt. Schließlich hängen am Ende das Wirtschaftswachstum, der Wohlstand und der geopolitische Einfluss von der gesellschaftlichen Vitalität ab. Sie hängen davon ab, ob die Bürger eines Landes sich als eine Nation betrachten, in welchem Umfang sie sich mit ihr und mit ihrer eigenen Geschichte identifizieren, mit ihren Werten und Traditionen, und ob sie sich durch gemeinsame Ziele und Aufgaben verbunden fühlen. Deshalb ist diese Frage, wie wir die Stärkung unserer nationalen Identität erreichen, so fundamental und grundlegend für Russland.«[132]

Der vielleicht interessanteste Begriff oben ist die »Qualität des Volkes« als Unterscheidungskriterium für die unterschiedlichen Völker auf der Erde, und als konzeptioneller Gegenentwurf zur *geeinten Welt*, auf der letztlich alle Völker in ihren wichtigen Eigenschaften gleich sind oder gleich sein sollen.

Auch wenn man geneigt sein mag, es nicht sehen zu wollen, so schwingt in »Qualität des Volkes« selbstverständlich die Idee von besserer und schlechterer Qualität eines Volkes mit, oder verkürzt: *bessere und schlechtere Völker*. Das riecht natürlich bedenklich nach einem geistigen Nährboden für Intoleranz, und ist definitiv nicht kompatibel mit dem bisweilen auch esoterisch parfümierten *We are one* der One-World-Befürworter.

Spricht Putin in dem Zusammenhang von »gesellschaftlicher Vitalität« und »intellektueller, geistiger und moralischer Stärke«, so wird klar, dass es für ihn stärkere und schwächere Völker gibt, und zwar *unabhängig* von ihren materiellen Ressourcen wie Rohstoffen, Waffenarsenalen, usw. Also: geistig starke und geistig schwache Völker. Das ist ein ideologisch sehr interessanter Punkt, da Putin die eigentliche Stärke, das innere Kraftzentrum eines Volkes in seinen inneren Werten sieht (oder vorgibt zu sehen). Ob man dieses Kraftzentrum dann eher im Psychologischen, Geistigen, Religiösen oder Seelischen des Volkes lokalisiert, wäre eine andere Frage.

Von alledem mag man halten, was man will, Putins massenpsychologischer *Ansatz* immerhin ist richtig: Eine Gesellschaft kann nur dann blühen und gedeihen, wenn sich die überwiegende Mehrheit der Menschen dieser Gesellschaft in einer positiven Geistesverfassung befindet. Dazu gehört selbstverständlich ein gesundes und robustes Selbstvertrauen. Und dieses Selbstvertrauen kann ein Volk nicht von irgendwelchen abstrakten Dingen ableiten, sondern das Volk muss *selbst* erfahren und spüren, dass es etwas kann; etwa, indem es sich erfolgreich im weltweiten wirtschaftlichen Konkurrenzkampf behaupten kann, so wie es die Deutschen tun. Natürlich kommt dann auch noch das hinzu, was die Väter, Mütter, Urgroßväter, die Ahnen überhaupt geleistet haben. Letztlich zählt aber hauptsächlich, wozu man in der Gegenwart fähig ist.

Selbstbewusstsein als Kraftquelle

Glaubt man Putin, dass nationale Identität ein entscheidender innerer Kraftpunkt für die Vitalität einer Gesellschaft ist – einer Gesellschaft, die Schwierigkeiten überwinden und sich selbst immer wieder erneuern kann –, so ist die nationale Identität natürlich auch ein strategischer Faktor. Anders gesagt: Eine Gesellschaft beziehungsweise ein Volk, das man als *Gegner* betrachtet, kann man auch dadurch zermürben und besiegen, dass man dessen *Selbstvertrauen*, dessen *Glauben* an sich selbst, also seine positive Identität systematisch untergräbt und zerstört. Das erfordert natürlich die Kontrolle der Massenmedien im Land des betroffenen Volkes, und das wiederum setzt einen freien Medienmarkt dort voraus.

Gelingt es dann, in der gegnerischen Gesellschaft den Glauben *an sich selbst* zu zerstören, so fällt diese Gesellschaft beim nächsten Sturm um wie ein morscher Baum. Wer den Glauben an sich selbst verloren hat, verliert am Ende alles.

Putin wieder: »Darüber hinaus nutzte das Fehlen einer nationalen Idee, die sich aus einer nationalen Identität speiste, der [globalen] Elite und ihren quasi-kolonialen Elementen — genau jenen, die Kapital [aus dem Russland der 90er-Jahre] stehlen und wegschaffen wollten und die ihre Zukunft nicht mit der ihres Landes verknüpften, sondern dieses nur als einen Ort zum Geldverdienen ansahen.«[133]

Die Gegner des Nationalstaates sind für Putin unter anderem eine internationale, globale wirtschaftlich-finanzielle Elite, die sich keinem Staat zugehörig fühlt. Dabei ist letztlich egal, ob es sich bei den Repräsentanten dieser Elite um russische Bürger handelt, die in den letzten Jahren das Land verlassen haben, oder um andere *Quasi-Kolonialisten* aus anderen Ländern. Es geht um Menschen, die die Welt als Beute betrachten, als Melkkuh, als Cash Cow. So in etwa Wladimir Putin.

»Wir wissen, dass unsere nationale Identität nicht einfach von oben und auch nicht auf der Basis eines ideologischen Monopols verordnet werden kann. Eine solche Konstruktion ist sehr instabil und anfällig. Das wissen wir aus eigener Erfahrung [Kommunismus 1917–1991]. Sie hat keine Zukunft in der modernen Welt.«

Indirekt unterstellt Putin damit der One-World-Ideologie, sie sei genauso ein Menschheitsirrtum wie der Kommunismus. Man fragt sich: Ist das wieder nur ein Trick? Oder könnte es tatsächlich so sein, dass maßgebliche Teile des russischen Volkes aus 70 Jahren Kommunismus gelernt haben und gegen Lebenswirklichkeiten ignorierende Ideologien immunisiert wurden, die sich mit Heilsversprechen und mit *Visionen* von einer besseren Welt in unsere Wohnstuben schleichen und fürsorglich ihren Arm um unsere Schultern legen?

»Wir brauchen historische Kreativität, eine Synthese der besten nationalen Praktiken und Ideen, ein Verständnis der kulturellen, geistigen und politischen Traditionen aus verschiedenen Blickwinkeln, und wir müssen verstehen, dass die **nationale Identität kein steifes Ding**, das ewig Bestand hat, sondern vielmehr **ein lebender Organismus** ist.«[134]

Damit vollführt Putin im Rahmen seiner Ideologie einen logischen und absolut notwendigen Schritt: Er verlagert den Kern, das Lebenszentrum der nationalen Identität, weg von der Vergangenheit hinein in die Gegenwart. Natürlich kann und will er die Vergangenheit nicht aus der nationalen Identität Russlands herausschneiden, aber die Vergangenheit darf auch nicht den Schwerpunkt bilden. Sonst ist nationale Identität nur etwas für alte Leute und stirbt früher oder später aus. Putins Konzept der nationalen Identität kann nur funktionieren, wenn sie auch die jungen, fruchtbaren und produktiven Generationen mit einbindet. Und diese sind mehr an ihren eigenen Fähigkeiten und Möglichkeiten im Hier und Jetzt interessiert.

»Nur wenn wir das verstehen, wird unsere Identität auf einer soliden Grundlage ruhen, die auf die Zukunft gerichtet ist und nicht auf die Vergangenheit. Das Wichtigste ist, dass zur Entwicklung einer neuen Ideologie Menschen mit verschiedenen Blickwinkeln und Meinungen, über das, was zu tun ist, zusammenkommen, um Probleme objektiv auszudiskutieren und zu lösen.«[135]

Ein speziell russischer Aspekt bei der ganzen Angelegenheit ist der, dass Russland schon so lange ein Vielvölkerstaat ist, dass ein bestimmter Multikulturalismus inzwischen Teil der russischen Identität geworden ist. Putin bewertet den Einfluss anderer Völker und Kulturen auf die russische Kultur grundsätzlich positiv, ja erklärt ihn geradezu zum Teil der russischen »Genetik« (siehe unten).

Natürlich stößt einem als Westeuropäer sofort die Tatsache auf, dass Russland viele dieser Völker seinem Reich durch Krieg und Eroberung einverleibt hat. Aber diese kriegerische Einverleibung war immer noch besser als die Fast-Ausrottung besiegter Völker wie im Falle der nordamerikanischen Ureinwohner[20*] durch die eingewanderten Westeuropäer und deren amerikanische Nachkommen.

»[Traditionelle russische] Nationalisten müssen verstehen, dass sie durch die Infragestellung unseres multi-ethnischen Charakters und die Instrumentalisierung des russischen, tatarischen, kaukasischen, sibirischen oder eines anderen Nationalismus oder Separatismus beginnen, unseren genetischen Code zu zerstören. In der Tat würden wir beginnen, uns selbst zu zerstören. Die Souveränität, die Unabhängigkeit und die territoriale Integrität Russlands sind bedingungslos. Das sind rote Linien, die niemand überschreiten darf.

Und bei allen unseren verschiedenen Ansichten ist doch klar, dass wir Debatten über unsere nationale Identität und Russlands Zukunft nur führen können, wenn die daran Teilnehmenden allesamt Patrioten sind. [...] Zu oft in der Geschichte unserer Nation hatten wir es nicht mit einer Opposition zur jeweiligen Regierung zu tun, sondern mit antirussischen Oppositionellen.«[136]

In Putins Logik ist das eine nachvollziehbare Position: Warum sollte man bestimmte Personen über die Zukunft eines Landes mitbestimmen lassen, wenn diese überhaupt kein Interesse an dem Land haben?

»Wir müssen diese Wunden [aus der kommunistischen Ära] endlich heilen und die Matrix unseres historischen Stoffes reparieren. Wir können nicht weiter in Selbsttäuschung leben und die unansehnlichen oder ideologisch unbequemen Seiten unserer Geschichte einfach ausblenden, die Verbindungen zwischen den Generationen zerstören, in

---

20* Von ursprünglich geschätzten vier Millionen nordamerikanischen Ureinwohnern lebten im Jahre 1940 nur noch 300 000. Die Schätzungen zur Bevölkerungsgröße in Nordamerika vor Ankunft der Weißen schwanken allerdings erheblich.

Extreme flüchten und Idole entweder aufs Podest heben oder stürzen. Es ist auch höchste Zeit, damit aufzuhören, unsere Geschichte nur auf das Schlechte zu reduzieren. Wir beschimpfen uns teilweise sogar schlimmer, als unsere Gegner es je tun würden. Selbstkritik ist notwendig, aber ohne ein Gefühl von Selbstwert oder Liebe zu unserem Vaterland wirkt so eine Kritik nur demütigend und kontraproduktiv. Wir müssen stolz auf unsere Geschichte sein, und wir haben Gründe, stolz zu sein. Unsere gesamte, unzensierte Geschichte muss ein Teil der russischen Identität sein. Ohne diese Anerkennung ist es unmöglich, gegenseitiges Vertrauen aufzubauen und die Gesellschaft nach vorne zu entwickeln.«[137]

Gerade für Deutsche mit deutschen Vorfahren ist es interessant, wie sehr die Beziehung der Russen zu ihrer Vergangenheit der Beziehung der Deutschen zu der ihren ähnelt. Allerdings haben die Russen den Vorteil, dass sie nicht den Tod von sechs Millionen Juden zu verantworten und nicht zwei Weltkriege vom Zaune gebrochen haben. Das macht doch einen ziemlichen Unterschied. Und nicht zu vergessen: Die Russen haben Hitler *besiegt* und nicht ins Amt gewählt und jahrelang bejubelt. Insofern ist der moralische Albdruck bei den Russen doch deutlich geringer als bei den Deutschen und die Aufgabe der »Reparatur der Matrix des historischen Stoffes« im Falle Deutschlands deutlich schwieriger – damit letztlich aber auch interessanter.

Putins kulturelle Fundamentalkritik

»Eine weitere Herausforderung für die russische Identität hängt mit den Prozessen zusammen, die wir in der Welt beobachten. Dazu zählen außenpolitische und moralische Aspekte. Wir sehen, dass viele euro-atlantische Staaten den Weg eingeschlagen haben, ihre eigenen Wurzeln zu verneinen beziehungsweise abzulehnen, einschließlich der christlichen Wurzeln, die die Grundlage der westlichen Zivilisation bilden. In diesen Staaten werden moralische Grundlagen und jede traditionelle Identität negiert. Nationale, religiöse, kulturelle oder sogar geschlechtliche Identitäten werden verneint. [...] Die Menschen in vielen europäischen Staaten schämen sich und haben regelrecht Angst, offen über ihre religiöse Zugehörigkeit zu sprechen.«[138]

Eine spannende Frage lautet nun, wodurch man die in den europäischen Staaten verloren gehenden und gegangenen Identitäten ersetzt? Ein paar Tattoos, Piercings und ein paar originelle Hobbys – so viel scheint klar – werden da wohl nicht reichen. Menschen brauchen echte Identitäten. Nicht ohne Grund hat der *normale* Mensch sie weltweit jahrtausendelang gebraucht, besessen, gepflegt und verteidigt. Was also würde mit dem zunehmenden Identitätsvakuum in Europa auf lange Sicht geschehen? Bleibt es leer? Oder würde es wieder gefüllt? Und wenn ja, womit? Und von wem? Und wozu?

»Und dieses Modell [der Zurückdrängung traditioneller Werte] versuchen diese Leute aggressiv weltweit zu exportieren. Ich bin überzeugt, dass das der direkte Weg zur Degradierung und Primitivisierung der Kultur ist. Das führt zu tiefen demografischen und moralischen Krisen.«[139]

»Degradierung und Primitivisierung der Kultur« ist gleichzusetzen mit der Herabsetzung kultureller Standards, was irgendwann in einer regelrecht primitiven Kultur enden könnte. Es ist klar, dass ein solcher Prozess bald auch die Demokratie zerstören würde, denn Demokratie und pluralistische Meinungsbildung funktionieren nur bei höheren Bildungs- und Kulturstandards. Gibt man sich so wie Putin der Vorstellung hin, die »Primitivisierung der Kultur« könne irgendwann auf dem gesamten Planeten Wirklichkeit werden, wird ein ideologischer Nährboden erkennbar, aus dem eines Tages der Wille zum großen Krieg erwachsen könnte. Denn wer will schon eine kulturlose und damit verdummte Menschheit? Fragen Sie Jesus Christus: So war die Sache nicht geplant!

»Ohne moralische Werte, die im Christentum und anderen Weltreligionen begründet liegen, ohne Normen und moralische Werte, die sich jahrtausendelang formiert und entwickelt haben, werden die Menschen unvermeidlich ihre Menschenwürde verlieren. Und wir halten es für richtig und natürlich, diese moralischen Werte zu verteidigen.«[140]

Dessen ist man sich im Westen kaum bewusst: Es geht, so wenigstens die Sicht Putins und anderer Russen, um einen echten Werte-Konflikt zwischen Russland und dem Westen. Nicht nur, dass Russland viele sogenannte westliche Werte nicht teilt, der Westen ist seinerseits auch völlig taub gegenüber den »russischen Werten«.

Vergegenwärtigt man sich weiter, dass der Westen in Jugoslawien, Afghanistan und im Irak ein militärisches Eingreifen beziehungsweise ganz konkret *Angriffskriege* immer wieder auch mit *westlichen Werten* begründet hat, »Werte« also faktisch auch Kriegsgrund waren, braucht es nicht viel Fantasie, um sich vorzustellen, dass nun auch Russland seinerseits für *seine* Werte bereit sein könnte, Krieg zu führen, und zwar notfalls *auch gegen die NATO!*

Ein schwerer kommunikativer Fehler, den Europa im Zusammenhang mit Russland begeht, ist, Putin und den Russen echte moralische Werte abzusprechen, die es lohnen würde sie auch dem Westen gegenüber mit Waffengewalt zu verteidigen. Europa und die USA gefallen sich in der Selbsteinschätzung moralischer Überlegenheit und lassen so etwas wie eine *russische Moral* und *echte russische Werte* in der Öffentlichkeit gar nicht erst zum Thema werden. Der Hintergrund scheint offensichtlich: Eine entsprechende Debatte könnte womöglich sehr bald den tatsächlich dramatischen Werteverlust im Westen erkennbar werden lassen, ebenso wie die Verlogenheit einer *moralisch gerechtfertigten* Außenpolitik des Westens in einer Vielzahl von Fällen.

Wenn es aber zwischen Russland und dem Westen in Wahrheit einen Konflikt über jeweils unverhandelbare Werte gibt, und die eine Seite die Werte der anderen Seite nicht wahrnimmt, nicht erkennt und respektiert, ist eine entscheidende massenpsychologische Voraussetzung für einen nachfolgenden Krieg erfüllt. Unsere hartnäckige Verständnisverweigerung gegenüber Putin und »den Russen« könnte somit bereits ein Tänzchen mit dem Kriege sein.

»Unser Land, das die Würde und den Stolz unserer Bürger verteidigen kann, [...] wird nicht in Isolation geraten, ungeachtet dessen, was unsere Partner in Europa und den USA im Rahmen ihres Blockdenkens sagen. Mit Europa und den USA endet die Welt nicht. Und im Gegenteil – ich möchte es noch einmal betonen: Wenn Staaten ihre eigenen nationalen Interessen vernachlässigen, um außenpolitische Interessen anderer Staaten zu bedienen, dann wird die Autorität dieser Länder, unabhängig davon, wie sie das auch erklären mögen, nach und nach sinken.

Das heißt, wenn die europäischen Staaten die außenpolitischen Interessen der USA bedienen wollen, dann werden sie, aus meiner Sicht, nichts dabei gewinnen.«[141]

Abb. 7: *Der Spiegel*, 2. Mai 2015
Der Verrat
BND und Bundesregierung gegen deutsche Interessen

In der Tat: Würden die europäischen Regierungen eher die Interessen Washingtons vertreten, als die Interessen ihrer eigenen Bürger, würden die Bürger Europas das irgendwann spitzkriegen. Irgendwann würde der Groschen schon fallen. Und dann stünde auch das hässliche Wort »Verrat« im Raume, der Verrat der europäischen Politiker an ihren Völkern. Tatsächlich riecht die Art und Weise, wie zum Beispiel die Berliner Regierung mit dem NSA-Skandal umgeht, nach Verrat am Volk.

»Die Hauptstärke Russlands wird in den zukünftigen Jahrhunderten mehr in seinen gebildeten, kreativen, körperlich und geistig gesunden Menschen als in den natürlichen Ressourcen liegen.«[142]

Wer in Deutschland und Westeuropa verschwendet heute noch einen Gedanken daran, wie Europa in 300 Jahren aussieht? Viele Deutsche beispielsweise werden insgeheim davon ausgehen, dass es Europa dann im Grunde gar nicht mehr gibt: ein Europa ohne Christentum, ohne technologischen Vorsprung und ohne kulturelle Identität.

Es ist interessant, dass Putin sich gedanklich in Sphären bewegt (um das Jahr 2300), in die hineinzudenken wir Europäer uns weitestgehend abgewöhnt haben. Eigentlich haben sich die Europäer innerlich schon von Europa verabschiedet und hoffen insgeheim, bei ihrem Sturz in die Bedeutungslosigkeit in den rettenden Armen der One World zu landen.

»Eine wahre politische Elite, die wirklich fürs Nationale denkt [also lokal verwurzelt ist und ihrer Heimat dient, im Gegensatz zu den finanzweltlichen Wanderheuschrecken], eine echte Zivilgesellschaft und eine Opposition mit ihrer eigenen Ideologie für Werte und Standards, für Gut und Böse – mit ihrer eigenen, nicht einer von den Medien oder aus dem Ausland diktierten Ideologie –, kann nur durch [...] effektive Selbstverwaltungsmechanismen wachsen.«[143]

»Die Entschiedenheit der außenpolitischen Position Russlands beruhte auf dem Willen von Millionen von Menschen, auf einem gesamtnationalen Konsens, auf der Unterstützung der führenden politischen und gesellschaftlichen Kräfte.«[144]

»Wir werden es mit Sicherheit auch mit Gegenmanövern von außen zu tun bekommen, doch wir müssen für uns selbst entscheiden, ob wir dazu bereit sind, unsere nationalen Interessen konsequent zu verteidigen, oder ob wir sie mehr und mehr aufgeben und uns wer weiß wohin zurückziehen.«

Die unipolare/monopolare Welt

»Gleichzeitig sehen wir, wie versucht wird, auf der Welt das Modell einer monopolaren Welt zu installieren und die Institutionen des Völkerrechts und der nationalen Souveränität zu verwischen. In einer solchen unipolaren, standardisierten Welt gibt es keinen Bedarf an souveränen Staaten, sondern nur an Vasallen. Im historischen Verständnis bedeutet das die Ablehnung jeder eigenen Identität und somit der von Gott geschaffenen Vielfalt.«[145]

Mit der »von Gott geschaffenen Vielfalt« ergibt sich eine Schnittmenge zur russisch-orthodoxen Kirche, einer wichtigen Säule der Putin'schen Macht.

»Russland ist der Überzeugung, dass das Völkerrecht zählt und nicht das Recht des Stärkeren. Und wir halten jedes Land und jede Nation für einzigartig, aber nicht für außerordentlich[21*], und finden, dass jedes Land und jede Nation gleiche Rechte, einschließlich des Rechts auf die unabhängige Wahl seines Entwicklungsweges, haben sollte.«[146]

So weit Putin zur nationalen Identität. Zusammenfassend lässt sich ganz unabhängig von Putins Ansichten sagen, dass die nationale Identität den Kern eines konzeptionellen Gegenentwurfs zur One World beziehungsweise zu einer wie auch immer gearteten Weltregierung bildet.

Die nationale Identität ist die psychologisch-geistige Grundlage, Voraussetzung und Rechtfertigung für den Nationalstaat. Gleichzeitig impliziert nationale Identität eine individuelle Vielfalt der Völker, die so wichtig ist, dass sie es wert ist, verteidigt zu werden, letztlich eben durch den Nationalstaat.

Im Gegensatz zu den Globalisten und One-World-Befürwortern glaubt Putin, dass die Völker zum Fortbestand, Wachstum und zur positiven kulturellen Entwicklung eine Wir-Identifikation brauchen, die sie in der nationalen Identität und im Nationalstaat finden.

Die Zerstörung der nationalen Identität versteht Putin als das Schlüsselelement in einem globalen Prozess der Zerstörung jeglicher traditioneller kraftgebenden Gruppenidentität, was zwangsläufig weltweit zu einer Fragmentierung der Gesellschaft führen muss. Somit wird für Putin der Nationalstaat praktisch zum letzten Bollwerk gegen einen globalen Vernichtungsprozess kollektiver Identitäten, der die Menschheit in einen naturwidrigen, seelisch schwachen Zustand füh-

---

21* Das ist wieder eine Anspielung auf Barack Obamas Aussage vor den Vereinten Nationen am 24. September 2013, er halte die USA für außergewöhnlich. Diese Aussage hat Obama seinerzeit noch an anderer Stelle wiederholt.

ren würde. Das heißt: Für Putin steht das Schicksal Russlands – die Bedrohung seiner Existenz seitens der USA/NATO – stellvertretend für das *Schicksal der Welt*, und genau das könnte theoretisch der Grund dafür sein, dass Putin sich eines Tages für einen Krieg entscheidet, der das Potenzial hat, die globalen Machtverhältnisse umzustürzen. Nicht in dem Sinne, dass danach Russland die Welt beherrscht, wohl aber in dem Sinne, dass der aktuelle politische Globalisierungsprozess dauerhaft und nachhaltig zum Erliegen kommt.

Was will Putin? – Fazit

Im Zwischenresümee über das, was Putin will, hatte ich herausgestellt, dass Putin Russlands Existenz vom Westen bedroht sieht, dass er nicht bereit ist, dem tatenlos zuzusehen, und es gegebenenfalls sogar auf einen Krieg mit der NATO ankommen lassen könnte.

Anhand der Aussagen russischer Politiker wie Ex-Präsident *Dmitri A. Medwedew*, Außenminister *Sergei W. Lawrow, Sergei J. Glasjew, Sergei J. Naryschkin* und nicht zuletzt *Michail Gorbatschow* habe ich gezeigt, dass die Bedrohung Russlands durch den Westen alles andere als eine fixe Idee Wladimir Putins ist, sondern von einem Großteil der politischen Klasse Russlands geteilt wird.

Der Westen sollte folglich das Bedrohungsempfinden in Russland keinesfalls leichtfertig oder gar fahrlässig beiseitewischen, sondern als Tatsache akzeptieren, und man sollte sich bewusst sein, dass zukünftige Entscheidungen und Aktivitäten der NATO von Russland als fortgesetzte Bedrohung empfunden werden könnten, und dass mit entsprechenden Gegenmaßnahmen von russischer Seite zu rechnen wäre. Vereinfacht gesagt: Wir müssen davon ausgehen, dass Russland den Westen auch in Zukunft »missverstehen« wird! Also sollten wir besonders vorsichtig sein, um keine unkontrollierbare Kettenreaktion auszulösen.

Was die Grundstruktur des Konfliktes zwischen Russland und dem Westen betrifft, so finden wir im Kern dasselbe Muster, wie schon in der Zeit des ersten Kalten Krieges: Sollte es zu einer direkten (aber noch konventionellen) militärischen Auseinandersetzung zwischen Russland und der NATO kommen, könnte sich der Konflikt innerhalb kürzester Zeit zu einem Atomkrieg ausweiten, sogar innerhalb weniger Tage. Das ist allgemein bekannt. Jeder weiß das. Und deshalb gab es auch im ganzen ersten Kalten Krieg von Ende der 40er- bis Mitte der 80er-Jahre keine direkte militärische Konfrontation zwischen NATO- und Warschauer-Pakt-Truppen.

So gesehen wäre es wenigstens theoretisch denkbar, dass Putin tatsächlich nur blufft und unmittelbar vor dem Übergang vom konventionellen zum atomaren Krieg die Kampfhandlungen einstellen lässt, Verhandlungen anbietet oder sogar kapituliert. Putin könnte es aber auch darauf ankommen lassen, entweder, weil er wahnsinnig oder ein Psychopath ist, oder aber weil er davon überzeugt ist, dass nicht nur die Existenz Russlands auf dem Spiel steht, sondern in gewisser Weise die Existenz der Menschheit überhaupt, so abstrus *verschwörungstheoretisch* dies auch für viele klingen mag. Dabei liegt die Betonung auf *Mensch*, womit ich meine, dass es nicht um das Überleben einer zweibeinigen Biomasse mit sieben Milliarden Individuen geht, sondern um den Fortbestand dessen, was das *Menschsein* ausmacht, und uns von *Tiersein* unterscheidet, Kultur eben und echte geistige Werte.

Ein Atomkrieg zwischen Russland und dem Westen würde enorme Opferzahlen fordern, folglich würde sich den verantwortlichen Politiken und Militärstrategen die Frage stellen, ob das Kriegsziel diese Opferzahlen rechtfertigt. Viele Leser werden diese Fragestellung als pervers empfinden, doch ich hatte schon am Anfang des Buches klargestellt, dass Politiker die Frage nach dem Sinn von Abermillionen Todesopfern schon im Zweiten Weltkrieg mit »Ja, es hat Sinn!« beantwortet haben. Und es waren nicht nur deutsche Politiker, die sich seinerzeit so entschieden haben, sondern auch Russen, Japaner, Amerikaner und Briten.

Auf jeden Fall erhöht sich die Gefahr eines Atomkrieges umso mehr, je mehr man im Kreml glaubt, es gehe um weit mehr, als um das Schicksal Russlands. Sollte man in Moskau glauben, es gehe nicht nur um das Existenzrecht Russlands, sondern um das Existenzrecht vieler Staaten überall auf dem Planeten, würde sich damit die Bereitschaft zum (noch konventionellen) Krieg deutlich erhöhen. Das würde noch nicht bedeuten, dass es Russland auf einen Atomkrieg *anlegt*, wohl aber würde es bedeuten, dass Russland sich vom konventionellen Krieg nicht durch dessen womöglich atomares Ende abschrecken lassen würde. Genau das besagt auch die neue russische Militärdoktrin! Dies wäre der Dreh- und Angelpunkt: dass man im Kreml womöglich einer Weltdeutung folgt, aus der heraus sich der Kreml vom Krieg gegen die NATO eben *nicht* durch einen drohenden Atomkrieg abschrecken lassen könnte, weil er ein »Weltschicksal« verhindern will, das – subjektiv betrachtet – noch schlimmer sein könnte als ein Atomkrieg: eine irgendwann entkultivierte Menschheit unter der absoluten Alleinherrschaft einer Weltregierung.

In diesem Zusammenhang wird dann Putins Fokus auf den Nationalstaat, die nationale Identität und die multipolare Welt bedeutend. Aus Putins Sicht sind die USA die eigentliche Ursache des Konfliktes, weil sie ihre globale Vorherrschaft nicht nur aufrechterhalten und ausbauen wollen, sondern weil sie faktisch eine Art Weltregierung anstreben, und zwar indem sie unter anderem ihre globale Medienmacht einsetzen und versuchen, nationales Denken auszulöschen und die nationalen Identitäten zu zerstören. Gelänge es tatsächlich, diese Identitäten zu zerstören, gäbe es irgendwann keine selbstständigen und selbstbewussten Nationalstaaten mehr, und auch keine selbstbewussten Völker! Keine selbstbewussten Völker! Dies ist ein zentraler Punkt! Denn selbstbewusste Völker wollen im eigenen Haus, im eigenen Staat leben, dem Nationalstaat eben. Daraus – das am Rande – wäre natürlich auch zu folgern, dass *auch die USA* noch ihren Nackenschlag bekämen, denn sie sind derzeit noch einer, wenn nicht gar der selbstbewussteste Nationalstaat der Welt!

Russland – so Putins Perspektive – stellt im Zuge dieses Prozesses der Beseitigung echter souveräner Nationalstaaten eines der letzten Hindernisse dar, vielleicht sogar das Haupthindernis. Würde Russland als Verwaltungsbezirk eines nordatlantischen Staatenbundes enden, wäre China, wie schon angesprochen, das letzte bedeutende Hindernis auf dem Wege zur Errichtung eines echten Weltstaates. Allerdings ließe sich das Hindernis China ziemlich schnell beseitigen, da sich ein allseits umringtes China sehr schnell und ziemlich leicht von den lebensnotwendigen Erdölströmen abschneiden ließe. China käme wohl nur wenige Jahre nach Russland an die Reihe. So in etwa der weltpolitische Ausblick Putins und anderer.

Somit wird zur alles entscheidenden Frage, wie in Wladimir Putins Augen eine Welt ohne Nationalstaaten aussieht. Dazu noch einmal einige, bereits behandelte Aussagen des Kreml-Chefs:

»Gleichzeitig sehen wir, wie versucht wird, auf der Welt das Modell einer monopolaren Welt zu installieren [...]. In einer solchen unipolaren, standardisierten Welt gibt es keinen Bedarf an souveränen Staaten, sondern nur an Vasallen. Im historischen Verständnis bedeutet das die Ablehnung jeder eigenen Identität und somit der von Gott geschaffenen Vielfalt.«[147]

Ob man nun von »monopolarer« oder »unipolarer Welt« spricht, oder von »verdeckter« oder »offener Weltregierung«, ist letztlich egal. Sobald die politische Weltordnung einem globalen Zentralstaat jenseits demokratischer Regierbarkeit gleichkäme, es also faktisch eine Weltdiktatur wäre, und die restlichen Staaten der Welt nur noch machtlose Regionalverwaltungen wären, ließe sich nach heutigem westlichem Werteverständnis von einem »globalen Unrechtsstaat« sprechen – einem globalen Unrechtsstaat, der aus Putins Sicht aus der moralischen Krise des Westens schlussendlich eine kulturelle Katastrophe für die gesamte Menschheit machen könnte. Der Gedanke, gegen einen solchen globalen Unrechtsstaat zu rebellieren, läge dann auf der Hand.

Putin wieder: »Wir sehen, dass viele euro-atlantische Staaten den Weg eingeschlagen haben, ihre eigenen Wurzeln zu verneinen [...], einschließlich der christlichen Wurzeln, die die Grundlage der westlichen Zivilisation bilden. In diesen Staaten werden moralische Grundlagen und jede traditionelle Identität negiert. Nationale, religiöse, kulturelle oder sogar geschlechtliche Identitäten werden verneint.«[148]

Putin beschreibt eine westliche, christlich-weiße Welt im Niedergang, eine christlich-weiße Welt, die dabei ist, ihre eigenen geistigen Grundlagen zu zerstören. Selbstverständlich fragt sich auch hier: Cui bono? Wem nützt ein Untergang der weißen Kulturen?

Putin will bei diesem Prozess des kulturellen Niedergangs nicht mitmachen, und will sich auch sicher nicht dem Willen einer Staatengruppe beugen, die er schon dem Untergang geweiht glaubt. Ganz allgemein betrachtet leuchtet ein, dass man sich in einem Konflikt umso unnachgiebiger zeigt, je mehr man davon überzeugt ist, dass der Gegner aus dem letzten Loch pfeift, und umso mehr, wenn man glaubt, dieser Gegner handle auch noch »göttlichen« Gesetzen zuwider, uralten moralischen Werten oder psychologisch-soziologischen Grundwahrheiten. Je mehr Russland den Westen also als moralisch verkommen empfindet, desto weniger wird es bereit sein, *den Westen zu verstehen*, oder mit dem Westen Kompromisse einzugehen.

Putin wieder: »Und dieses Modell [der Zurückdrängung traditioneller Werte] versuchen diese Leute aggressiv weltweit zu exportieren. Ich bin überzeugt, dass das der direkte Weg zur Degradierung und Primitivisierung der Kultur ist.«[149]

Der aggressive Export der Negierung traditioneller Werte durch die atlantisch-europäische Staatengruppe würde in letzter Konsequenz auf eine Primitivisierung der Kulturen der Welt hinauslaufen, – letztlich auf eine Beseitigung der Kulturen überhaupt – *weltweit!* So Putins Logik.

»Ohne moralische Werte, die im Christentum und in anderen Weltreligionen begründet liegen, [...] die sich jahrtausendelang formiert und entwickelt haben, werden die Menschen unvermeidlich ihre Menschenwürde verlieren. Und wir halten es für richtig und natürlich, diese moralischen Werte zu verteidigen.«[150]

Aus Putins Sicht ist die Bedrohung Russlands also eingebettet in eine *Bedrohung der Welt*, wobei die Bedrohung Russlands akuter und militärischer erscheint, die Bedrohung der Welt eher geistig, kulturell, und zivilisatorisch, langfristig aber nicht weniger existenziell.

Auch im Falle der (angeblichen) Bedrohung der Welt (durch die USA und den Westen) fragt sich natürlich, ob diese Bedrohung tatsächlich existiert oder ob es sich nur um ein Schreckgespenst handelt, mit dem der Kreml dieses oder jenes politische Ziel verfolgt.

Sollten die USA mithilfe der NATO dauerhaft eine monopolare Welt etablieren wollen und später von der monopolaren Welt offen zur echten Weltregierung übergehen, ist klar – ich hatte das schon im Zusammenhang mit Sun Tsu erklärt –, dass die USA aus rein operativen Erwägungen bis zu einem bestimmten Zeitpunkt verdeckt und unter falschem Vorzeichen vorgehen *müssen*. Somit ergibt sich auch bei der globalen Dominanz der USA und bei der monopolaren Welt eine Grauzone, in der es nur *zufällig* so aussehen könnte, als hätten die USA *etwas Globales* vor. Diesen scheinbar flüchtigen und letztlich substanzlosen Eindruck könnte Putin in seiner Propaganda ausschlachten. Oder aber es könnte so sein, dass die USA *tatsächlich* etwas Globales und Endgültiges vorhaben, ihre eigentlichen Absichten aber aus operativen Erwägungen (vorerst) verbergen und ihre Kritiker als »Verschwörungstheoretiker« diskreditieren und so in der öffentlichen Debatte kaltstellen.

Sollte man im Kreml zu der Überzeugung gelangen oder schon gelangt sein, dass die USA einen Ausbau ihrer globalen Vorherrschaft anstreben, mit dem Endziel einer Weltherrschaft, so wird man sich im Kreml selbstverständlich auch fragen, ob, wie lange und mit welchen Mitteln sich dieser Prozess noch aufhalten lässt. In jedem Fall ist klar, dass irgendwann ein Point of no Return käme, jenseits dessen sich ein echter Weltstaat nicht mehr verhindern lässt, da die globalen Machtstrukturen schon zu mächtig geworden sind.

Für nicht wenige Leser mag all das gelinde gesagt »ziemlich abstrus« klingen. Aber das macht nichts. Denn die Weltpolitik wurde schon öfters von den abstrusen Ideen weniger Männer bestimmt. Russland hat sich rund 70 Jahre im Banne einer abstrusen Idee namens Kommunismus befunden. Und die Deutschen waren vor 80 Jahren in dieser Hinsicht auch recht einfallsreich. Was für die einen eine abstruse Idee ist, ist für die anderen die Hoffnung der Menschheit. Und Frau Merkel glaubt ja auch schon, Putin lebe in »einer anderen Welt«.

Ausgerechnet in der sogenannten »russischen Seele« nun – welch ein Zufall – gibt es einen ausgeprägten Hang zu abstrusen Ideen, wie zum Beispiel zu Verschwörungstheorien. Damit befassen wir uns im nächsten Kapitel.

Liegt die Antwort in der »russischen Seele«?

Wladimir Putin wird in westlichen Medien bisweilen als Gangster dargestellt, der sich das arme hilflose russische Volk unter den Nagel gerissen hat, der es manipuliert hat, ihm das Hirn gewaschen hat, und es nun für seine egoistischen Zwecke missbraucht. Dieses Putin-Bild steht sozusagen für die »Einzeltäter-Theorie«.

Geht man jedoch davon aus, dass Putin *kein* Einzeltäter ist, fragt sich, wie viele Mittäter er hat. Und je mehr Mittäter er hätte, desto eher würde er sich einer Grenze nähern, ab der man sagen könnte, er wird vom ganzen russischen Volk unterstützt. Das müssten keine 100 Prozent des Volkes sein. 70 Prozent würden völlig reichen, und solche Zustimmungswerte hatte Putin im Jahre 2014 allemal. Und nach allem, was man hört, hat sich daran in den vergangenen Monaten (Stand November 2015) auch nichts geändert.

Entsprechende Umfrageergebnisse werden auch im Westen nicht angezweifelt, ja selbst die deutsche Bundeskanzlerin hat sich auf diese hohen Zustimmungswerte bezogen.[151]

Woher kommt diese hohe Zustimmung der Russen für Wladimir Putin? Ist sie das planmäßige Ergebnis von Putins Propaganda? Oder sprießt diese Zustimmung sozusagen ohne künstlichen Dünger auf natürliche Weise aus dem Garten der russischen Seele empor? Eine schwierige Frage. Vor allem, wenn man sich weigert, Putin und die

Russen zu verstehen. Dann ist diese Frage praktisch per Definition unbeantwortbar.

Bevor wir uns weiter unten ansehen, wie ein westlicher Kenner die russische Seele beschreibt, sehen wir zunächst, was Wladimir Putin in einer Fernsehdiskussion am 17. April 2014 zum Wesen und Charakter der Russen sagte:

»Also, was sind unsere besonderen Merkmale? Wir haben sie natürlich, und ich denke, dass sie auf Werten beruhen. Es scheint mir, dass der russische Mensch – oder allgemeiner gesagt: ein Mensch der russischen Welt – in erster Linie über seine oder ihre höchste moralische Bestimmung beziehungsweise über einige der höchsten moralischen Wahrheiten nachdenkt.«[152]

Damit bewegen wir uns zwangsläufig in einem religiösen oder doch wenigstens einem religionsähnlichen, in jedem Fall aber einem betont moralischen Kontext.

Der Russe und der »schöne Tod«

»Die russische Person oder eine Person der russischen Welt konzentriert sich also nicht auf seine oder ihre eigene wertvolle Persönlichkeit.

Natürlich denken wir alle im täglichen Leben darüber nach, wie man ein wohlhabenderes und besseres Leben leben kann, wie man gesünder leben kann und wie wir unseren Familien helfen können, aber das sind noch nicht unsere wichtigsten Werte. Unsere Leute öffnen sich nach außen. Westliche Werte sind anders und werden auf das Innere eines Selbst fokussiert. Der persönliche Erfolg ist der Maßstab für den Erfolg im Leben, und dies wird von der Gesellschaft anerkannt. Je erfolgreicher ein Mensch ist, desto besser ist er.

Das ist nicht genug für uns, in diesem Land. Selbst sehr reiche Leute sagen: ›Okay, ich habe Millionen und Milliarden gemacht, also was nun?‹ Jedenfalls ist alles nach außen gerichtet und auf die Gesellschaft orientiert. Ich denke, dass nur unsere Leute mit dem berühmten Ausspruch kommen: ›Die Angst vor dem Tod geht, wenn man genug Leute um sich hat.‹ Wie kommt das? Der Tod ist doch schrecklich, nicht wahr? Aber nein, anscheinend kann er schön sein, wenn er den Menschen dient: Tod für den Freund, für das Volk oder für die Heimat, um ein modernes Wort zu verwenden.

Dies sind die tiefen Wurzeln unseres Patriotismus. So erklärt sich die Bereitschaft zu massenhaftem Heroismus in bewaffneten Konflikten und Kriegen und zur Aufopferung auch in Friedenszeiten. Daher kommen das Gefühl der Gemeinschaft und die Werte der Familie.«[153]

Natürlich ist es immer schwierig, den Charakter eines Volkes genau zu bestimmen, schließlich ist jeder Mensch anders. Geht man jedoch davon aus, dass in Notzeiten der wahre Charakter sichtbar wird, so muss man sich im Falle Russlands nur den Zweiten Weltkrieg ansehen. In dieser Zeit hat sich die extrem hohe Leidensfähigkeit und Opferbereitschaft des russischen Volkes gezeigt. Russland hat 27 Millionen Menschen in einem einzigen Krieg verloren. Das macht rund 20 000 Menschen *jeden Tag fast vier Jahre lang!* Jeden Tag!

»Natürlich sind wir weniger pragmatisch, weniger berechnend als Vertreter anderer Völker, und wir haben größere Herzen. Vielleicht ist dies ein Spiegelbild der Größe unseres Landes und seiner grenzenlosen Weiten. Unsere Leute haben einen großzügigeren Geist. Ich will niemanden beleidigen, wenn ich das sage. Viele Völker haben ihre eigenen Vorteile, aber dieser Vorteil ist sicherlich der unsere. […] Es besteht auch kein Zweifel, dass andere Völker über wertvolle und nützliche Dinge verfügen, die wir uns ausleihen können, aber wir haben uns seit Jahrhunderten auf unsere eigenen Werte verlassen, die uns nie im Stich gelassen haben und uns gute Dienste in der Zukunft leisten werden.«[154]

Putin beschreibt die Russen als Idealisten, eher gemeinschaftsorientiert, weniger egoistisch und berechnend, eher philosophisch oder spirituell als materialistisch. Das entspricht durchaus der unten folgenden westlichen Sicht auf die russische Seele.

Geht man davon aus, dass »die Russen« letztlich denjenigen Führer haben, den sie wollen und verdienen, ist die eigentliche Frage nicht mehr, was Putin will, sondern was die Russen wollen.

Konzentrieren wir uns bei der Suche nach einer Antwort auf diese Frage aber nicht auf das, was irgendwelche vorübergehenden Moden oder aktuellen Strömungen hervorrufen, sondern auf das, was *der Russe an sich* will und anstrebt, die sogenannte russische Seele eben, – das, was die Russen von anderen Völkern unterscheidet. Dabei wird sich zeigen, dass Putin sich in seiner Ansicht über die Russen mit anderen Quellen deckt.

Geht es um die russische Seele, wird gerne der russische Dichter *Fjodor Iwanowitsch Tjuttschew* (* 23. November 1803; † 15. Juli 1873) zitiert, der im Jahre 1866 sinngemäß sagte:

Verstehen kann man Russland nicht,
und auch nicht messen mit Verstand.
Es hat sein eigenes Gesicht.
Nur glauben kann man an das Land.

Diese Worte Tjuttschews werden von vielen Menschen als sehr treffend empfunden, und kennzeichnen einen Schwerpunkt der russischen Seele, der im Emotionalen, Religiösen, Irrationalen liegt – einen Schwerpunkt, der aus einer rationalen, westlichen Perspektive den Eindruck *großer Rätselhaftigkeit* erzeugen kann.

Der Russe ist also eher Herz- als Kopfmensch. Dieser emotionale, nicht rationale Schwerpunkt korrespondiert auch mit der allseits bekannten außerordentlichen Leidensfähigkeit und Schicksalsergebenheit der Russen. Diese kann man im Prinzip entweder nur mit großer Abstumpfung und Desensibilisierung erklären, oder aber mit dem Gegenteil, nämlich besonderen Sensibilitäten, etwa in Form besonderer metaphysischer Kraftquellen: des Glaubens an Gott etwa oder des Glaubens an ein »ewiges« Russland.

Darüber hinaus wird den Russen – Putin hatte es teilweise schon angesprochen – eine große Heimatliebe, ein großer Familien- und Gemeinschaftssinn nachgesagt, ein Hang zur Schwermut, zur Leichtgläubigkeit und zum Aberglauben, ein besonderes Temperament, eine Alles-oder-nichts-Mentalität (russisches Roulette!) und bisweilen eine außerordentliche Entschlossenheit. Als die Russen beispielsweise ihre eigene Hauptstadt Moskau niederbrannten, damit die Armee Napoleons mitten im russischen Winter zum Rückzug zwangen und der bis dahin siegreichen *Grande Armée* auf diese Weise das Rückgrat brachen, soll Napoleon ausgerufen haben: »Was für ein Volk! [...] Was für eine Entschlossenheit. Diese Barbaren!«[155]

Das Messianische in der russischen Seele

Im Weiteren will ich einen in diesem Zusammenhang womöglich entscheidenden Aspekt der russischen Seele herausgreifen, der eingebettet ist in den geistig-religiösen Teil dieser Seele, und zwar jenen Teil, in dem es um *den Glauben der Russen an ihr besonderes Schicksal im Lauf der Welt* geht. Vereinfacht gesagt: So mancher Russe glaubt, dass wir in einer Endzeit leben und dass den Russen in dieser Endzeit eine Aufgabe zukommt, die wichtig ist *für das gesamte Schicksal der Welt*.

Natürlich glauben das beileibe nicht alle Russen, weder im Volk, noch in der Elite. Aber es gibt Indizien, die darauf hindeuten, dass diese Sicht der Russen auf sich selbst und die Welt das Potenzial haben könnte, Entscheidungen herbeizuführen, die einen großen Krieg in Europa erst ermöglichen. Vereinfacht gesagt: Es könnte die geistige Sicht auf die Welt in Teilen der russischen Elite sein, die den Russen in bestimmten Momenten die Furcht vor materiellen Zerstörungen selbst größten Ausmaßes nehmen könnte. Es ginge also nicht darum, herauszufinden, wer im Kreml »böse« ist, sondern wer dort einer Art fehlgeleitetem, aber hochmotivierendem und damit höchst gefährlichem Idealismus unterliegt.

Eine sehr interessante Quelle für diesen Aspekt des Messianischen der »russischen Seele« ist das im Jahre 2015 erschienene Buch *Putinismus – wohin treibt Russland?* von *Walter Laqueur*. Der Historiker und Publizist Walter Laqueur ist zwar nicht der Einzige, der in letzter Zeit diesen Aspekt im Wesen der Russen anspricht – auch Henry Kissinger macht es in seinem 2015er-Buch *Weltordnung*, aber Walter Laqueur ist diesbezüglich sehr viel ergiebiger.

Walter Laqueur wurde 1921 in Breslau geboren, hat ein bewegtes Leben hinter sich und interessiert sich seit seiner Jugend für Russland. Seit er 20 ist, spricht er Russisch, und er bereist das Land bis heute fast jedes Jahr. Laqueur lebt in Washington und London, bekleidete früher zwei Professuren an amerikanischen Universitäten und hatte zahlreiche Gastprofessuren an renommierten Universitäten in den USA und Israel. Seit 1969 ist er Mitarbeiter im bekannten Washingtoner Think Tank *Centre for International and Strategic Studies* (in dessen Aufsichtsrat Leute wie Z. Brzeziński, H. Kissinger und andere sitzen). Außerdem ist er Autor einer Reihe von Büchern über die politische Entwicklung in Deutschland, Russland und Europa.

In *Putinismus* vertritt Walter Laqueur die Position des US-amerikanischen Mainstreams, wonach sich Russland politisch, gesellschaftlich und psychologisch auf einem komplett falschen Weg befindet. Die Ursachen für diesen falschen Weg sucht der Autor natürlich innerhalb des Landes, zum einen bei den unterschiedlichen gesellschaftlichen Machtzentren, wozu auch der Präsident gehört, zum anderen auch in der russischen Geschichte und in der Mentalität des russischen Volkes.

Die möglichen inner-russischen Ursachen geht Laqueur in seinem Buch Punkt für Punkt durch, garniert mit umfassendem und detailreichem Hintergrundwissen. Insgesamt entdeckt er im gegenwärtigen Russland keine prowestliche Kraft, von der er glaubt, dass sie demnächst die Oberhand gewinnen könne. Im Nachwort seines Buches zur versuchten Enträtselung Putins, Russlands und damit auch der Zukunft dieses Landes insgesamt resümiert er:

»Zu den russischen Schwächen gehört, freundlich ausgedrückt, der fatale Glaube an alle möglichen sonderbaren Ideen, der sich in Phänomenen wie dem Verfolgungswahn, dem Neo-Eurasianismus, der Neo-Geopolitik, der Konfabulation[22*] [...] sowie dem übertriebenen Glau-

---

[22*] Der Begriff Konfabulation stammt aus der Psychopathologie und bezeichnet die Produktion objektiv falscher Aussagen, hervorgerufen durch falsche Wahrnehmung, und Fehlfunktion des Gedächtnisses.

ben an eine historische Mission äußert. Darüber hinaus sind die Russen auf nahezu beispiellose Weise für Verschwörungstheorien anfällig. Obwohl es sie auch in westlichen Ländern gibt, hat man ihnen dort längst nicht den politischen Einfluss eingeräumt, wie es beispielsweise [Alexander] Dugin [s. u.] in der russischen Intelligenzija und bei politischen Entscheidungsträgern in Moskau gelungen ist.«[156]

Auf den politischen Einfluss von Verschwörungstheorien auf »politische Entscheidungsträger in Moskau« komme ich weiter unten zu sprechen. Einige »verschwörungstheoretische« Gedanken in Putins Reden hatte ich schon hervorgehoben.
Alexander G. Dugin, 1962 in Moskau geboren, ist ein in Russland sehr bekannter, medienpräsenter Politiker, politischer Philosoph und Buchautor. Bisweilen wird Dugin als »Chef-Ideologe« und »Vordenker« des russischen Präsidenten bezeichnet. Fakt ist, dass Dugin in Russland erheblichen Einfluss auf die politische Debatte hat und über eine hohe Medienpräsenz verfügt (und bisweilen selbst im deutschen Fernsehen auftaucht). Auf dem Rückumschlag der deutschen Ausgabe seines Buches *Konflikte der Zukunft* heißt es entsprechend: »Im russischen Fernsehen gilt längst: Keine Talkshow ohne Dugin!«[157]
So wie Putin propagiert Dugin die Idee einer multipolaren Welt. Dugins politische Vision kreist um eine Weltordnung jenseits der globalen US-Dominanz und des westlichen »Wertesystems«. So wie Putin empfindet Alexander Dugin eine globale Kultur nach westlichem Vorbild als naturwidrig, weil sie die weltweite Vielfalt der Völker und Kulturen missachtet. Ob Dugin allerdings so viel Aufmerksamkeit genießt, weil er wirklich so kompetent ist, oder nur, weil er eine Rolle besetzt, die die russische Öffentlichkeit wünscht, sei dahingestellt.

Zurück zu Walter Laqueur: Die Russen beziehungsweise die tonangebenden Elemente des russischen Volkes haben nach Walter Laqueur die Neigung, sich für eine Idee zu begeistern und dann nicht mehr von ihr abzurücken. Wenn man so will, ist das beste Beispiel für eine solche Ideen-Besessenheit und Unbelehrbarkeit der Russen die Tatsache, dass die erste kommunistische Revolution der Welt in Russland stattfand, womit nicht einmal Karl Marx gerechnet hatte. Schließlich verfügte Russland im Jahre 1917 wegen seiner geringen Industrialisierung ganz einfach nicht über genug Proletarier, sprich Industriearbeiter, die für Karl Marx die Basis der kommunistischen Revolution waren. Was den Russen an proletarischer Manpower fehlte, machten sie sozusagen mit ihrer Ideen-Versessenheit wett.

Politischer Messianismus in Russland

Unter *politischem Messianismus* versteht man zum Totalitarismus neigende weltlich-politische Ideologien, die im Kern ein religiös inspiriertes Heilsversprechen haben (zum Beispiel Kommunismus und Nationalsozialismus).

Walter Laqueur an anderer Stelle:

»Die Wurzeln des russischen Messianismus, des Glaubens an eine besondere gottgegebene Mission Russlands, reichen tief. Im 19. Jahrhundert ist ein solcher Glaube auch in anderen Ländern zu finden, und nicht nur am rechten Ende des politischen Spektrums, sondern auch bei den damaligen ›Fortschrittlichen‹ [...]. Aber in den meisten Fällen war es ein vorübergehendes Phänomen [...]. In Russland dagegen verschwand der Glaube [...] nicht. Daher hätte es nicht überraschen dürfen, dass der politische Messianismus in der Sowjetzeit eine säkulare Wiedergeburt erlebte und in unserer Gegenwart auf der Suche nach einer neuen ›russischen Idee‹ [siehe Putin] erneut aufgetaucht ist.«[158]

Die neue »russische Idee« ist die Idee der multipolaren Welt, als Alternative zu einer globalisierten Welt, der One World unter westlicher Dominanz.

Angesichts seiner Reden kann man Putin sehr wohl einen gewissen »politischen Messianismus« unterstellen, so zum Beispiel, wenn er sagt:

»Wir [Russen] werden die Vielfalt der Welt verteidigen.«[159]

Zur Veranschaulichung des russischen Messianismus führt Laqueur an anderer Stelle einen der bedeutendsten russischen Schriftsteller an: *Fjodor M. Dostojewski* (1821-1881):

»Im Jahr 1880 hielt Dostojewski bei der Enthüllung eines Puschkin-Denkmals in Moskau [...] die Laudatio auf den Dichter. Dostojewski war tiefreligiös [...]. Die in ekstatischem Zustand gehaltene Rede, die seine Zuhörer ebenfalls in Ekstase versetzte, war das Ereignis des Jahres, wenn nicht gar des Jahrzehnts, und wurde viel diskutiert. Gegen Ende der Rede sagte Dostojewski:

Ja, die Bestimmung des russischen Menschen ist unstreitig eine universale. Ein echter, ein ganzer Russe werden, heißt vielleicht nur [...] ein Bruder aller Menschen werden, ein Allmensch, wenn Sie wollen ... Einem echten Russen ist Europa und das Geschick der ganzen großen arischen Rasse ebenso teuer wie Russland selbst ...«[160]

Das bedeutet, dass es einem *echten* Russen nicht egal sein kann, was in der Welt passiert, und dass er eine Verantwortung empfindet, sich für seine *Brüder* einzusetzen, besonders natürlich dann, wenn sie in Not geraten, oder in ihrer nationalen und geostrategischen Existenz bedroht werden. So gesehen wird aus dem Zweiten Weltkrieg und dem Sieg über Nazi-Deutschland *ein Opfergang des russischen Volkes für die ganze Menschheit*, und ein Beweis dafür, dass sich für das russische Volk selbst solche Opfergänge lohnen!

Laqueur an anderer Stelle:

»In den meisten Diskussionen über die Notwendigkeit einer neuen antiwestlichen Doktrin [siehe Putin: *Entwicklung einer neuen Ideologie*, Seite 108] wird ein wichtiger Protagonist, der vielleicht sogar der wichtigste ist, zumeist [...] ignoriert: die russisch-orthodoxe Kirche. [...]
[Der St. Petersburger Metropolit] Ioann[23*] [siehe unten] war eine Zentralfigur [...] einer bestimmten Denkrichtung der orthodoxen

---

23* 1995 gestorben.

Theologie, die auf [....] führende Gestalten der Geschichte der orthodoxen Kirche zurückgeht [...]. Sie waren nicht nur Kirchendenker von großem Einfluss, sondern auch Gegenstand veritabler Kulte. Ihre eschatologischen [also endzeitlichen] Predigten über die Ankunft des Antichrist, die Erscheinung eines falschen Messias, über das Zeitenende, den Endkampf zwischen den Kräften Christi und des Satans, in dem das von Gott auserwählte ›heilige‹ Russland eine entscheidende Rolle spielen werde, [...] fanden sowohl im Zentrum als auch an der Peripherie der orthodoxen Kirche lange Zeit großen Anklang. [...]

Auf diese Weise wurde das metaphysische ›Tier‹, das den Antichrist verkörpert, zum nichtmetaphysischen [materialistischen, profitorientierten] Amerika, das alle Kräfte des Bösen in sich vereint. Um seine Mission zu erfüllen, muss das ›heilige‹ Russland ein mächtiges Reich errichten, das die Kräfte der orthodoxen Kirche und des russischen Nationalismus zusammenführt. Diese Vorstellung von Katechon und Parusie (Wiederkunft Christi), Endkampf und Zeitenende war und ist in Russland immer noch in zahllosen Formen und auf allen [!] geistigen Niveaus anzutreffen.«[161]

Natürlich ist es schwierig bis unmöglich, den effektiven politischen Einfluss dieses messianischen und endzeitlichen Denkens im heutigen Russland genau zu quantifizieren. Es liegt aber nahe, ja es erscheint fast zwingend, dass man in religiös-philosophischen Kreisen Russlands eine mögliche weitere Verschärfung der Weltlage aus diesem endzeitlichen Weltbild heraus deutet, und als Bestätigung des apokalyptisch-messianischen Weltbildes empfindet.

Hier ergeben sich gewisse Parallelen zur Frühzeit des Nationalsozialismus in Deutschland: Als im Oktober 1929 der New Yorker Börsencrash die Weltwirtschaftskrise auslöste, verstanden die Nationalsozialisten dies als den lange herbeigesehnten Beweis für die Richtigkeit ihrer Weltanschauung, die neben dem Glauben an die »arische Rasse« auch geprägt war von dem Glauben an eine jüdische Weltverschwörung: Die Juden, so glaubten die NS-Ideologen, würden einerseits die Weltwirtschaft unter ihre Kontrolle bringen, die Welt andererseits aber auch mithilfe der Börse zerstören, weil »der Jude an sich« über keine echte Kreativität verfügt und letztlich nur zerstören kann, auch wenn er zwischenzeitlich große Reichtümer zusammenrafft.[24*]

Walter Laqueur an anderer Stelle:

»Ironischerweise erscheint das Motiv des Endkampfs auch im Kommunismus, etwa in der *Internationale* [Kampflied der Kommunisten], die das ›letzte Gefecht‹ besingt.[25*] Heute beschäftigen sich Schriftsteller [...], die außerhalb Russlands so gut wie unbekannt sind, aber im Land selbst viel gelesen werden, mit dem Thema.«

Das ist ein interessanter Punkt: Die Tatsache, dass der politische Messianismus in Russland sogar den radikalen weltanschaulichen Wandel vom orthodoxen Glauben zum Glauben an den Kommunismus überlebt hat, deutet darauf hin, dass der politische Messianismus wenigstens in Teilen des russischen Volkes äußerst tief verwurzelt ist.

Walter Laqueur weiter:

»Diese Denkrichtung [des Endkampfes] würde breitere Aufmerksamkeit verdienen, **denn sie ist für das Verständnis der heutigen russischen Politik und vor allem deren breite Unterstützung in der Bevölkerung von grundlegender Bedeutung**. Sie hilft, die paranoiden Ängste [die Bedrohung durch die NATO, Anm. B.] und Hoffnungen zu verstehen, die in jüngster Zeit so deutlich hervorgetreten sind – die Angst vor kommenden Katastrophen und die Hoffnung auf Erlösung und den letztendlichen Sieg.«[162]

Ein weiteres Mal wird erahnbar, wie unglaublich dumm der westliche Entschluss ist, Russland und Putin nicht verstehen zu wollen. Wir machen es uns damit unmöglich, im Charakter des russischen Volkes enorme Kraft- und Motivationsquellen zu erkennen, die ihren Ursprung in einem religiös-metaphysischen oder verschwörungstheore-

---

[24*] Hitler, Adolf, *Mein Kampf*, Kapitel »Wandlung zum Antisemiten«.
[25*] Im deutschen Text der Internationale von 1910 heißt es im dreimal wiederholten Refrain: »Völker hört die Signale! Auf zum letzten Gefecht! Die Internationale erkämpft das Menschenrecht.«

tischen Weltbild haben. Wir berauben uns der Möglichkeit, zu erkennen, ob und wie sehr die Russen Kraft und Energie aus dem Glauben an eine Idee schöpfen können, und sei es die uns abstrus erscheinende Idee, in der Endzeit als Volk eine gottgewollte Schlüsselrolle zu spielen.

Verschwörungsglaube in Russland

Weiter oben wurde schon die denkwürdige Stelle aus Walter Laqueurs *Putinismus* zitiert:

»Zu den russischen Schwächen gehört [...] der fatale Glaube an alle möglichen sonderbaren Ideen, der sich in [...] dem übertriebenen Glauben an eine historische Mission äußert. Darüber hinaus sind die Russen auf nahezu beispiellose Weise für Verschwörungstheorien anfällig.«[163]

Verschwörungstheorien? Was für Verschwörungstheorien? Nun, gäbe es so etwas wie eine Art »Aufklärungs-Campus über Verschwörungstheorien«, wäre der größte Pavillon sicherlich der mit der »jüdischen Weltverschwörung«. Der mit weitem Abstand »erfolgreichste« Propagandist dieser speziellen Verschwörungstheorie war natürlich *Adolf Hitler*. Der Holocaust mit seinen sechs Millionen ermordeten Juden dürfte bis an das Ende aller Zeiten an die fatale Macht dieser speziellen Verschwörungstheorie erinnern, einer Verschwörungstheorie, die bisweilen die suggestive Macht einer Religion zu entfalten imstande scheint.

Und so überrascht es kein bisschen, dass ein erheblicher Teil der russischen Verschwörungstheorie-Gläubigen magisch von dem großen Pavillon auf obigem Campus angezogen wird. Walter Laqueur, übrigens selbst Jude, kommt in seinem Buch wiederholt auf anti-jüdische Tendenzen in der russischen Geschichte und Gesellschaft zurück.[164] Unter anderem schreibt er über Russland:

»Noch länger dauerte es, bis sich die heutige Hysterie über bösartige verborgene Einflüsse in Russland herausbildete. [...] In Russland [...] scheint man sich wirklich und wahrhaftig vor Schidomasonstwo zu fürchten – der vermeintlichen jüdisch-freimaurerischen Verschwörung [...], deren Vertreter in der Weltpolitik [mit ihrer *Operationsbasis USA*] die Fäden in der Hand halten und die für sämtliche Übel des Universums verantwortlich sind.[165]

Aber nicht alle augenscheinlich absurden Äußerungen, Ideen und Theorien werden absichtlich fabriziert und derart zynisch im Rahmen eines größeren Propagandafeldzugs eingesetzt. Manche werden, wie im heutigen Russland [...] aufrichtig geglaubt. Die ›Protokolle der Weisen von Zion‹ [siehe unten] sind zwar ebenso eine bewusste Fälschung wie die angebliche jüdische Ärzteverschwörung in Stalins letzten Lebensjahren, aber beide Erzählungen werden von vielen [Russen] für bare Münze genommen [...].

Es gibt [in Russland] eine verbreitete Neigung [...], an verborgene, okkulte Kräfte zu glauben, die in Wirklichkeit die Weltpolitik bestimmten, während diejenigen, über die man in den Medien liest und hört, bloß Marionetten seien.«[166]

Die »Protokolle«

Die oben erwähnten sogenannten *Protokolle der Weisen von Zion* sind ein Text, der 1903 zunächst in Russland (!) erschien und in dem ein detaillierter, angeblich jüdischer Plan zur Erlangung der Weltherrschaft dargelegt wird. Schon frühzeitig wurde der Text von der Forschung als Fälschung erkannt, dennoch fand er in den nachfolgenden Jahrzehnten weltweite Verbreitung und fiel insbesondere in Nazi-Deutschland auf fruchtbaren Boden. So bezieht sich auch Adolf Hitler in seinem 1925 erschienenen *Mein Kampf* auf die *Protokolle*.

Noch heute gibt es eine ganze Reihe von Publikationen, die sich mit den *Protokollen der Weisen von Zion* und ihrem Wesen als Fälschung befassen. Gerade aber der nunmehr seit über 100 Jahren immer wiederkehrende Hinweis darauf, dass es sich bei den *Protokollen* um eine Fälschung handelt, zeigt letztlich nur eines, nämlich *dass es gar nicht darauf ankommt, dass es sich um eine Fälschung handelt!* Entscheidend ist vielmehr, dass viele Menschen glauben *wollen*, was in den Protokollen steht, seit nunmehr über 100 Jahren, in Europa, Amerika und anderswo.

Walter Laqueur zur aktuellen Verbreitung der *Protokolle* in Russland:

»1993/94 erschienen mithilfe von Metropolit Ioanns Diözese und dessen Segen [...] Neuausgaben der berüchtigten Protokolle der Weisen von Zion. [Der Metropolit] Ioann (1927-1995), [...], war nicht irgendein obskurer Priester, sondern der Metropolit von St. Petersburg und Ladoga und damit einer der höchsten Würdenträger der russisch-orthodoxen Kirche, der nur noch dem Patriarchen unterstand. 20 000 Exemplare der Protokolle wurden gedruckt (während die Durchschnittsauflage russischer Bücher 2000 Stück betrug). Auch wenn die Protokolle kein Produkt der orthodoxen Kirche sind, ist sie bei Weitem ihr wichtigster Verbreiter. Die jüngste Ausgabe (von 2013) erschien mit einer Auflage von 8000 Exemplaren mit dem Segen des Erzbischofs von Tarnopol und Kremenez.«[167]

Insgesamt ist das ein Vorgang, der aus deutscher Sicht und für deutsche Verhältnisse absolut undenkbar wäre. Für eine präzise Bewertung der Vorgänge müsste man natürlich wissen, ob und inwieweit der Kreml auf solche Aktionen der russisch-orthodoxen Kirche Einfluss genommen hat oder nicht, von wie vielen Russen die einzelnen Exemplare gelesen wurden, in welchen Kreisen sie gelesen wurden, usw.

Ein interessanter Aspekt bei den Protokollen ist weiter, dass zum Beispiel in Deutschland eigentlich nie aus den Protokollen zitiert und im Detail auf den Inhalt eingegangen wird. Das mag zwar sinnvoll erscheinen im Hinblick auf die mangelnde politische Reife der hiesigen Bevölkerung, doch wenn die Protokolle drohen, einen zu großen Einfluss auf die russische Politik zu bekommen, bzw. – so Walter Laqueur – auf »politische Entscheidungsträger in Moskau«, sollte man vielleicht doch etwas genauer wissen, was in den Protokollen konkret steht, um eventuell besser verstehen zu können, was in Teilen der russischen Gesellschaft vor sich geht. Und vor allem würde man dann gewisse Nuancen in Putins Reden besser zu deuten wissen. Konkret beträfe dies unter anderem drei Punkte, die Wladimir Putin weiter oben ansprach:

- die (weltweite) Kontrolle der Massenmedien, mit denen die ganze Welt (angeblich?) belogen wird.

- die Verächtlichmachung und dramatische Zurückdrängung des Christentums in Europa, und
- die kulturelle Degenerierung der Gesellschaft, die laut *Protokolle* über eine Verführung und Verdummung der Jugend erreicht werden soll.

Schon bei diesen drei Punkten zeigen sich deutliche Parallelen zwischen veröffentlichten Reden Putins und thematischen Schwerpunkten in den *Protokollen*. Das bedeutet aber keinesfalls – auch wenn für manche dieser Schluss naheliegt –, dass Putin ein Antisemit ist. Putin scheut zwar nicht die Auseinandersetzung mit mächtigen russisch-jüdischen Oligarchen, wie zum Beispiel *Boris Beresowski* (2013 gestorben) und *Michail Chodorkowski* (2013 nach zehn Jahren Haft begnadigt). Putin zeigt andererseits aber auch demonstrativ, dass er keine Berührungsängste gegenüber dem Judentum hat, und lässt sich mitunter bereitwillig im Kreise jüdischer Rabbis fotografieren, wie man vor einiger Zeit auf der Homepage des russischen Präsidenten sehen konnte. Das Signal: Putin achtet das Judentum als Teil der multikulturellen russischen Gesellschaft.

Putin sträubt sich allerdings gegen weltpolitische und globale kulturelle Tendenzen, die in den *Protokollen* vorgezeichnet sind, egal, wer nun der Erfinder dieser Ideen gewesen sein soll.

Es gibt da also eine nicht zu unterschätzende Überschneidung zwischen der russischen Seele, religiös motiviertem endzeitlichem Denken, und einer großen Affinität zu Verschwörungstheorien mit einem deutlichen Schwerpunkt beim Glauben an eine jüdische Weltverschwörung. All das scheint auf absehbare Zeit kaum entwirrbar, und die Hoffnung, in Russland würde sich diesbezüglich demnächst etwas ändern, erscheint ziemlich illusorisch.

All diese Indizien im Zusammenhang mit dem russischen Verhalten und den *Protokollen* beunruhigen. Doch letztlich kommt es darauf an, wie groß der Einfluss entsprechender endzeitlich-verschwörungstheoretischer Weltanschauungen auf die russische Gesellschaft tatsächlich ist. Walter Laqueur schreibt entsprechend, dass:

»... der Verfolgungswahn [also die Bedrohung der Existenz Russlands!] bei zeitgenössischen russischen Autoren nicht wie ein Blitz aus heiterem Himmel kam, sondern schon ihre Vorgänger befallen hatte. Unmöglich zu sagen, wie ausgeprägt und wie weit verbreitet diese Störung mittlerweile ist.«[168]

Hier dürfte Walter Laqueur gewaltig irren: Das Ausmaß der »Störung« ließe sich durchaus genauer ermitteln, wenn man die öffentliche Kommunikation über diese Themen in Russland analysiert, etwa alle entsprechenden Bücher und deren Auflagenhöhe erfasst und auswertet, ebenso Kinofilme, Fernsehproduktionen, Internetseiten, Internet-Blogs, betroffene gesellschaftliche Milieus usw. Man muss es nur wollen. Aber offenbar will es Walter Laqueur nicht. Dieser Faktor des Nicht-verstehen-Wollens oder des Nicht-wirklich-verstehen-Wollen Russlands zieht sich wie ein roter Faden durch die Geschichte des neuen Ost-West-Konfliktes. Glaubt man Sun Tsu, so könnte aus diesem Nicht-verstehen-wollen für den Westen noch großes Unheil erwachsen.

Die USA, Russlands Gegenpol

Verlassen wir nun Russland, und begeben wir uns in eine geistige und kulturelle Welt, die uns sehr viel vertrauter erscheint: die USA.

Nach eigener Einschätzung sind die USA als Sieger aus dem Kalten Krieg hervorgegangen. Die USA betrachten sich als einzige verbliebene Supermacht, was sie derzeit auch sind. Die politische Elite der Vereinigten Staaten will ferner, dass dies so bleibt, und sagt das auch ganz offen. Dazu nur ein Beispiel von vielen: Am 9. März 2015 veranstaltete der renommierte Washingtoner Think Tank *Centre for Strategic and International Studies* eine Diskussionsrunde zum Thema Russland- und Ukraine-Krise, zu der auch der bekannte US-Geostratege *Zbigniew Brzeziński* eingeladen war. Ein Vorredner Brzezińskis, der einflussreiche Senator *Robert Menendez,* brachte das politische Selbstverständnis der USA auf den Punkt:

»Alle in diesem Raum stimmen ohne jeden Zweifel in einen entscheidenden Punkt überein: Die Vereinigten Staaten müssen führen. Auf die amerikanische Führung kommt es an!«[169]

Gegen den Wunsch der USA nach Aufrechterhaltung ihrer globalen Vorherrschaft wäre an und für sich auch nichts einzuwenden, denn wer weiß schon, wie die Welt aussähe, wären die USA eine Mittelmacht wie Brasilien oder Japan. Womöglich tanzten uns Europäern dann die Chinesen auf der Nase herum, und wir trauerten der globalen Vorherrschaft der USA nach.

Was die Rolle der USA im aktuellen Konflikt mit Russland betrifft, ihre Bedeutung und reale Macht, gab es im deutschen Fernsehen am 8. Februar 2015 in der *Günther-Jauch-Talkshow* mit dem Titel »Schicksalstage in Europa – auf wen hört Putin noch?« eine Aussage aus berufenem Munde, die für Klarheit in Sachen weltpolitischer Einfluss der USA sorgen dürfte: *John Kornblum*, ehemaliger US-Botschafter in Deutschland (1997–2001), und schon längere Zeit öfters zu Gast in deutschen Politik-Talkshows, sagte zu den Verhandlungen zwischen EU und Russland im Zusammenhang mit der Ukraine-Krise (Minsk-2-Abkommen, 12. Februar 2015) in leicht arrogant-abgeklärt-ironischem Tonfall:

»Die Frage ist, wer hat die Weitsicht und wer hat auch die Stärke? Und es ist ›wunderbar‹ [ironisch betont], wenn Europa [mit Russland] verhandelt, aber im Endeffekt liegt die Macht in Washington. Und Putin weiß das ganz genau.«

Keiner aus Günther Jauchs Talkrunde hat dem Ex-Botschafter in diesem Punkt widersprochen. Es gab kein Murren, kein Grummeln. Nichts. Im Gegenteil: Ausgerechnet *Martin Schulz*, der Präsident des Europäischen Parlaments, signalisierte John Kornblum mit Gesten sogar überaus freundlich Zustimmung! (Die anderen Gäste neben Kornblum und Schulz waren *Gabriele Krone-Schmalz*, Journalistin und ehemalige Moskau-Korrespondentin der *ARD*, und *Harald Kujat*, ehemaliger Generalinspekteur der Bundeswehr.)

Offensichtlich spielen die USA bei der Ukraine-Krise und der Krise mit Russland die Hauptrolle. Und das ist auch kein Wunder, schließlich haben die USA eine sehr viel größere Bevölkerung als Russland (330 : 140 Millionen), eine deutlich leistungsfähigere Wirtschaft (Bruttosozialprodukt: 17 : 2 Billionen US-$), sehr viel höhere Militärausgaben (640 : 88 Milliarden US-$[170]) und sind die unumstrittene Führungsmacht in der NATO, einem insgesamt noch deutlich mächtigeren Militärbündnis. Und da die USA nun einmal so mächtig sind, ist es für den Ausgang des ganzen Spiels mit Russland von zentraler Bedeutung, wie man in den USA Putin einschätzt, und was man dort glaubt, *was er denn wirklich will.*

Man sollte sich die USA im weltpolitischen Geschehen also keinesfalls als einen neutralen Beobachter vorstellen, der am liebsten nur den Mais im Mittleren Westen erntet, Software im Silicon Valley entwickelt, und froh ist, wenn ihn die Welt in Ruhe lässt. Nein, das zu denken wäre, wie der Ami so schön sagt: *bullshit!*

Als Großmacht und umso mehr als einzige echte Supermacht der Welt ist man permanent dabei, zu überlegen, wie man seine Macht behält. Eine Supermacht beobachtet die Welt dahingehend, ob und wo auf dem Planeten sich neue Mächte und potenzielle neue Konkurrenten erheben.

Das bedeutet, dass die maßgebliche Elite in den USA Putin unter dem Gesichtspunkt beurteilt, wie er den zukünftigen Status der USA als Weltmacht Nummer eins beeinträchtigen könnte. Auf lange Sicht geht es den USA nicht um Putin, sondern um ihre *eigene* globale Strategie. Versteht man diese Strategie der USA nicht, *will* man diese Strategie nicht verstehen, oder leistet man sich sogar den Irrwitz, zu glauben, eine Supermacht wie die USA *habe überhaupt keine langfristige globale Strategie*, so kann man das Putin-Bild in den USA, das natürlich stark auf die NATO und Europa ausstrahlt, überhaupt nicht richtig einordnen.

So abstrus, unaufgeklärt, ahnungslos und ignorant die Annahme ist, die USA verfolgten *gar keine globale Strategie*, so sehr ist die öffentliche Diskussion in Deutschland doch ausgerechnet von dieser hanebüchenen Vorstellung geprägt. Von verschiedenen Seiten wird immer wieder versucht, der Bevölkerung gegenüber den Eindruck zu erwecken, die USA seien letztlich eben doch ein Menschheitsbeglücker in Sachen Demokratie und Freiheit, der in den vergangenen Jahren unglücklicherweise nur eine Menge handwerklicher Fehler begangen hat.

Das im Westen vorherrschende Bild von Wladimir Putin ist direkt gekoppelt mit dem in den westlichen Medien verbreiteten Bild der USA. Die Formel lautet: böser Putin – gute USA.

»Die gefährlichen Chefs in Amerika«

Von Alt-Kanzler *Helmut Schmidt* erschien im Jahre 2004 das Buch *Die Mächte der Zukunft*. Über die Außenpolitik der USA schrieb Helmut Schmidt seinerzeit:

»Die Europäer aber müssen sich [...] fragen: Wohin führt uns diese Außenpolitik? [...] So unklar die Strategie der USA gegenüber Europa ist – eine Unklarheit, mit der Amerika im Übrigen leichter leben kann als die Europäische Union –, so unklar ist die amerikanische Strategie gegenüber dem Mittleren Osten [...]. Die amerikanische Strategie gegenüber der Weltmacht Russland ist ebenfalls unklar.«[171]

Wer hätte das gedacht: Wir rätseln nicht nur über Wladimir Putin, wir rätseln auch über die USA? Na so etwas. *Das* ist ja seltsam. Wieso denn *das*?

Warum ist die Außenpolitik der USA gegenüber Europa, dem Mittleren Osten und Russland so unklar? Wie kann es sein, dass in Europa im Jahre 2004 eine so große Unklarheit über die außenpolitische Zielrichtung der USA und damit über ihre globale Strategie vorherrscht? Dass Helmut Schmidt einer eklatanten Fehleinschätzung unterlag, kann man jedenfalls mit Sicherheit ausschließen, schließlich war er seit mehreren Jahrzehnten nicht nur ein kompetenter Beobachter der internationalen Politik, sondern verfügte auch über eine Reihe hochkarätiger Kontakte, und zählte zu seinen Freunden und Vertrauten unter anderem den französischen Staatspräsidenten *Giscard d'Estaing*, Ägyptens Staatschef *Anwar as-Sadat* und Ex-US-Außenminister *Henry Kissinger*.

Offenbar hat Helmut Schmidt über die Jahre hin immer wieder die Erfahrung machen müssen, dass selbst führende europäische Politiker die (eigentliche) Strategie der USA nicht durchschauen.

Wie kann das sein? Gibt es wirklich niemanden in Europa, der in Sachen US-Geostrategie durchblickt? Oder finden diese Durchblicker kein Gehör? Weiß es keiner? Oder *soll* es keiner wissen?

Als Helmut Schmidts *Die Mächte der Zukunft* im Jahre 2004 erschien, war die weltpolitische Lage natürlich noch deutlich entspannter als heute. Noch war es zu keinen wirklich gravierenden Verstimmungen zwischen Russland und dem Westen gekommen. Ja, zwischen Wladimir Putin und George W. Bush schien es sogar so etwas wie freundschaftliche Gefühle zu geben.

Seit dem Ausbruch der Ukraine-Krise hat Schmidts Mahnung, sich die Außenpolitik der USA doch etwas genauer anzusehen, an Dringlichkeit zugenommen. Rückblickend klingen seine Worte fast so, als habe er schon vor über zehn Jahren geahnt, dass aus der scheinbaren Unklarheit über die Politik der USA eines Tages etwas erwachsen könnte, das weder den Russen noch den Deutschen gefällt.

Am 28. April 2015 nun war Helmut Schmidt alleiniger Interviewgast in der bekannten ARD-Talkshow *Menschen bei Maischberger*. Etwas über eine Stunde antwortete er dort auf die Fragen der Moderatorin *Sandra Maischberger*. Knapp ein Drittel der Sendung befasste sich mit der Ukraine-Krise, der neuen Eiszeit zwischen Russland und dem Westen und natürlich auch mit Wladimir Putin. Dabei warb Helmut Schmidt immer wieder für Verständnis für Russland, und deutete sogar mehrfach an, *dass die USA in der aktuellen Weltlage mindestens so gefährlich sein könnten wie Russland!* Sandra Maischberger jedoch fragte befremdlicherweise nie nach, wenn Schmidt auf die potenzielle Gefährlichkeit der USA hinwies, sondern überging Schmidts Fingerzeige jedes Mal, und versuchte stattdessen wieder und wieder, ein negatives Bild von Wladimir Putin ins Zentrum des Gespräches zu rücken.

Insgesamt war diese Sendung ein hervorragendes Lehrstück über das in unseren Medien verbreitete Putin-Bild, über den Umgang mit sogenannten »Putin-Verstehern« und über das fast schon pathologisch-ignorante Ausblenden allseits bekannter hässlicher Flecken auf der moralisch »weißen« Weste der USA. Und weil diese Sendung ein so hervorragendes Lehrstück ist, sehen wir sie uns jetzt etwas genauer an:

Die Moderatorin begann die Sendung mit dem Hinweis:

»Er ist mit 96 Jahren nach Umfragen immer noch Deutschlands beliebtester Bundeskanzler, und er ist immer noch gut für Schlagzeilen.«[172]

Helmut Schmidt erfreute sich hierzulande nicht nur großer Beliebtheit und Sympathie und galt als eine Art letzte moralische Instanz im Lande, sondern es umwehte ihn in gewissen Momenten auch die Aura eines alten weisen Mannes, insbesondere, wenn es um Politik, Menschenkenntnis und den Umgang mit den Medien ging.

Zu Beginn des Interviews sagte Helmut Schmidt an einer Stelle ganz offen ohne jedes Selbstmitleid, dass er glaubt, das Jahr 2020 nicht mehr zu erleben (tatsächlich verstarb er dann am 10. November 2015). Damit näherte er sich dem Idealtypus des weisen alten Mannes, der nichts mehr zu verlieren hat, und jetzt sagen kann, was er wirklich denkt. Andererseits verfügte Helmut Schmidt aber auch über 50 Jahre Medienerfahrung und wusste, dass man in den Medien manches besser nur in Zwischentönen sagt.

Nach einer ganzen Reihe einleitender Nettigkeiten fragt Sandra Maischberger den Altkanzler zur Ukraine:

»Halten Sie diesen Krisenherd für im Grunde überwunden?«

Schmidt: »Nein! Das ist er nicht. Und hier muss ich mal als Deutscher etwas sagen: Diese Krise ist für die Ukrainer, für die Polen, für die Deutschen und für die Russen gleicherweise von ganz besonderer Bedeutung. [...]«

Maischberger: »Es hängt ja häufig von den Machthabern ab, den unterschiedlichen. ... In der Sowjetunion haben Sie einige Staatschefs kennengelernt. Halten Sie denn Wladimir Putin für einen gefährlichen Mann?«

Schmidt: »Jeder Chef eines so großen Landes wie Russland ist genauso gefährlich wie jeder Chef in Amerika, oder wie [...] zur Zeit des Zweiten Weltkrieges oder zur Zeit des Ersten Weltkrieges die Staatschefs in England oder in Frankreich. Alle sind gefährlich. Auch, wenn sie es nicht sagen wollen.«

Dass Helmut Schmidt Parallelen zum Ersten und Zweiten Weltkrieg zieht, lässt sich so deuten, dass er die Lage im April 2015 ähnlich gefährlich empfindet. Tatsächlich hatte er im Zusammenhang mit der Ukraine-Krise schon im Mai 2014[173] und im September 2014[174] vor einem *Dritten Weltkrieg* gewarnt (siehe Seite 275, »Warner vor einem neuen Weltkrieg«)!

Sandra Maischberger daraufhin etwas ungläubig: »Aber heute? Man würde ja von Angela Merkel schwerlich [...] behaupten, sie ist gefährlich. Von Wladimir Putin sagen das viele, unter anderem der Grüne [...] Werner Schulz, er hält ihn für einen Kriegstreiber, und sagt, der Kreml liefert Waffen in die Ost-Ukraine. Putin bestreitet das. Wer hat recht?«

Schmidt: »Ein Kriegstreiber, das ist er nicht. Aber er ist gegenwärtig in einer sehr unangenehmen Lage. Es ist interessant, dass der eigentliche Gegenpol der Russen, nämlich die Vereinigten Staaten von Amerika, ungefährlicher erscheint.«

Wohlgemerkt: Schmidt spricht nicht von den Vereinigten Staaten allgemein oder der US-Regierung, sondern nur davon, wie sie *erscheinen*, also auch von ihrem Erscheinungsbild *in den deutschen Massenmedien!* Dieses Bild der USA in unseren Medien beruht zum einen auf der Selbstdarstellung der US-Regierung, die eins zu eins von Washington an den deutschen Medienkonsumenten weitergereicht wird, zum anderen gibt es aber natürlich auch noch das Bild der USA, das von unseren heimischen Medien komponiert und gezeichnet wird. Und an diesem Bild der USA kann man auch malen, indem man bestimmte Dinge beständig ignoriert und so Stück für Stück aus dem kollektiven Gedächtnis wegradiert.

Helmut Schmidt also:

»Es ist interessant, dass der eigentliche Gegenpol der Russen, nämlich die Vereinigten Staaten von Amerika, ungefährlicher erscheint. Ob sie wirklich ungefährlich sind, da bin ich nicht so sicher. Aber es sieht so aus.«

Eigentlich müsste Sandra Maischberger jetzt nachfragen, wieso Helmut Schmidt befürchtet, die USA könnten *ebenso gefährlich sein, wie Russland*. Aber sie tut es nicht, obwohl sie wissen müsste, dass sich viele Deutsche diese Frage ebenso stellen. Zudem: Ist nicht ein *gefährlicher Freund* oft gefährlicher als ein Feind?

Doch die Moderatorin will nicht eingehender erörtern, warum die USA uns Deutschen ebenso gefährlich werdenkönnten wie Russland, dem vorgeworfen wird, weltpolitisch mit dem Feuer zu spielen. Sie unterlässt es, Helmut Schmidt zu befragen, obwohl dieser zu diesem Thema über einiges Insiderwissen verfügt haben dürfte.

Abb. 8: Schnappschuss des skeptischen, distanzierten Mienenspiels Sandra Maischbergers in dem Moment, als Helmut Schmidt von den ungefährlich erscheinenden USA spricht.[75]

Schließlich war er acht Jahre lang deutscher Bundeskanzler (1974–1982) und hatte schon von daher mit höchsten US-Politikern zu tun. Stattdessen kommentiert die Moderatorin Schmidts Warnung vor der potenziell weltpolitischen Gefährlichkeit der USA mit einem Mienenspiel (siehe oben), das suggeriert, sie könne nicht ernst nehmen, was der Altkanzler vor ihr im Sessel gerade sagt.

Was die Moderatorin mit ihrer Mimik signalisiert, ist: Helmut Schmidt ist in diesem Punkt nicht ganz zu trauen. Das signalisiert sie nicht argumentativ, sondern – wir sind schließlich im Fernsehen – *emotional*.

Ob der Zuschauer ihr Mienenspiel und ihren Redestil dann so deutet, dass Helmut Schmidt langsam senil wird oder bei Putin auf der Gehaltsliste steht, kann sich der Zuschauer selbst aussuchen. Aber viel mehr Deutungsspielraum lässt Sandra Maischbergers Mienenspiel in diesem Moment nicht mehr zu.

Interessant ist dann auch, wie es weitergeht: Statt zu fragen, warum die USA gefährlich sein könnten, beziehungsweise *ganz konkret Deutschland und damit auch dem Fernsehzuschauer vor dem Bildschirm* gefährlich werden könnten, kramt Sandra Maischberger erneut ihr Poster mit dem bösen Wladimir Putin hervor, dem keiner trauen sollte, und verfällt plötzlich in einen Redestil, als befände sie sich in einem Amtsgerichtssaal. Einzelne der nachfolgenden Wörter betont sie besonders und macht dazwischen immer wieder kleine Pausen:
»Und dennoch hat Wladimir Putin selbst zugegeben – später –, in der Krimkrise, durchaus – vorausschauend – auch mit eigenen Soldaten – Fakten geschaffen zu haben. Wie soll man denn jemandem glauben, der erst das eine und dann das andere sagt?«[176]

In der ganzen Sequenz zum Thema »der gefährliche Putin« signalisiert Sandra Maischberger durch Körperhaltung, Mimik und Tonfall eine emotionale Distanz zu Helmut Schmidt, die letztlich den Eindruck vermittelt, auch diesem Mann vor ihr im Sessel sei in diesem Punkt nicht zu trauen. Ihre zur Schau gestellte distanzierte Haltung in diesen Momenten folgt dabei natürlich einer simplen Logik: Misstraut man Wladimir Putin, muss man eben auch den »Putin-Verstehern« misstrauen. Either you are with us, or you are with the enemy. Man kennt das inzwischen.

Der »Putin-Versteher der Herzen«

Mit dieser Art emotionalen Abblockens der Moderatorin hat Helmut Schmidt allerdings keine großen Schwierigkeiten, schließlich verfügt er über ein paar Jahrzehnte mehr an Medienerfahrung als Sandra Maischberger. Schmidts Hauptargument lautet: »Letzten Endes ist auch Wladimir Putin nur ein Mensch.« Und gerade ihm, Helmut Schmidt, sind viele Deutsche bereit, die Sache mit dem »Menschen

Putin« zu glauben. Helmut Schmidt hat es als vielleicht einziger deutscher Kanzler nach dem Tode *Konrad Adenauers* (1967 gest.) geschafft, die Herzen der Deutschen zu erreichen. Genau deshalb sitzt er ja auch bei Sandra Maischberger im Sessel, und darf eine Zigarette nach der anderen runterqualmen, obwohl das normalerweise in Fernsehstudios absolut verboten ist.

Helmut Schmidt also tippt sich die Asche von seiner Zigarette, wendet sich etwas mühsam vom Aschenbecher ab, der Moderatorin wieder zu, und kommentiert mit zufriedener, wissender und überlegener Miene die Lügnerei, die Putin gerade vorgeworfen wurde:

»Das ist normal bei Politikern. Das hat nichts damit zu tun, dass Putin ein russischer Politiker ist. Das finden Sie anders bei Bismarck genauso.«

Maischberger: »In der heutigen Zeit ist es [die Lügnerei der Politiker] ja ungewöhnlich geworden, wenn es um internationale Konflikte geht.«

Bitte? Wie war das im Jahre 2003 mit dem Irak-Krieg, als die USA, beziehungsweise Außenminister Colin Powell, am 5. Februar 2003 die Weltöffentlichkeit im UN-Weltsicherheitsrat *live vor laufenden Kameras* belogen hatten?[177] Was um Himmels willen macht Sandra Maischberger da? Ignoriert sie allgemein bekannte historische Tatsachen aus der jüngsten Vergangenheit, damit ihr Porträt des bösen Putins nicht an Gruselpotenzial verliert und die Politik der USA umso mehr strahlt? Sandra Maischberger weiß wie alle anderen auch verdammt genau, dass die USA im Jahre 2003 einen völkerrechtswidrigen Krieg gegen den Irak mit Lügen vom Zaun gebrochen haben. Und jetzt tut sie so, als würde in der internationalen Politik nicht gelogen und Wladimir Putin sei eine hässliche Ausnahme? Was bitte soll das?

Sandra Maischberger weiter: »Jedenfalls ist er im Moment, derjenige, mit dem man sich beschäftigen muss. Also noch einmal die Frage: Trauen Sie ihm zu, dass er aus diesem Konflikt [sie macht eine längere Pause] – etwas Größeres macht? [also ein größerer Krieg in Europa mit Russland; quasi den Dritten Weltkrieg]«

Schmidt: »Das ist ganz gewiss nicht seine Absicht. Aber etwas Größeres kann daraus entstehen, das ist nicht ausgeschlossen. Es ist aber ziemlich unwahrscheinlich, weil niemand es wirklich will.«

Maischberger lässt nicht locker: »Auch Putin nicht?«

»Sicherheitshalber« fragt sie nach, ob Putin nicht vielleicht doch den Dritten Weltkrieg anzetteln will – pardon, *etwas Größeres*.
So langsam wird die Moderatorin doch etwas penetrant. Helmut Schmidt hatte sich bezüglich Putin inzwischen klar genug ausgedrückt.

Helmut Schmidt antwortet: »Auch Putin nicht, und insbesondere auch Obama nicht. Und ganz gewiss auch Merkel nicht. Ganz gewiss auch der heutige Chef in Polen nicht. Möglicherweise gibt es Menschen in der Ukraine, die sich so etwas versprechen, aber das sind ganz wenige.«

Maischberger: »Warum ist es Ihnen so wichtig, dass wir in Deutschland mehr Verständnis für die russische Position haben? Sie haben am Anfang der Krise sogar gesagt, wir sollten uns in Putin versetzen, und vermutlich würden wir handeln, wenn es um die Krim geht. Warum sollen wir Verständnis für Russland haben?«

Hier zeigt sich das eigentliche Problem, das Sandra Maischberger mit dem Altkanzler hat: Helmut Schmidt war in Deutschland derjenige »Putin-Versteher«, dem die Deutschen am meisten vertrauten. Wenn man so will, der »Putin-Versteher der Herzen«.
So sympathisch Frau Maischberger auch medial rüberkommen mag, so fragwürdig ist das, was sie hier betreibt. Sie suggeriert (ebenso wie Joschka Fischer), es sei ein Fehler, *Russland verstehen zu wollen*.
Natürlich muss man unterscheiden zwischen Wladimir Putin und dem russischen Volk. Hat man im Westen vor einiger Zeit noch versucht, Wladimir Putin als eine Art Rattenfänger hinzustellen, der die »in Wahrheit die Demokratie liebenden Russen« in eine Falle lockt, so haben im Jahre 2014 auch westliche Medien begriffen, dass die über-

wiegende Mehrheit des russischen Volkes (derzeit) tatsächlich hinter ihrem Präsidenten steht.

In letzter Konsequenz geht es nicht um Putin, sondern um das russische Volk, ein Volk von 120 Millionen Menschen[26*] (plus 20 Millionen Andersstämmiger). Dieses Volk ist unter dem Strich nicht dümmer, unbegabter oder weniger manipulierbar als die Deutschen oder Franzosen. Und dieses russische Volk hat sehr gut verstanden, dass Putin keine Demokratie nach westlichem Vorbild will. Und damit haben sie offenkundig auch kein großes Problem.

Es ist schon erstaunlich, dass angesichts der allgegenwärtigen Beschwörung der *europäischen Einheit* und der europäischen Völkerverständigung, ausgerechnet das russische Volk, das größte Volk Europas mit 140 Millionen, ohne mit der Wimper zu zucken, einer Menschenkategorie zugeordnet wird, die offenbar keines Verständnisses (mehr) würdig ist.

Die Verteufelung Putins stößt natürlich irgendwann an ihre Grenzen, und je restriktiver die Politik des Westens gegenüber Russland wird, und je länger diese andauert, umso größer werden auch die Teile des russischen Volkes sein, die wir zusätzlich verteufeln müssen: die Politiker um Putin herum, die hohen Militärs, die einfachen Soldaten, die Arbeiter in russischen Rüstungsunternehmen, das Betriebspersonal der russischen Massenmedien, usw. Das läppert sich mit der Zeit. Und irgendwann sind es praktisch alle Russen.

Schmidt: »Wir müssen Verständnis haben für jeden unserer Nachbarn. Wir haben neun unmittelbare Nachbarn, da habe ich die Russen noch nicht mitgezählt. [...] Deutschland in der Mitte dieses kleinen Kontinents Europa ist in einer bescheidenen Lage. [...] Geopolitisch ist es ein schwerer Nachteil.«

Maischberger: »Sie haben Putin getroffen im Dezember 2013 in Moskau. Sie sind kritisiert worden dafür, dass Sie aus Moskau heraus europäische Staatsleute kritisiert haben, so sehr, dass Putin Sie auch

---

26* Ohne die etwa 25 Millionen Russen, die außerhalb Russlands leben.

noch verteidigt hat. Wie sollen wir dennoch mit jemandem umgehen, dessen nächste Handlung uns überraschen kann und wird...?«

Nach dem »wird« legt die Moderatorin, wieder dramaturgisch wohlbedacht, ein kleines Päuschen ein. Sollte Sandra Maischberger tatsächlich den Vorsatz gehabt haben, Misstrauen gegenüber Putin zu schüren, und dieses Ziel über Emotionen zu erreichen, so zeigt sich dies hier am allerdeutlichsten: Ihre Behauptung, Putin »wird« uns auch noch in Zukunft »überraschen«, und das natürlich nicht positiv, überschreitet restlos jede Kompetenz und Fähigkeit der Moderatorin. Frau Maischberger ist keine Hellseherin. Sie ist weder die Tiefenpsychologin Putins, noch eine geostrategische Koryphäe. Sie weiß nichts über die Zukunft Putins. Punkt. Sie schürt ganz einfach Misstrauen. Dass sie die Aussage »Putin wird uns noch überraschen« vorsätzlich und rhetorisch präzise macht, verrät die Pause, die sie unmittelbar nach dem »wird« einlegt. Sie weiß sehr genau, was sie da sagt und wie es wirkt.

Sandra Maischberger also: »Wie sollen wir dennoch mit jemandem umgehen, dessen nächste Handlung uns überraschen kann und wird ..., von dem das Vertrauen so nachhaltig zerstört ist?«

Sandra Maischberger agiert an dieser Stelle fast wie aus einer kindlich-egoistischen Geisteshaltung heraus: unfähig oder unwillig, zu erkennen, dass nicht nur *ihr* Vertrauen erschüttert worden ist, sondern *auch das Vertrauen der anderen*, konkret der russischen Elite und des russischen Volkes: seit dem völkerrechtswidrigen Angriffskrieg gegen Rest-Jugoslawien beziehungsweise Serbien, seit der NATO-Osterweiterung, der US-Raketenabwehr, dem Verhalten des Westens beim Georgien-Krieg 2008 und natürlich der Vorgänge 2014/2015 in der Ukraine. Mit der kindlich-selbstbezogenen Fokussierung auf ihre »eigene« Enttäuschung (beziehungsweise der Enttäuschung der »guten« Deutschen) beweist die Moderatorin, wie sehr sie selbst schon gefangen ist in der Praxis des Russland-nicht-verstehen-Wollens. Hypnotisiert von ihrem eigenen moralischen Zeigefinger ist sie unfähig, zu erkennen, wie sehr sie selbst schon in der Falle des Nicht-verstehen-Wollens gefangen ist.

Die Moderatorin beurteilt die Situation mit Putins Russland so, als handle es sich um einen Gerichtsprozess und »die Russen« säßen auf der Anklagebank, dabei – um im Bild zu bleiben – befindet man sich gar nicht in einem Gerichtsgebäude, sondern unter freiem Himmel irgendwo im Grünen im morgendlichen Dunst, und statt Angeklagtem, Verteidiger, Staatsanwalt und Richter gibt es nur zwei Duellanten, deren Sekundanten und vielleicht noch einen Arzt. Statt irgendwelcher juristischer Feinheiten oder moralüberfrachteter Besserwisserei steht die Frage im Raum, ob man es wirklich so weit kommen lassen will, dass man aufeinander schießt. Es geht nicht um Rechthaberei, sondern – verdammt! – um die Abwendung einer drohenden Gefahr, die zig Millionen Menschenleben fordern könnte!

Schmidt: »Das Vertrauen beruht auf mindestens zwei Polen. Und das Vertrauen ist zerstört worden durch die idiotischen Angebote und Absichten, die dahintersteckten seitens der Europäischen Union.
    Der Versuch der Europäischen Union, sich auszudehnen auf die Ukraine, gleichzeitig auf Georgien, am liebsten noch auf Armenien, alles das ist ein ziemlicher Blödsinn. Das ist geopolitische Kinderei. [...] Da fängt der Unfug an. Lange vor der heutigen Krise. Die muss man im Lichte dieser Geschichte sehen.«

Das ist eine massive Kritik an der europäischen Ukraine-Politik: ein Versagen der Europäer im konkreten Fall der Ukraine, aber auch eine allgemeine Unfähigkeit der Europäer, sich gegenüber den geostrategischen Absichten der USA abzugrenzen. Kurz: Nicht Russland ist an der Ukraine-Krise schuld, *sondern die EU.* So Schmidt.

Schmidt weiter: »Es bleibt dabei: Russland ist das größte Land [der Welt], territorial, von der Ostsee bis an den Rand des Stillen Ozeans, aber nicht das erfolgreichste. Russland ist ein sehr mächtiges Land, militärisch unglaublich mächtig, aber es hat seine Schwierigkeiten. Wenn ich mich an Putins Stelle denke, dann wäre meine größte Sorge: Wie kann ich dieses riesenhafte Land aufrechterhalten? [...]«

Auch hier hätte Sandra Maischberger nachhaken und fragen müssen, was die Europäer hätten besser machen können, schließlich sprach Schmidt gerade von *den eigentlichen Ursachen der Ukraine-Krise*, und diese Ursachen waren auch Ursache für inzwischen mehrere Tausend Bürgerkriegstote, die die EU mit zu verantworten hat. Stattdessen startet die Moderatorin einen weiteren Versuch, »Putin-Versteher« Schmidt aufs Glatteis zu führen. Inzwischen ist dies sage und schreibe ihr *achter* Versuch, entweder Putin in ein negatives Licht zu rücken, oder beim Putin-Versteher Schmidt dessen Glaubwürdigkeit zu untergraben und seine politische Lageeinschätzung infrage zu stellen.

Sandra Maischberger also: »Als Sie Bundeskanzler waren, war es noch größer in Form der Sowjetunion, war die Einflusssphäre jedenfalls noch größer. Sie haben häufig mit Leonid Breschnew zu verhandeln gehabt, in vielen Konflikten [...]. Damals war Ihre feste[27*] Überzeugung, es funktioniere eigentlich nur mit – Abschreckung – das sei das einzig probate Mittel gegenüber einem solchen mächtigen – [Sandra Maischberger macht wieder ein dramaturgisches Päuschen] – ja Feind ist zu viel.«

Tja, wenn »Feind« zu viel ist, was denn dann? Feind*chen*? Und was, wenn Feindchen einmal groß ist? Einigen wir uns auf »Gegner«, den wir wie einen Feind behandeln, aber nicht so nennen, damit der Geruch des Krieges nicht den süßen Duft unserer schönen, sorglosen Konsumgesellschaft verschandelt.

Schmidt: »Das Wort Abschreckung hab' ich nicht erfunden, und auch nicht verteidigt. Ich war mal Verteidigungsminister in den 1970er-Jahren. Da habe ich die NATO verteidigen müssen. Und die NATO hat offiziell auf Abschreckung gesetzt. Aber in Wirklichkeit habe ich gewusst, dass die Abschreckung durch die Androhung der Anwendung nuklearer Gewalt, atomarer Bomben, dass sie in Wirklichkeit eine Androhung mit Selbstmord war. Denn die Russen hatten dieselben Dinger und würden gleichzeitig mit wenigen Minuten Abstand ihre eigenen nuklearen Waffen einsetzen. Es war ein reiner Unfug.«

[27*] Hier jeweils in einer Form betont, als habe sie die einzelnen Formulierungen besonders einstudiert.

Sandra Maischberger lässt nicht locker und startet jetzt ihren neunten Versuch, dem Fernsehzuschauer das Bild vom bösen Putin vorzuzeichnen: »Sie haben 1983 nach Ihrer Kanzlerschaft in der *Zeit* geschrieben: ›Russland war und ist eine expansionistische Macht, ob unter den Zaren oder unter den Kommunisten, sie bedarf des entschlossenen Gegengewichts, in der Zukunft ebenso wie bisher.‹ Gilt das noch?«

Schmidt: »Sie bedarf der Gegengewichte. Das gilt für alle Großmächte, das gilt ganz gewiss für Russland, es gilt auch für die Vereinigten Staaten von Amerika.«

Maischberger: »Sind beide expansionistisch, oder nur Russland?«

Schmidt: »Auch Amerika hat eine expansionistische Vergangenheit sondersgleichen hinter sich.«

Sandra Maischberger wirft, im Versuch zu korrigieren und besonders betont, dazwischen: »Vergangenheit.«

An diesem Punkt muss der Fernsehzuschauer leider rumrätseln, was Frau Maischberger mit »Vergangenheit« meint. Historisch gesehen ist das Jahr 2003 durchaus noch Gegenwart, oder »heutige Zeit«, wie Sandra Maischberger weiter oben sagt. Im Jahre 2003 haben die USA und ihre willigen Gehilfen – man muss es einfach immer wieder in Erinnerung rufen – *völkerrechtswidrig und auf Grundlage von Lügen* den Irak angegriffen. Hält Frau Maischberger ihre Zuschauer wirklich für so ungebildet und vergesslich?

Schmidt weiter: »Es gilt gleichzeitig auch für China. [...] Je größer [und mächtiger] der Staat, umso mehr braucht man Gegengewichte, um ihn bei der Vernunft zu halten. [...].«

Dann endlich wenden sich die beiden vom Thema Russland und Putin ab und anderen Themen zu. Bis zu diesem Zeitpunkt war das Gespräch über weite Strecken ein einziges, wenn auch höflich-wohltemperiertes Tauziehen zwischen Sandra Maischbergers moralischer,

Putin und Russland verurteilender Position, und Helmut Schmidts Position, für den Putin letztendlich ein ganz normaler politischer Akteur ist, der angesichts der aktuellen Lage Russlands eine durchaus nachvollziehbare Politik betreibt. So nett und umgänglich Sandra Maischberger sich auch gibt, aber dem »Putin-Versteher« Schmidt ist die Moderatorin nicht einen Millimeter entgegengekommen.

Am bemerkenswertesten an dem ganzen Interview ist, dass die Moderatorin zu keinem Zeitpunkt auch nur ansatzweise auf Schmidts Kritik an den USA eingeht, schließlich sagt Schmidt,

- dass auch die USA ein politisches Gegengewicht brauchen,
- dass die USA durchaus einer expansionistischen Politik fähig sind, und
- dass die USA genauso gefährlich wie Russland sein könnten.

Dass eine in entscheidenden Punkten so deutliche Kritik an den USA in einer deutschen Talkshow ohne störende Zwischenrufe irgendwelcher anderen Gäste vorgebracht werden kann, ist die eine Sache. Die andere Sache ist, dass sie von einem ehemaligen Bundeskanzler vorgebracht wird, der acht Jahre in diesem Amt war, noch dazu innerhalb von fünf Jahren Verteidigungsminister, Wirtschaftsminister und Finanzminister. Im Sinne einer demokratischen Kultur wäre Sandra Maischberger geradezu verpflichtet gewesen, die Gelegenheit beim Schopfe zu packen und diesen überaus erfahrenen und kompetenten Politik-Insider eingehender zu befragen, inwiefern Deutschland von den USA Gefahr drohen könnte, und zwar eine so große Gefahr, wie man sie bisher eigentlich nur Putin zutraut. Im Sinne einer demokratischen Kultur hat Sandra Maischberger in dieser Sendung kläglich versagt.

Planmäßige Konfusion

Aus Helmut Schmidts Sicht jedenfalls scheint sich seit 2004, seit seinem Rat, die US-Außenpolitik genauer zu analysieren, wenig geändert zu haben. Wenn Helmut Schmidt rund zehn Jahre nach seinem Buch

Die Mächte der Zukunft sagt:

»Es ist interessant, dass der eigentliche Gegenpol der Russen, nämlich die Vereinigten Staaten von Amerika, ungefährlicher erscheint. Ob sie wirklich ungefährlich sind, da bin ich nicht so sicher. Aber es sieht so aus.«

... so kann man das durchaus *sibyllinisch-süffisant* auffassen. Schmidt warnt damit nicht nur vor einer potenziellen weltpolitischen Gefährlichkeit der US-Außenpolitik, sondern auch davor, dass diese potenzielle Gefährlichkeit der USA in den deutschen Medien praktisch komplett ausgeblendet wird! Und *genau das* macht Sandra Maischberger, die ihm gegenübersitzt. Und damit ist sie natürlich nicht die Einzige. Folgt man Helmut Schmidt, so hat die Sache zudem nicht nur Methode, sondern diese Methode der Gefahrenausblendung stellt zusätzlich eine Gefahr dar, und zwar eine erhebliche, ebenso wie jene, die sich dieser Methode bedienen. Wer Gefahren bewusst verschweigt oder unkenntlich macht, *wird Teil der Gefahr.*

Helmut Schmidts Warnung vor der Politik der USA korrespondiert zudem mit dem ungguten Empfinden vieler Deutscher, und dieses ungute Empfinden geht weit hinaus über die eher begrenzten Kreise irgendwelcher Verschwörungstheoretiker. Viele Bürger hier im Lande haben eine gehörige Portion Misstrauen gegenüber den USA. Dieses weitverbreitete Misstrauen hat es nicht zuletzt auch dank der NSA-Abhöraffäre schon auf die Titelseiten des *Sterns*, des *Spiegels* und des *Focus'* geschafft.

Die NSA-Affäre hat vielen Bürgern das Gefühl vermittelt, die USA würden nach außen hin einen auf gut Freund machen, in Wahrheit aber gar kein Freund (mehr) sein.

Ausgelöst wurde der NSA-Skandal durch den Ex-US-Geheimdienstler *Edward Snowden*, der im Juni 2013 umfangreiches Geheimdienstmaterial vorlegte, wonach die USA und Großbritannien spätestens seit 2007 die Telekommunikation und das Internet global und flächendeckend ausspionieren, insbesondere auch bei ihren kontinental-europäischen NATO-Bündnispartnern. Im Oktober 2013 kam dann heraus, dass selbst das Handy von Bundeskanzlerin Angela Merkel ausspioniert worden ist. Nach und nach weitete sich die Affäre aus, und es hat sich gezeigt, dass die USA insbesondere in Deutschland nahezu jeden halbwegs wichtigen Politiker ausspioniert haben. Die ausspionierten deutschen Politiker reagierten auf die Sache ganz im Stile eines rückgratlosen Vasallen: Die Kritik beschränkte sich auf ein Mindestmaß, und niemand erwartet von den USA ernsthaft ein Ende der Überwachungspraxis.

Abb. 9: *Stern*, 1. August 2013

Abb. 10: *Stern*, 31. Oktober 2013

Abb. 11: *Focus*, 10. April 2015

Bringen wir es auf den Punkt: Selbstverständlich ist in Betracht zu ziehen, dass ein strategisches Ziel der USA auch darin besteht, ihre wahren Absichten zu verbergen – auch gegenüber Europa! Die NSA-Affäre lässt sich dahingehend interpretieren, dass die USA möglichst frühzeitig wissen wollen, wer ihnen in Europa wo auf die Schliche kommt, sodass sie frühzeitig Gegenmaßnahmen einleiten können.

Sandra Maischbergers konzeptionelle Grundlinie im ersten Drittel der Sendung vom 28. April 2015 bestand also darin, essenzielle Kritik an den USA komplett zu übergehen, um so den Bösewicht Putin im Zentrum der Aufmerksamkeit halten zu können.

Diese Methode des Ausblendens absolut berechtigter, ja dringend notwendiger Kritik an der US-Außenpolitik ist letztlich natürlich zu plump und brachial, als dass sie sich überall anwenden ließe. Schauen wir uns deshalb an nachfolgenden Beispielen an, welche propagandistischen Techniken in unseren Massenmedien zum Einsatz kommen, wenn es in der Öffentlichkeit doch einmal gelingt, den USA und ihrer Außenpolitik etwas genauer auf den Zahn zu fühlen.

»Blackbox« lautet unser Stichwort

Am 5. Februar 2015, einen Tag bevor die deutsche Kanzlerin und der französische Präsident nach Moskau reisten, um erneut eine Eskalation der Ukraine-Krise zu verhindern, gab es auf *Phoenix-TV* eine Diskussionsrunde (*Phoenix Runde*) unter dem Titel »Friedensplan statt Waffen? Diplomatische Offensive des Westens«. Teilnehmer dieser Diskussionsrunde waren Prof. *Michael Stürmer,* der bereits erwähnte Chefkorrespondent der *Welt, Andrew B. Denison* (US-amerikanischer Direktor des *Transatlantic Network*), *Andrey Gurkov* (russischer Journalist) und *Liana Fix* von der *Deutschen Gesellschaft für auswärtige Politik.*

Zu einem bestimmten Zeitpunkt der Diskussion war man wieder einmal an dem Punkt angelangt, wo alle über Putins Absichten rätseln. Sozusagen auf dem Höhepunkt der Ratlosigkeit wandte man sich dann an den amerikanischen Studiogast *Andrew B. Denison*, in der Hoffnung, die USA wüssten dank ihrer ganzen Geheimdienstwühlarbeit überall auf dem Planeten entscheidend mehr über die wahren Absichten des undurchschaubaren Wladimir P.

Andrew B. Denison, der seit den 1980er-Jahren in Deutschland lebt, ist Politikwissenschaftler und Direktor des *Transatlantic Networks*, einer Organisation, die sich für die Intensivierung der transatlantischen Partnerschaft und der Globalisierung einsetzt, und in diesem Zusammenhang sicher ein geeigneter Ansprechpartner.

Die ganze Sequenz vom Putin-Rätselraten bis hin zu Andrew B. Denisons Auskunft über die US-Geheimdiensterkenntnisse ist ein wahres Highlight bundesdeutscher Fernsehgeschichte, das ich Ihnen unmöglich vorenthalten kann: Zunächst sagte die Russland-Expertin *Liana Fix* von der *Deutschen Gesellschaft für Auswärtige Politik (DGAP)*, einer Gesellschaft, die sich selbst als »Think Tank« bezeichnet und als »das nationale Netzwerk für Außenpolitik«,[178] über Putin:

»Das Problem ist ... das ist etwas, was wir [also auch die Deutsche Gesellschaft für Auswärtige Politik!] seit Monaten machen, darüber nachzudenken, was Putin denkt, und was er möchte. Und ich glaube, das ist eine unserer Grundschwächen, dass wir ständig versuchen, zu verstehen, was er will und wie er tickt und was in seinem Kopf vorgeht.

Ich weiß nicht, ob wir einen Schritt zurückgehen sollten. [...] Wir müssen zurückgehen zu dem Punkt, uns zu überlegen: Was sind unsere Ziele? Und wie können wir [...] diese teilweise unberechenbaren Aktionen, die da aus Moskau kommen [...] so weit antizipieren, dass wir auf all diese Möglichkeiten eine Antwort haben?«

Das Wichtigste ist: Kenne deinen Feind!

Darauf Michael Stürmer: »Entschuldigung, hier muss ich entschieden widersprechen. Man kann gar nicht genug wissen, wie der Kreml funktioniert, was Putin will, und vor allem, ob er selber weiß, was er will. Irgendetwas wird er schon wollen. Manches sehen wir, manches ist uns verborgen.

Natürlich: Die Kriegskunst fängt mit Intelligence [Geheimdienstarbeit] an. Sun Tsu! Das wird vielleicht in der DGAP nicht gelernt, oder in der Politologie oder politologischen Studien? Sun Tsu sagt: ›Das Wichtigste ist: Kenne deinen Feind!‹ [28*]

Also sich damit nicht abzugeben und nur zu sagen: ›Das und das wollen wir‹, ist ein strategisches Selbstgespräch, wahrscheinlich mit bösem Ausgang. Das hat es öfters gegeben, dass sozusagen nur einer mit sich selbst beschäftigt war, in schweren Konfliktfällen und Kriegen. Und das ist meistens ganz bös' ausgegangen.«

Darauf wieder Liana Fix von der DGAP: »Aber aus der Perspektive der Russland-Forschung [...] ist ja genau das das Problem. Ich sage ja nicht, dass wir darüber nicht nachdenken sollten, aber dass eben gera-

---

28* Das stimmt nicht ganz. Wenn, ist nach Sun Tsu das Wichtigste: Kenne dich selbst!

ten wird [auch in der DGAP!] und dass der Kreml und das, was im Kreml passiert, für uns leider größtenteils eine Blackbox ist. Und das ist auch in der Forschung über Russland weiterhin so, dass das [in Moskau] ein sehr kleiner Zirkel ist, in dem es sehr schwierig ist, Zugang zu finden, und die Strukturen zu verstehen.«

Jetzt ergreift Moderatorin *Ines Arland* das Wort, um es an Andrew B. Denison weiterzureichen. Sie wendet sich dem amerikanischen Gast zu, sieht ihn etwas lauernd an, als wüsste sie, dass er etwas verbirgt, und sagt: »Blackbox ist unser Stichwort für Andrew Denison ...«

Mr. Denison gibt sich verlegen, wirkt irgendwie ertappt und gibt einen Laut irgendwo zwischen ersticktem Lachen und Husten von sich. Ines Arland weiter: »Wie ... [Ines Arland macht dramaturgisch effektvoll eine kleine Pause und schnalzt mit der Zunge ...] durchsichtig ... Also wir wissen ja, dass die Amerikaner vieles wissen, hören und erfahren können, – das haben wir Deutsche ja auch durchaus festgestellt in den letzten Jahren. Ähm ... [sie schnalzt erneut], wie deutlich, wie offen ist denn das, was sie [die Amerikaner] über Putin – äh – wissen, in Washington?«

Andrew B. Denison gibt ein weiteres ersticktes, ertappt wirkendes Lachen von sich, zeigt sich höflich amüsiert und scheint sich auf seine Antwort zu freuen. Ines Arland ist aber noch nicht ganz fertig: »... weil letztendlich, wenn man diesen Gedanken folgt: Kenne deinen Feind – wenn es denn der Feind ist – [...] Es ist wirklich in aller Ernsthaftigkeit ja sehr wichtig, zu wissen, wie dieser Mann dort [in Moskau] tickt.«

Andrew B. Denison hat inzwischen eine Miene irgendwo zwischen Ernsthaftigkeit und Betroffenheit aufgesetzt und startet, kaum dass er zu sprechen begonnen hat, ein Ausweichmanöver: »Absolut. Ja. Und äh, es gibt nur eins, was schlimmer ist als amerikanische Aufklärung und digitale Aufklärung, und das ist keine. Und wir wollen alle, dass die Amerikaner wissen, was in Moskau passiert, wir wollen [alle] wissen, was unter den Separatisten passiert.«

Yes, Sir! Und *wir alle* wollen Frieden auf Erden, Wohlstand *für alle* und natürlich *auch alle* ein 13. Monatsgehalt. Doch am Ende des Tages erkennen *wir alle*: Es ist völlig egal, was *wir alle* wollen. Und darum geht es hier auch gar nicht. Es geht um die Frage, was Putin will, und was die USA dank ihres gigantischen Spionageapparates darüber wissen. Und wenn die USA etwas Wichtiges über Putins Absichten wissen, wollen *wir alle* natürlich auch wissen, ob es die USA auch den Deutschen verraten. Nur, genau diesem Wunsch der Deutschen geht der freundliche Amerikaner jetzt aus dem Wege. Stattdessen wechselt er einfach das Thema, und plaudert über den *russischen* Geheimdienst:

»Wir wissen schon: Die Russen sind gut genug. Sie können die Ukrainische Armee ... sie können ihre ganze Kommunikation abhören, aber keiner kann deren verschlüsselten ... vielleicht die Amerikaner? ... hören in Donezk und Luhansk. Aber das [einmal] beiseite, wir fragen uns: ›Wie könnte das zu Ende gehen?‹«

Sicher, auch diese Frage stellt sich. Und auch das ist eine sehr interessante Frage. Wirklich! Ganz im Ernst! Aber die eigentliche Frage war eben: Was wissen die USA über Putins Absichten? Andrew B. Denison weiter:

»Natürlich müssen wir dann Putins Motive, Interessen und Grenzen auch kennen. Das ist nicht einfach. Es war nie einfach mit dem Kreml, trotzdem musste man immer mit Zuckerbrot und Peitsche etwas bieten.«

Und? Was ist jetzt mit dem Wissen der USA über Putins Absichten?

Andrew B. Denison: »Jetzt zu den Sanktionen.«

Na, endlich. Gott sei Dank. Geschafft. Das war's. Das Thema ist erledigt. Die Antwort wird verweigert. Jetzt fragen wir uns aber auch: Weiß Andrew B. Denison wirklich nichts Genaues über Putins *wahre* Absichten, und versucht der Amerikaner nur, von seiner eigenen Ahnungslosigkeit abzulenken? Oder weiß er sehr wohl Genaueres, *kann aber nichts sagen?*

Da sitzen also vier Deutsche und ein Amerikaner zusammen in einem Fernsehstudio. Die vier Deutschen rätseln sich über Wladimir Putin den Mund fusselig, und eine der Ratenden (Liana Fix) arbeitet sogar in der DGAP, einer renommierten bundesdeutschen Institution unter anderem auch für die Russland-Forschung! Dann wenden sich die Ratlosen dem Amerikaner zu in der Hoffnung, dieser wüsste dank all der tüchtigen US-Geheimdienste mehr über Putin. Der Amerikaner jedoch weicht der Frage aus, und zwar erfolgreich, denn keiner hakt nach. Warum nur? Lautet die goldene Regel der transatlantischen Freundschaft, dass man den Amerikanern nicht allzu genau auf die Finger schaut, sollte es einmal kritisch werden? So wie beim NSA-Skandal?

Ein »wohlmeinender« Politiker namens Adolf Hitler

Das nächste Beispiel für die hiesigen Schwierigkeiten, öffentlich über das strategische Interesse der USA, deren Kenntnisse über die wahre Weltlage und deren wahre Absichten gegenüber Russland zu diskutieren, ist eine Podiumsdiskussion zur Ukraine-Krise, die am 3. November 2014 im Internet veröffentlicht wurde.[179]

Um zu verstehen, zu welcher Ungeheuerlichkeit es auf dieser Podiumsdiskussion gekommen ist, müssen wir uns zunächst etwas eingehender mit dem heutzutage wohl bekanntesten Geostrategen der USA befassen, nämlich mit *Zbigniew Brzeziński*. Zbigniew Brzeziński (geb. 1928) war Sicherheitsberater von US-Präsident *Jimmy Carter* (1977–1981) und kurzzeitig auch Berater von Präsidentschaftskandidat *Barack Obama*.[180]

Im Jahre 1997 hatte Zbigniew Brzeziński wie schon erwähnt das Buch *Die einzige Weltmacht – Amerikas Strategie der Vorherrschaft* veröffentlicht[29*], in dem er sehr ins Detail gehend beschreibt, wie die USA ihre globale Vorherrschaft sichern können. *Die einzige Weltmacht* ist

---

29* Titel des US-Originals: *The Grand Chessboard – Die einzige Weltmacht* ist aktuell im Kopp Verlag erschienen.

heute ein Standardwerk in Sachen Geopolitik, und hat einen fast schon legendären Ruf. Antiquarische Exemplare kosten heute in der Regel – bitte festhalten – zwischen *200 und 450 Euro!* Für ein Buch, das 1997 rund zehn Euro gekostet hat, ist das eine enorme Wertsteigerung.

Der Wunsch nach Fortbestand der globalen Vormachtstellung der USA wird von großen Teilen der amerikanischen Politikerelite geteilt, und die *Erhaltung dieser Vormachtstellung* kann als Grundlage der gesamten US-Geostrategie angesehen werden. Und wer wollte es den USA verübeln, schließlich weiß, wie schon erwähnt, keiner, was China außenpolitisch in die Wege leitet, wenn es irgendwann die global führende Wirtschaft ist. Kurz: Es gibt in den USA eine Tradition des imperialen Denkens, und die USA beanspruchen ganz offen die Führungsrolle im Westen, ja leiten einen Großteil ihres Selbstverständnisses von dieser Führungsrolle ab.

In seinem Buch *Die einzige Weltmacht* widmet sich *Brzeziński* unter anderem auch der geostrategischen Lage Russlands, und macht unmissverständlich klar, dass Russland *ohne die Ukraine* keinerlei Chance hätte, wieder eine bedeutende Großmacht zu werden. Einige von *Brzeziński* Aussagen sehen wir uns weiter unten genauer an.

Brzeziński Einzige Weltmacht gilt vielen Intellektuellen in Europa als Blaupause für eine Langfriststrategie der USA, die gegenwärtig planmäßig Schritt für Schritt umgesetzt wird. Diese Einschätzung wird dadurch begünstigt, dass Brzeziński in seinem Buch auch konkrete Voraussagen zur politischen Entwicklung in Europa sogar mit Datum macht, die sich tatsächlich erfüllt haben, insbesondere im Fall der Ukraine. Auf Seite 127 liest man in *Die einzige Weltmacht*:

»Irgendwann zwischen 2005 und 2010 sollte die Ukraine für ernsthafte Verhandlungen sowohl mit der EU als auch mit der NATO bereit sein, insbesondere wenn das Land in der Zwischenzeit bedeutende Fortschritte bei seinen innenpolitischen Reformen vorzuweisen und sich deutlicher als ein mitteleuropäischer Staat ausgewiesen hat.«

Im Dezember 2004 gewann der prowestliche *Wiktor Juschtschenko* die Präsidentschaftswahl in der Ukraine, und erklärte im März 2005 vor dem Deutschen Bundestag:

»Ich hoffe, bis zum Jahr 2007 können wir die Verhandlungen über den Abschluss eines europäischen Assoziierungsvertrages abschließen, der den Weg zur [EU-]Mitgliedschaft eröffnen wird.«[181]

Brzezińskis *Einzige Weltmacht* ist damit Wasser auf die Mühlen all jener, die den USA imperiale Absichten unterstellen, und es lässt sich nur sehr schwer dagegen argumentieren, da man all das schwarz auf weiß bei Brzeziński nachlesen kann. Der Autor prophezeite 1997 Dinge, die sich später tatsächlich erfüllten. Vereinfacht gesagt: Entweder ist Brzeziński Hellseher, oder er kannte die Pläne der US-Regierung, vielleicht sogar deshalb, weil er selbst ein Ideengeber für diese Pläne war.

'Auf jeden Fall dient sein Buch nun als unumstößlicher Beleg dafür, dass die USA ihre globale Vorherrschaft nicht nur verteidigen, sondern offenbar weiter ausbauen wollen.

Ob Zbigniew Brzeziński 1997 geahnt hat, dass sich sein Buch irgendwann zu einem solchen Bumerang entwickelt, weil es das Bild der USA als mitunter rücksichtslose imperiale Macht unterstreicht, sei dahingestellt. Auf jeden Fall gibt es jetzt einige Amerikaner, die im übertragenen Sinn herumlaufen und versuchen, Brzezińskis Bumerang der US-Weltherrschaftsambitionen wieder einzufangen, indem sie versuchen, Brzezińskis Bedeutung als Geostratege zu relativieren und kleinzureden.

Abb. 12: *Die einzige Weltmacht, Amerikas Strategie der Vorherrschaft,* Zbigniew Brzeziński, erschienen im Kopp Verlag

Genau darum geht es nachfolgend. Und um verständlich zu machen, wie abstrus der Versuch ist, Zbigniew Brzeziński klein zu reden, hier gleich ein Beispiel dafür, mit welchem Respekt und welcher Hochachtung diesem Geostrategen bis zum heutigen Tage in den amerikanischen Medien begegnet wird: Am 29. April 2014 beispielsweise war Zbigniew Brzeziński Interviewgast im bekannten US-amerikanischen Think Tank *Atlantic Council*. Der Moderator *Edward Luce*, ein Washingtoner Kolumnist und Kommentator der *Financial Times*, stellte seinen Gast vor:

»Ich werde nur ein, zwei Dinge über Zbig [Spitzname Zbigniew Brzeziński] sagen. Ich habe gerade die ersten beiden Biografien über ihn gelesen. Bemerkenswerterweise sind es die ersten beiden Biografien über ihn überhaupt. Es gibt Dutzende über Henry Kissinger, aber nur zwei über Dr. Brzeziński, davon eine in Polnisch, die gerade erst ins Englische übersetzt worden ist. Und ich glaube [...], dass er einer der wichtigsten Nationalen Sicherheitsberater der USA der neueren US-Geschichte ist.«[182]

Später richtete Moderator Luce noch folgende Worte an Brzeziński:
»Sie haben auf Ihr Heimatland verwiesen, [...] auf Polen. Sie sind bekanntermaßen als jemand beschrieben worden, der ›ein Fenster zur Weichsel‹ [größter Fluss Polens, der auch durch die Hauptstadt Warschau fließt] hat, und Sie unterscheiden sich von praktisch allen anderen Nationalen Sicherheitsberatern oder Außenministern [der USA] dadurch, dass Sie einen [speziellen] Blick auf Russland haben, und auf die Sowjetunion hatten.«

Im Klartext: Nur ganz, ganz wenige in den USA kennen sich so gut mit Russland aus, wie Zbigniew Brzeziński. Das mag etwas geschmeichelt sein, aber wenn es öffentlich auf einer Veranstaltung eines nicht unbedeutenden amerikanischen Think Tanks gesagt wird, kann man davon ausgehen, dass es weitestgehend stimmt. Ebenso spricht für Brzezińskis Kompetenz und seine (nicht nur) in den USA erfahrene Wertschätzung, dass er *Anfang 2015* sogar vor den US-Senat geladen worden ist, um sich zur außenpolitischen Lage der USA zu äußern (siehe unten). Zbigniew Brzeziński ist also eine geballte Ladung Kompetenz in Sachen US-Geostrategie und Russland. Nur ganz wenige *weltweit* können ihm da das Wasser reichen.

Kommen wir nun zu besagter Diskussionsveranstaltung: Am 3. November 2014 wurde in Frankfurt a. M. von der *Montagsgesellschaft*, einem Verein, der sich als »parteiunabhängige Plattform« zur »Förderung der politischen Diskussion« versteht, eine Diskussionsrunde zum Thema »Machtkampf um die Ukraine – Cui bono? Wer zieht die Strippen, wer profitiert?« veranstaltet.[183]

Teilnehmer waren *Dirk Müller*, der bekannte deutsche Börsenexperte und Buchautor, *Willy Wimmer*, ehemaliger Verteidigungspolitischer Sprecher der CDU/CSU und parlamentarischer Staatssekretär beim Bundesminister der Verteidigung, *Prof. Boris E. Zaritzky*, russischer Generalkonsul in Frankfurt, *John C. Hulsman*, US-amerikanischer Politikwissenschaftler und Politikexperte, der von der Tageszeitung *Die Welt* als »Vordenker konservativer amerikanischer Außenpolitik« bezeichnet wird[184], und Moderator *Dr. Stefan Söhngen*, Vorstandsvorsitzender der *Montagsgesellschaft*.

Zunächst kommt Dirk Müller zu Wort und erwähnt im Zusammenhang mit der US-Außenpolitik und der Ukraine/Russland-Krise auch Zbigniew Brzeziński. Als der Amerikaner John C. Hulsman erstmals zu Wort kommt, reagiert er sogleich auf die vorherigen Ausführungen Dirk Müllers zu Zbigniew Brzeziński. John C. Hulsman:

»Hallo zusammen [...]. Lassen Sie [Hulsman wendet sich Dirk Müller zu und sieht ihn an] mich jedoch kurz auf das eben Gesagte eingehen. Das Problem mit dem, was Sie sagen, ist [...], es gibt sehr, sehr viele amerikanische Analytiker, die eine Rolle spielen – Hunderte –, die man lesen sollte. Das heißt aber nicht, dass diese auch Einfluss haben. [...].«

Sicher, es wird so sein, dass es Hunderte Politikanalytiker in den USA gibt, nur sind diese nicht alle gleich wichtig. Trotzdem unternimmt John C. Hulsman den aberwitzigen Versuch, Brzeziński zu einem von »Hunderten« herabzustufen. Doch selbst *wenn* es Hunderte Analytiker in den USA sind, »die eine Rolle spielen«, so drängt sich eine Frage umso mehr auf, nämlich: Wer von diesen Hunderten spielt eine *Hauptrolle*? Gerade die amerikanische Kultur, die doch sehr von Hollywood geprägt ist, sollte in der Lage sein, bei der Betrachtung eines Schauspiels die Aufmerksamkeit instinktiv auf die Hauptrollen und

Hauptakteure zu richten, die Stars eben. Und Zbigniew ist zweifellos *ein Star in den USA.*

Und selbst, wenn Brzeziński tatsächlich eine Nebenfigur wäre, dann hätte Hulsman nachfolgend wenigstens erwähnen sollen, welche Geostrategen seiner Meinung nach *stattdessen* die Hauptrolle spielen. Aber das unterlässt er. Offenbar hat er überhaupt kein Interesse daran, dass verstanden wird, was hier gespielt wird. Es reicht ihm, über Brzeziński einen Sack von Fragezeichen auszuschütten.

John C. Hulsman weiter: »Lassen Sie mich das erklären. Ich schätze Brzeziński, und ich stimme Brzezińskis Ansichten in 90 Prozent zu, aber er ist nicht die Stimme der Demokraten seit Präsident Carter. Er leitet ebenso wenig die Außenpolitik innerhalb der Demokraten. Er ist ein relativ Rechter innerhalb der Demokratischen Partei. [...] Ja, er hat gesagt, dass die Welt ein Schachbrett sein würde. Und er hat recht. Aber er macht keine Politik für die Vereinigten Staaten.«

Natürlich, das stimmt. Wenigstens teilweise. Zbigniew Brzeziński hat kein Regierungsamt (mehr) und macht offiziell keine US-Regierungs-Politik. Aber er hat seine Verbindungen, Einfluss, ist ein Ideengeber, und wird wie schon erwähnt, auch offiziell von Regierungsorganen wie dem US-Senat angehört. Am 21. Januar 2015 beispielsweise waren *Zbigniew Brzeziński* und *Brent Scowcroft*, Nationaler Sicherheitsberater unter US-Präsident *Gerald Ford* und *George Bush senior* vom *Armed Services Commitee* des US-Senats zu einer Befragung eingeladen worden, Thema des Hearings: »Die Bedrohungen der nationalen Sicherheit der USA«.

Zbigniew Brzeziński kam nach Brent Scowcroft ans Mikrofon, und erklärte als Erstes, dass er grundsätzlich mit Brent Scowcroft übereinstimme, sich aber nicht mit ihm abgesprochen habe. Beide saßen hinter einem schweren Schreibtisch einträchtig nebeneinander, fast wie ein altes Ehepaar oder zwei alte Mönchsbrüder (siehe nächste Seite). Man hatte den Eindruck, sie kennen sich seit mindestens 50 Jahren und hätten sich vor 30 Jahren das letzte Mal gestritten.

Abb. 13: Brent Scowcroft (l) und Zbigniew Brzeziński (r), 21. Januar 2015, US-Senat.

Was die Ukraine und den Konflikt mit Russland betrifft, empfahl Brzeziński in dieser Senatsanhörung die Fortsetzung der Wirtschaftssanktionen gegen Russland. Die USA sollten die Ukraine mit Defensivwaffen unterstützen, und er warnte vor der Eskalation des Konfliktes mit Russland. Weiter empfahl er, Russland Verhandlungen anzubieten über einen gewissen neutralen Status der Ukraine, ähnlich wie im Falle Finnlands. All das tat Brzeziński im Tonfall eines Mannes, der weiß, dass er etwas zu sagen hat. Er sprach mit Autorität und wie jemand, der weiß, wer er ist, und der keinen Widerspruch erwartet.

John C. Hulsmans Hinweis mit dem fehlenden Regierungsamt Brzezińskis hinkt unter anderem auch deshalb, da der bisweilen enorme Einfluss von inoffiziellen Regierungsberatern schon von den alten Ägyptern und Römern her bekannt ist. Der alleinige Hinweise auf ein fehlendes offizielles Amt, appelliert an die Blauäugigkeit jener Zuhörer, die nicht sehen können oder wollen, dass in der bunten Palette der gut geschminkten, in der Öffentlichkeit bekannten Politiker auch ein paar graue Eminenzen herumgeistern. So wie es Jahrtausende lang überall auf dem Planeten einen Ältestenrat gegeben hat, so gibt es diesen Typ von Mann (und gelegentlich auch Frau) auch heute noch. Nur verfügen diese Personen meist nicht mehr über die nötige physische

Energie, um ein Staatsamt auszufüllen. Solange sie aber noch über die nötige *geistige* Kraft verfügen, die nötigen, Kontakte und insbesondere die Erfahrung, können sie sehr wohl noch Einfluss auf die Politik nehmen. Die eigentliche Steuerung eines Systems, das wissen wir aus der Informationstechnologie, findet nicht dort statt, wo es lärmt, dröhnt, dreckig ist und der Schweiß tropft, sondern meist etwas abseits an ganz anderen, stillen Ort. Software macht keinen Krach. Aber sie kann alles kontrollieren.

John C. Hulsman weiter: »Stattdessen würde ich eher ›Deep Throat‹ zitieren, eine der besten Quellen, um Washington zu verstehen.«

Deep Throat (tiefe Kehle) war ursprünglich der Titel eines amerikanischen Pornofilms, der dort im Jahre 1972 für einige Aufregung gesorgt hatte. Nicht lange nach dem Filmstart wurde *Deep Throat* auch zum Decknamen des Informanten *Mark Felt*, der im Jahre 1972 im Washingtoner Watergate-Skandal eine zentrale Rolle spielte, weil er Journalisten der *Washington Post* entscheidende Informationen zukommen ließ. Der republikanische US-Präsident Richard Nixon hatte im Juni 1972 während des US-Wahlkampfs veranlasst, Abhörwanzen im Hauptquartier der Demokratischen Partei zu installieren, das sich im Washingtoner *Watergate*-Gebäudekomplex befand. Als in das Hauptquartier der Demokraten eingebrochen wurde, um die Wanzen zu installieren, wurden die Täter von der Polizei geschnappt. Mark Felt war stellvertretender FBI-Chef und kannte daher Ermittlungsergebnisse der laufenden Watergate-Untersuchungen. Am Ende musste Richard Nixon als Präsident der USA zurücktreten. »Gods own country« war geschockt und geriet neben dem Vietnam-Krieg auch wegen des Watergate-Skandals in eine tiefe moralische Krise.

Natürlich ist es nicht besonders hilfreich, wenn John C. Hulsman versucht, Grundmuster der US-Politik von 2014 mit Grundmustern der US-Politik vor über 40 Jahren zu erklären. Und es hilft auch wenig, wenn er seiner fragwürdigen Rückschau in die Vergangenheit die grellbunte, aus der Pornoindustrie entliehene Leuchtschrift *Deep Throat* aufsetzt. Überhaupt erinnert John C. Hulsmans ganze Vorstellung in der *Montagsgesellschaft* an die eines Lehrers, der sich schlecht auf eine Unterrichtsstunde vorbereitet hat, und nun versucht, seine Schüler mit billigen, ebenso schlecht vorbereiteten Faxen, über seine fragwürdige Arbeitsmoral hinwegzutäuschen.

Dennoch kann man aus dieser vertanen Unterrichtsstunde etwas lernen: *Deep Throat* ist Synonym und Sinnbild einer aus den USA inspirierten Erregungskultur, die sich vom Willen zu tieferem Verständnis verabschiedet hat; einer Kultur, die Lüge und Wahrheit nicht mehr wirklich auseinanderhalten will, solange diese Kultur im persönlichen Umfeld noch stabile Zustände gewährt, das heißt, solange das Wasser noch aus dem Wasserhahn kommt und der Strom aus der Steckdose.

Sicher, das schlüpfrige *Deep Throat* ist nicht auf Hulsmans Mist gewachsen. Aber er nimmt es mehrfach in den Mund. Er scheint sich zu denken: »Das zeigt, wie cool wir Amis doch sind, und wie souverän wir mit den unterschiedlichen Genres jonglieren.«

Der Ami weiter: »Und immer wieder stoße ich in Europa auf die machiavellische Ansicht in Bezug auf Amerika. Und ich habe zehn Jahre in Washington gearbeitet, und ich sage, Sie sind im falschen Shakespeare-Stück. Wir sehen Hamlet und nicht Macbeth. Wir sind nicht so organisiert. Und wie Deep Throat [vor über 40 Jahren!] sagte: ›Das sind nicht wirklich erstklassige Leute, und die Dinge sind aus dem Ruder gelaufen.‹«

Damit setzt Hulsman sein Verwirrspiel konsequent fort. Erst herrscht aus seiner Perspektive in den USA ein unübersichtliches Allerlei auf der Ebene politischer Analysten, und dann gibt es im Washingtoner Politikbetrieb auch keine oder kaum erstklassige Leute. Das passt zusammen.

Wir fragen uns allerdings auch, was die *wirklich erstklassigen* Leute in den USA dann zeitgleich unternehmen. Machen sie einen großen Bogen um Washington? Schlagen sie stöhnend die Hände über dem Kopf zusammen, wenn sie an Washington denken? Oder lächeln sie zufrieden, wenn sie sehen, wie all die Trottel in der amerikanischen Hauptstadt wie Marionetten an ihren Fäden zappeln? Verschwörungstheorie?

Nun, es stellt sich durchaus die Frage: Kann es wirklich so etwas wie ein Vakuum der Intelligenz und Erstklassigkeit in Washington geben? Oder gibt es ein Naturgesetz, das besagt, dass hinter jedem Trottel ein Listiger steht, der sich die Hände reibt und denkt: »Selber schuld, wenn die alle so blöd sind«? Kurz: Wie lange kann sich geballte Unfähigkeit einer Welt entziehen, die überall ihren Vorteil sucht, und in jede Ritze kriecht, in der es etwas zu holen gibt?

Dann setzt John C. Hulsman zum ganz großen Schlag an, und will den treudoofen, hinterwäldlerischen Deutschen erklären, wie die Welt funktioniert: »Drei Dinge sind bei der Ukraine-Krise aus dem Ruder gelaufen: Und ich würde gerne analytisch vorgehen und auf drei Fragen eingehen, die sich jeder stellen sollte, die Europäer, die Russen und die Vereinigten Staaten. Alle weltpolitischen Krisen wie zum Beispiel der Erste Weltkrieg, an den wir uns heute am hundertsten Jahrestag erinnern, sind das Ergebnis von Fehleinschätzungen wohlmeinender Menschen.«

Dann plötzlich fällt John C. Hulsman, diesem »Vordenker amerikanischer Außenpolitik«[185], auf, dass er gerade ziemlich »unanalytisch« vorgegangen ist. Denn *Adolf Hitler*, das weiß hierzulande jedes Kind, gehört ganz und gar nicht in die Riege der »wohlmeinenden Menschen«. Vielmehr hat Adolf Hitler die *bisher größte weltpolitische Krise aller Zeiten* heraufbeschworen: den Zweiten Weltkrieg!

Damit implodiert Hulsmans intelligenzbeleidigende Schulhof-Theorie von der Ursache »aller weltpolitischen Krisen« und den »wohlmeinenden Menschen« an den Hebeln der Macht. John C. Hulsman schlägt dann noch ein paar rhetorische Haken, die er flüssig, ziemlich selbstbewusst und unterhaltsam vorträgt, aber im Prinzip war's das jetzt. Rote Karte, Platzverweis! Raus!

Genug davon. Man fragt sich allmählich, ob John C. Hulsman tatsächlich ein »politischer Analyst« ist, oder ob seine Aufgabe nicht vielmehr darin besteht, in der Kostümierung des politischen Analysten in Deutschland noch etwas mehr Verwirrung in die Meinungsbildung in Sachen US-Geostrategie zu tragen. Seine Kapriole mit Adolf Hitler jedenfalls zeigt, dass er nicht mit dem nötigen Ernst bei der Sache ist, und ihm der nötige Respekt vor den deutschen Mitdiskutanten und Zuhörenden fehlt.

Nach diesen Befremdlichkeiten aus dem Munde John C. Hulsmans kam dann das, was kommen musste: Dirk Müller rückte den »außenpolitischen Vordenker« zurecht: »Also offen gestanden, ich hatte gedacht, wir fangen in der Diskussion tiefer an, als uns darüber zu streiten, ob die Amerikaner hier ein Interesse vertreten. Also offen gestanden: Sie sollten uns mehr Intelligenz zugestehen, als anzunehmen, dass Amerika hier kein Interesse in diesem Spiel hätte. Brzeziński zu einem Nebenspieler herabzuspielen, der eigentlich keine Ahnung von amerikanischer Politik hat – vereinfacht ausgedrückt –, halte ich auch für wenig legitim – mit den Auszeichnungen, die er mit sich trägt, mit den Lorbeeren, mit den ihn selbst die höchsten amerikanischen Politiker versehen, als Strategen des Kalten Krieges, und Konstrukteur, etc.«

Kurz zwischendurch zur Untermauerung des gerade von Dirk Müller Gesagten: Am 18. Juni 2007 hatte das *Centre of Strategic and International Studies* (CSIS) *Henry Kissinger, Brent Scowcroft* und *Zbigniew Brzeziński* zu einem Gespräch eingeladen, das von Star-Moderator *Charlie Rose* moderiert wurde. Charlie Rose leitete die Sendung mit folgenden Worten ein:

»Sehen Sie die außergewöhnliche Unterhaltung mit drei Giganten der Außenpolitik: der frühere Außenminister Henry Kissinger, der frühere Nationale Sicherheitsberater Brent Scowcroft und der frühere Nationale Sicherheitsberater Zbigniew Brzeziński.«

Man mag die Formulierung »Giganten der Außenpolitik« als etwas übertrieben empfinden, aber was außenpolitische Kompetenz in den USA betrifft, gibt es offensichtlich niemanden, der diese drei überragt. Dabei sollte man auch nicht übersehen, dass diese drei Herren inzwischen alle recht alt sind: Kissinger geboren 1923, Scowcroft 1925 und Brzeziński 1928. Politik und insbesondere Außenpolitik hat auch viel mit persönlicher Erfahrung zu tun. Da geht es oft um Dinge, die man sich eben nicht einfach irgendwo anlesen kann, sondern selbst erfahren muss. Außenpolitik ist kein Metier wie Informationstechnologie, wo irgendwelche hoch motivierten Jungspunde die alten Hasen so einfach aus dem Felde schlagen. Gerade in der Außenpolitik braucht es die Erfahrung alter Männer. Und wenn diese alten Männer über die nötige Intelligenz und einen scharfen Verstand verfügen, sind sie den Jüngeren – worunter hier bis etwa Anfang 50 zu verstehen wäre –, überlegen.

Dirk Müller weiter: »Noch dazu, wenn sich seine Aussagen [beziehungsweise Voraussagen] sich 100 prozentig decken mit dem, was dann tatsächlich passiert, dann müssen Sie mir als Europäer [...] zugestehen, dass ich eine solche Äußerung von jemandem, der in dem tiefsten Inneren des amerikanischen politischen Systems aktiv ist und sehr viele Gespräche führt und strategisch mitarbeitet, dass ich dessen Aussage nicht als Blödsinn abtue, sondern ernst nehme. Ansonsten wäre es sehr verwunderlich, wenn so jemand als Berater verwendet würde. Noch dazu, wenn ich mir dann anschaue, dass er 1997 – wir reden von 1997 – sagte:«

Dirk Müller hat ein paar DIN-A4-Seiten mit Brzeziński-Zitaten vorbereitet, von denen er nun vorliest:[186]

»›Unter den gegenwärtigen Umständen wird die NATO-Osterweiterung bis spätestens 1999 Polen, die Tschechische Republik und Ungarn einbegreifen.[187]‹ [Müller:] Das war dann, 1999 tatsächlich auch der Fall. ›Nach diesem ersten, aber bedeutsamen Schritt dürfte jede [weitere] Ausdehnung des Bündnisses entweder mit einer Erweiterung der EU zusammenfallen oder einer solchen folgen.[188]
In der Zwischenzeit wird die EU Beitrittsverhandlungen mit den baltischen Republiken aufnehmen, und auch die NATO wird sich in der Frage einer Mitgliedschaft dieser Staaten sowie Rumäniens vorwärtsbewegen, deren Beitritt mutmaßlich 2005 abgeschlossen sein dürfte.‹«[189]

Ob Brzezińskis »Vorauswissen« daher rührt, dass es auch *seine* Pläne waren, die umgesetzt wurden, oder aber ob es daher kam, dass er im

Zuge der Beratung zwangsläufig mitbekam, was von den anderen geplant wurde, sei dahingestellt. Auf jeden Fall spricht eine simple Logik dafür, dass für Brzeziński der Zugang zur aktiven politischen Macht umso leichter wurde, je mehr er sich als fähiger Analyst erwies. Und dafür ist sein Buch *Die einzige Weltmacht* der perfekte Beleg.

Dirk Müller weiter: »Wir reden von 1997. Tatsächlich: All diese Staaten haben am 29. März 2004 den NATO-Beitritt erklärt. [Müller zitiert Brzeziński weiter:] ›Irgendwann zwischen 2005 und 2010 sollte die Ukraine für ernsthafte Verhandlungen [sowohl] mit der EU als auch mit der NATO bereit sein ...‹«[190]

Müller zu Hulsman in gedämpft empörtem Ton: »Aber wir haben kein Interesse an der Ukraine, nein!« Müller zitiert dann weiter aus Brzeziński Buch:

»›Am allerwichtigsten allerdings‹ – ich zitiere Brzeziński – ›ist die Ukraine. Da die EU und die NATO sich nach Osten ausdehnen, wird die Ukraine schließlich vor der Wahl stehen, ob sie Teil einer dieser Organisationen werden möchte.[191]
Der Westen kann schon jetzt das Jahrzehnt zwischen 2005 und 2015 als Zeitraum für eine sukzessive Eingliederung der Ukraine ins Auge fassen. Trotz seiner Proteste wird sich Russland wahrscheinlich damit abfinden, dass die NATO-Erweiterung [im Jahre 1999] mehrere mitteleuropäische Länder einschließt. Im Gegensatz dazu wird es Russland unvergleichlich schwerer fallen, sich mit einem NATO-Beitritt der Ukraine abzufinden.‹«[192]

NATO-Beitrittsländer	Brzeziński Voraussage	real
Polen	spätestens 1999	1999
Estland, Lettland, Litauen, Rumänien	mutmaßlich 2005 abgeschlossen	2004
Ukraine: Westangliederung	bis 2015	2014

Dass es im Falle der Ukraine mit Russland eng wird und knirschen könnte, war also schon im Jahre 1997 bekannt. Ich weiß zwar nicht, wie viele Exemplare von Brzezińskis *Einziger Weltmacht* seinerzeit alleine in Deutschland sowohl als Hardcover als auch als Taschenbuch verkauft worden sind, aber in der Regel haben die Startauflagen solch' weltweit prominenter Autoren eine Höhe von etlichen Tausend Stück. Deutlich über 10 000 verkaufte deutschsprachige Exemplare scheint eine realistische Schätzung. Zudem werden solche Bücher überwiegend von außenpolitisch interessierten Personen gelesen. Es kann also überhaupt keine Rede davon sein, dass man in Europa keine Ahnung davon hatte, welche Sprengkraft im Falle der Ukraine vorhanden war. Dafür ist Brzezińskis Buch von 1997 ein so überzeugender wie einfacher Beweis.

Dirk Müller zitiert weiter: »›Dann akzeptiert es [Russland] diese Bindungen, dann legt Russland sich damit in seiner Entscheidung fest, selbst Teil von Europa zu werden.«[193]

»Tatsächlich könnte die Beziehung der Ukraine zu Europa der Wendepunkt für Russland selbst sein. Eine Anbindung Russlands in den europäisch-transatlantischen Strukturen [Müller: ›Klammer auf unter dem Hegemon USA, Klammer zu.‹] würde wiederum drei kaukasischen Ländern – Georgien, Armenien etc. [die Türen] zum Beitritt öffnen.‹«[194]

Dirk Müller beendet die Zitate und ergänzt: »Also: Wir reden von 1997, wo das, was bis 2014 passierte, wie auf einer Blaupause niedergeschrieben ist. Und der Mann soll keine Ahnung haben? Finde ich spannend.«

Dirk Müller ist in diesem Moment kurz davor, auszusprechen, was wohl die meisten Menschen im Raum spürten. John C. Hulsman hat das Publikum, auf Deutsch gesagt, regelrecht *verarscht*. Man muss es wirklich so hart sagen. Die deutsche Sprache hat leider kein Wort, um ebenso klar wie salonfähig zu beschreiben, was John C. Hulsman da macht. Es war respektlos, unaufrichtig und dreist, und er konnte es nur riskieren, weil die Deutschen den Amerikanern bisweilen auch noch über die Grenze des gesunden Menschenverstandes hinaus zu vertrauen bereit sind, siehe NSA-Abhörskandal.

John C. Hulsmans widersinniges Klischee von den USA als einer Macht, die letztlich *keine* Vorherrschaftsambitionen hat, und die im Grunde auch *kein* umfassenderes weltpolitisches Konzept verfolgt, taucht in unseren Medien immer wieder auf, ja es ist sogar das vorherrschende Bild der USA. Helmut Schmidt hatte schon darauf hingewiesen: Die USA bleiben in der öffentlichen Darstellung und Wahrnehmung trotz allem, trotz aller Lügen und flächendeckender Spionage unser großer Bruder. Und diese Wahrnehmung der USA als großer Bruder ist psychologisch entscheidend, denn Familienmitgliedern ist man bereit, nahezu alles zu verzeihen. Die emotionale Matrix des »Bruders« erlaubt es, viele der üblichen sozialen und moralischen Regeln und Normen auszuhebeln. Motto: Blut ist dicker als Wasser, Anstand, Moral und Gesetz.

»Die USA haben kein Interesse in der Ukraine«

Kommen wir zu einem weiteren Beispiel für die Vernebelungstaktik und Diskussionsverhinderung, wenn es hierzulande um die möglichen geostrategischen Absichten der USA geht.

Lesern, die schon etwas ermüden und sich fragen, was die Verschleierung der geostrategischen Interessen der USA in unseren Medien mit Putins Absichten zu tun hat, seien daran erinnert, dass die Absichten Putins mit denen der USA korrelieren, und dass es allem Anschein nach Teil dieser amerikanischen Absichten ist, *dass man diese ihre Absichten eben nicht durchschaut,* auch und insbesondere nicht in Deutschland.

Das Rätsel um Wladimir Putin ist also mehrschichtig, und wenn man gut aufpasst, dann kann man erkennen, dass der Schlüssel zu diesem Rätsel direkt vor uns liegt, nämlich in unserer eigenen Wohnstube vor dem Fernseher, Computer- oder Tablet-Bildschirm, wenn wieder einmal im Zusammenhang mit der Politik der USA gelogen wird, Tatsachen verdreht und wichtige Informationen einfach übergangen werden.

Am 24. November 2014 strahlte das österreichische Privatfernsehen *Puls 4* die Sendung: *Pro/Contra – der Puls 4 News-Talk* aus, eine Talkrunde zu aktuellen Geschehnissen, diesmal zum Thema »Eiszeit zwischen Russland und Europa, droht ein neuer kalter Krieg?« Eingeladen waren je zwei Gäste *pro USA* und zwei Gäste *contra USA*. Zu Letzteren gehörte wieder der deutsche Börsenexperte und Buchautor *Dirk Müller*.

Irgendwann wandte sich die Moderatorin *Corinna Milborn* an den Gast *Eric Frey*, Redakteur der Wiener Tageszeitung *Der Standard*, und Österreich-Korrespondent der Londoner Zeitungen *Financial Times* und *The Economist*. Eric Frey war einer der beiden »Pro-Amerikaner«:

»Herr Frey, jetzt haben viele Österreicher [wie die Deutschen auch] das Gefühl, dass wir hier am Gängelband der USA stehen, und mit den Sanktionen gegen Russland, mit dem harten Vorgehen gegen Putin eigentlich deren Interessen und nicht unsere eigenen verfolgen.«

Eric Frey, dessen jüdische Eltern noch rechtzeitig vor den Nazis aus Österreich flüchten konnten, und der seine Ausbildung in den USA genossen hatte: »die USA spielen eine Nebenrolle in diesem ganzen Konflikt. Das ist ein Konflikt zwischen Europa und Russland. Es ist ein Konflikt über die Länder dazwischen.«

Die Unhaltbarkeit dieser Aussage, das bewusste Verdrehen der Tatsachen »die USA spielen eine Nebenrolle in diesem ganzen Konflikt«, verdeutlicht sich am besten durch die bereits zitierte Aussage des ehemaligen US-Botschafters in Deutschland, John Kornblum. Zur Erinnerung: Im Februar 2015 sagte Kornblum in der *Günther-Jauch-Talkshow* im Zusammenhang mit Versuchen der EU, die Ukraine-Krise zu entschärfen:

»Im Endeffekt liegt die Macht in Washington. Und Putin weiß das ganz genau.«

Keiner der Gäste bei Günther Jauch machte Anstalten, dem zu widersprechen. Warum also vertritt Eric Frey öffentlich vor Hunderttausenden Zuschauern eine so unhaltbare Position? Was hat er davon?

Zudem ging im Frühjahr 2014 auch durch deutsche Medien die Information, dass die USA seit 1991 fünf Milliarden Dollar in die Demokratisierung der Ukraine investiert haben. Hauptquelle für diese Zahl ist *Victoria Nuland*, Staatssekretärin des US-Außenministeriums, zuständig für Europa, die unter anderem am 21. April 2014 auf *CNN* auf diese fünf Milliarden Dollar verwies.[195] Die fünf Milliarden hatte sie aber auch schon auf einer Konferenz in Washington am 13. Dezember 2013 erwähnt. (siehe *Youtube*-Video[196]). Auch Eric Frey dürfte das als vielbeschäftigter Journalist teils international bekannter Zeitungen gewusst haben.

Hier gleich noch ein Beispiel für den dominanten Einfluss der USA in Osteuropa: Im April 2000 fand in der slowakischen Hauptstadt Bratislava eine dreitägige Konferenz statt, eine hochkarätig besuchte Wehrtagung des US-Außenministeriums und des *American Enterprise Institute*, ein 1943 gegründeter Washingtoner Think Tank. Teilnehmer der Tagung waren europäische Außen- und Verteidigungsminister, und unter anderem auch der deutsche Bundestagsabgeordnete und Vizepräsident der Parlamentarischen Versammlung der OSZE[30*] *Willy Wimmer*, der einige Inhalte der Konferenz publik machte: In einem offenen Brief an den damaligen Bundeskanzler *Gerhard Schröder*, fasste Wimmer die elf wichtigsten Themenschwerpunkte der Veranstalter zusammen.[197] Daraus hier die Punkte 7 bis 9:

7. *Es gelte, bei der jetzt anstehenden NATO-Erweiterung [letztendlich] die räumliche Situation zwischen der Ostsee und Anatolien so wiederherzustellen, wie es in der Hochzeit der römischen Ausdehnung gewesen sei.*

Die Formulierung »Hochzeit der römischen Ausdehnung« ist etwas missverständlich; sie ist angelegt an das Gebiet des Heiligen Römischen Reiches (bis 1806). Bei Nachfragen präzisierte Wimmer diese Formulierung dahingehend, dass damit eine »Linie von Riga an der Ostsee über Odessa am Schwarzen Meer bis nach Diyarbakır [Tür-

---

[30*] OSZE = Organisation für Sicherheit und Zusammenarbeit in Europa.

kei]«[198] gemeint ist, eine Linie, die die Grenze des westlich kontrollierten Gebietes in Osteuropa nach US-amerikanischer Vorstellung definiert.

8. Dazu müsse Polen nach Norden und Süden mit demokratischen Staaten als Nachbarn umgeben werden, Rumänien und Bulgarien die Landverbindung zur Türkei, Serbien [...] auf Dauer aus der europäischen Entwicklung ausgeklammert werden.

9. Nördlich von Polen gelte es, die vollständige Kontrolle über den Zugang aus St. Petersburg zur Ostsee zu erhalten.

Schon an diesen drei Punkten wird erkennbar, wie die USA die NATO bereits im Jahre 2000 dazu instrumentalisieren wollten, um Russland aus Europa herauszudrängen. Heute stellt Willy Wimmer fest, dass die USA ihren Plan von 2000 inzwischen bis auf die Ukraine praktisch voll umgesetzt haben.

Als Journalist, der für den *Standard*, die Londoner *Financial Times* und den *Economist* arbeitet, muss Eric Frey all das bekannt gewesen sein: das mit den fünf Milliarden für die Ukraine, die Bratislava-Konferenz, und einiges mehr.

Eric Frey jedoch weiter: »Ein Land wie die Ukraine, wo die Menschen einfach selbst gesagt haben – sie haben nach Osten geschaut, und nach Polen geschaut, und gesagt haben: ›Wir möchten zu diesem Europa gehören.‹ Und als sie das ausgedrückt haben [...], hat Nachbar Russland dieses Europa, das liberale, das offene, das demokratische, marktwirtschaftliche Europa abgelehnt. Weil er [Putin] auch seine eigene Macht [durch die Westorientierung in der Ukraine] bedroht sieht, hat er zu militärischen Mitteln gegriffen und einfach seinen Nachbarstaat angegriffen, Gebiete okkupiert. Und nicht nur die Ukraine beginnt er zu zerstören, sondern auch Europa, diese EU mit all ihren Werten, mit all diesen Stärken massiv herauszufordern. Und darauf MUSS Europa natürlich reagieren. Und dann zu sagen, das seien irgendwie die USA ... Die USA haben dort keine Interessen.«

Als Dirk Müller Freys Behauptung mit dem angeblich nicht vorhandenen Interesse der USA in Osteuropa hört, beginnt er lauthals zu lachen, ja es platzt aus ihm heraus, also säße er angetrunken irgendwo auf dem Oktoberfest in einem Bierzelt.

Eric Frey daraufhin trotzig: »Die [USA] haben keine bedeutende Rolle. Das ist ein europäischer Konflikt.«

Dirk Müller hat sich dann von seinem, teils auch gespielten, Lachanfall erholt und wendet sich ungläubig Eric Frey zu: »Herr Frey, machen Sie Kabarett, oder meinen Sie das ernst? Die USA haben kein Interesse an der Ukraine?«
Eric Frey: »Ja, ich meine jedes Wort ernst.«

Dirk Müller ungläubig und belustigt: »Die Amerikaner haben kein Interesse an der Ukraine...?«

Eric Frey: »Sie können Witze machen. Die USA ist dort nicht entscheidend engagiert. [...]«

»Nicht entscheidend engagiert«? Eine dreiste Lüge[31*]. Wenn die Investition von 5 Milliarden US-Dollar in den Demokratisierungsprozess der Ukraine kein *entscheidendes Engagement* der USA sein soll, ja was denn dann?

Zur Verdeutlichung kann man diese 5 Milliarden US-Dollar auf Deutschland umrechnen: 5 Milliarden auf 43 Mio. Ukrainer entspricht 9,5 Milliarden auf 82 Mio. Deutsche. Natürlich muss man dabei auch noch das Durchschnittseinkommen berücksichtigen. Anfang 2014 war in der *Zeit* zu lesen, dass in der Ukraine das monatliche Durchschnittseinkommen zwischen 450 Euro (in Kiew) und rund 200 Euro (in der Oblast Ternopil) schwankt.[199] Gehen wir für die nachfolgende Rechnung von einem gesamtukrainischen Durchschnittseinkommen

---

[31*] Wobei die Beantwortung der Frage, ob Frey lügt, natürlich davon abhängt, wie man das *entscheidend* deutet.

von 350 Euro aus. In Deutschland lag das durchschnittliche monatliche Bruttoeinkommen im Jahre 2014 bei 2660 Euro. Das ist rund 7,5 mal so viel wie in der Ukraine. Folglich betrug das »Demokratie-Investment« der USA auf deutsche Verhältnisse umgerechnet satte 71,25 Milliarden Dollar. Das entspricht in etwa den jährlichen deutschen Verteidigungsausgaben *plus* die Ausgaben der Bundesregierung für Bildung und Forschung *plus* die Ausgaben für Gesundheit.

Auch wenn es aus Sicht der USA 5 Milliarden Dollar bleiben, so kann man sich sicher sein, dass die USA dieses Geld nicht so einfach aus dem Fenster werfen, sondern es in irgendeiner Form als Investment betrachten, sei es wirtschaftlich oder politisch-strategisch. Das bedeutet: Die 5 Milliarden US-Dollar beweisen nicht nur, dass die USA ein *entscheidendes* Interesse an der politischen Entwicklung in der Ukraine haben, sondern dieses Interesse ist letztlich sicherlich um einiges größer als die 5 Mrd. weil man es eben als Investment betrachtet. Man steckt 5 Milliarden rein und will 50 Milliarden oder so wieder herauszuholen, abgesehen von der politischen und geostrategischen Rendite.

Um das 5-Milliarden-Dollar-Investment in der Ukraine noch etwas plastischer zu veranschaulichen, folgendes Bild: Ein 2009er-*Rolls-Royce* Modell *Ghost* mit rund 20 000 km auf dem Tacho kostet etwa 180 000 Euro (2015 etwa 200 000 Dollar). Bei umgerechnet 5 Milliarden wären das 25 000 Rolls-Royce oder für jeden 1800ten Ukrainer, egal ob Baby oder Greis, ein Rolls-Royce. Da nach Statistiken[200] von 2012 in der Ukraine auf 1000 Einwohner nur 179 Pkws kommen (Deutschland 532) wäre in der Ukraine rund jeder 300ste. Pkw ein fast neuwertiger Rolls-Royce. Oder anders veranschaulicht: Ein Rolls-Royce Ghost ist 5,4 Meter lang, was bei 25 000 Stück eine Schlange Stoßstange an Stoßstange von 135 Kilometern ergibt. Addiert man noch zwei Meter Abstand zwischen den Fahrzeugen, sind es rund 200 Kilometer.

Keine US-Interessen in der Ukraine? Sonst noch Fragen?

Dann wieder Dirk Müller: »Wenn Sie sagen, die Amerikaner haben keine Interessen [in der Ukraine] ... Wir stellen fest, dass die amerikanische Frau Nuland – das Video kann jeder im Internet anschauen –

sich vor den Vertretern der amerikanischen Ölindustrie stark gemacht hat, – dass sie mit mehreren Milliarden den Umsturz in der Ukraine finanziert haben. Wir wissen, dass der jetzige [ukrainische] Ministerpräsident Jazenjuk schon vor Jahren eine Stiftung gegründet hat, eine amerikanisch-ukrainische Stiftung, wenn Sie auf deren [Internet-] Seite gehen, dann finden Sie dort seit Jahren die Finanziers NATO, Chatham-House und United States Departement. Wir sehen über Jahrzehnte die Einflussnahme der USA in diesem Bereich. Sie kennen Brzeziński mit Sicherheit, ich hoffe, Sie haben es gelesen: *The Grand Chessboard*. Brzeziński ist einer der wichtigsten geostrategischen Berater der US-Präsidenten seit Jimmy Carter.«

Frey unterbricht: »Was hat das mit der Ukraine zu tun? Was hat das mit den Menschen in der Ukraine zu tun, die einfach ihre eigenen Vorstellungen haben, wohin sie wollen?«

Müller: »Das hat sehr viel damit zu tun. [Frey unterbricht ihn wieder, Müller weiter:]... dass Brzeziński bereits 1997 die Strategie Amerikas [Frey redet zeitgleich weiter] niedergeschrieben hat.«

Frey: »Sie erfinden ein **geopolitisches Märchen**, um den Willen und die Wünsche von Menschen in Europa ignorieren zu können, weil es ihnen nicht in den Kram passt. [...]«

Müller: »Sie haben Brzeziński gelesen, hoffe ich?«

Die Moderatorin und Eric Frey sprechen dazwischen, Müller weiter: »Wenn man mich aussprechen ließe ...«
Dann unterbricht die Moderatorin Dirk Müller endgültig, und wirkt dabei so, als habe sie Angst, das Gespräch würde ihr jetzt entgleiten. Der Rest geht unter, man lässt Dirk Müller nicht mehr ausreden. Zu Zbigniew Brzezińskis Geostrategie beziehungsweise den möglichen geostrategischen Interessen der USA kommt Dirk Müller nicht mehr.

Moderatorin Corinna Milborn: »Aber Herr Müller, unsere Zuseher haben es [Brzezińskis Buch] wahrscheinlich nicht gelesen, aber ihre

Sicht ist klar. Sie [Dirk Müller] sagen, dass die USA dort durchaus Interessen haben, Sie [Eric Frey] sagen, es ist [im Wesentlichen nur] eine Sache Europas.«

Dabei wirkt Corinna Milborn alles andere als souverän, und es wäre jetzt eigentlich der perfekte Moment, genauer zu erörtern, *worin* die Strategie der USA bestehen könnte, und zwar nicht nach Freys oder Müllers Meinung, *sondern nach Zbigniew Brzezińskis Analyse!* Aber so wie schon bei John C. Hulsman in der Montagsgesellschaft und so wie bei Helmut Schmidt bei Sandra Maischberger: Das Thema Geostrategie der USA wird entweder *aus*geblendet, oder es wird *über*blendet, indem man künstlich Konfusion erzeugt, die dem Zuschauer das Thema verleidet. Notfalls entsteht auch ein widerliches Gezanke und der Fernsehzuschauer zappt angeekelt weg. Das ist zwar nicht schön, aber auch das erfüllt seinen Zweck.

Das Bemerkenswerte an Dirk Müllers Position ist, dass er im Wesentlichen nur Brzeziński *zitieren* will, einen bekannten US-amerikanischen Geostrategen, an dessen Kompetenz niemand zweifelt. Das heißt, hier, wie auch anderswo ergibt sich die absurde Situation, dass man in unseren Massenmedien offenbar nicht einmal (mehr) über den Inhalt eines Buches sprechen kann, das 1997 und in den Folgejahren zu Tausenden im deutschsprachigen Buchhandel frei erhältlich war. Auch das Argument, dass die Zuschauer es wahrscheinlich nicht gelesen haben, ist völlig inakzeptabel. Denn Dirk Müller hätte bei guter Vorbereitung die Kernpunkte in zwei, drei Minuten abhandeln können.

Fatale Folgen einer vergessenen Disziplin

Die Moderatorin gibt dann das Wort weiter an *Johannes Voggenhuber*, den zweiten Gast, der neben Dirk Müller eine USA-kritische Position vertritt. Johannes Voggenhuber (1950 in Salzburg geboren), ist ein österreichischer Grünen-Politiker und war zwischen 1995 und 2009 Mitglied des Europäischen Parlaments. Johannes Voggenhuber:

»Das [die Behauptung Freys, die USA hätten keine Interessen in der Ukraine] ist eine ganz offene Geschichtsfälschung.
Jeder Mensch, der sich mit diesem Konflikt aufmerksam und fair beschäftigt, wird das nur als grotesk empfinden können. Die USA spielen in diesem Konflikt die Hauptrolle. Die Urheberschaft dieses Konfliktes liegt nachweisbar beim Westen. [...] [siehe Helmut Schmidts Kritik an der EU-Politik vor Ausbruch der Ukraine-Krise:»geopolitische Kinderei«, Seite 147]. Seit dem Wiener Kongress [1814/15 nach dem Sieg über Napoleon] gibt es kein geopolitisches Denken [mehr] in Europa. [...] Europa hat keinerlei Tradition [in Sachen Geopolitik]. Geopolitik wird nicht unterrichtet. In Amerika wird sie aber ganz offen diskutiert.«

Auf *Wikipedia* heißt es interessanterweise, unter *Geopolitik* verstehe man die »politikwissenschaftliche Interpretation geografischer Gegebenheiten«. Das aber ist nicht nur falsch, da Geopolitik weit mehr ist, als eine hauptsächlich von der Geografie abhängige Disziplin, sondern es wird damit auch versucht, die Geopolitik als Schlüssel zum Verständnis der Weltpolitik als unbrauchbar erscheinen zu lassen. Diesen Ansatz einer Art prinzipieller *Diskreditierung der Geostrategie beziehungsweise geopolitischen Analysen* verfolgt übrigens auch Walter Laqueur in seinem Buch *Putinismus*.[201] Es gibt also erkennbare Bestrebungen, der Öffentlichkeit jegliches geostrategisches Denken abzugewöhnen und ihr die Weltpolitik als Zufallssammelsurium aufzutischen, in dem wohlmeinende, aber leider zu oft unfähige Politiker an den Tücken der harten Wirklichkeit scheitern.

Das in Europa fehlende geostrategische Denken ist ein zentraler, man könnte fast schon sagen *alles entscheidender* Punkt.

Vor dem Hintergrund eines in Europa und Deutschland weitestgehend abwesenden geostrategischen Denkens werden dann Eric Freys dreiste Geschichtsfälschungen und Tatsachenverdrehungen auch plausibel. Plötzlich machen sie Sinn. Es geht gar nicht so sehr darum, dass man Frey glaubt oder nicht. Es geht um die Vertiefung der allgemeinen Konfusion, sodass sich das breite Publikum von der Thematik insgesamt abwendet. Im Zuge dieser kollektiven geostrategischen Konfusion und Erblindung wird für den Mann und die Frau vor dem Fernseher die politische Vorausschau beziehungsweise ein Politischweiter-in-die-Zukunft-Denken *per se* zum Tabu oder zum »Märchen«. Für die breite Masse wird die einzige Wirklichkeit von Bedeutung das Vordergründige, Naheliegende, Offensichtliche. Politischer Weitblick hingegen wird von den keifenden Wortführern der Ahnungslosen wie Eric Frey als Fantasterei verunglimpft und gerät in den Verdacht verschwörungstheoretischer Umtriebe.

Johannes Voggenhuber weiter: »Und das, was der Herr Frey hier mit Verve zurückweist, ist dort [in den USA] allgemeines Wissen, allgemeiner Bildungsstand. Die größten und angesehensten Geostrategen – keine Dunkelmänner, keine Verschwörungstheoretiker, keine irgendwelchen Linken –, der zitierte Brzeziński. Zbigniew war von Carter angefangen über Clinton bis heute Chefberater der amerikanischen Regierung in geopolitischen Fragen. Kissinger hat die neue Weltordnung veröffentlicht. Sie können das alles nachlesen. Sie können nachlesen, dass [sich die USA] berechtigt sieht, das gesamte Glacis der ehemaligen Sowjetunion für sich zu beanspruchen.«

Eric Frey wirkt währenddessen etwas verausgabt, etwas in sich zusammengesunken, und hört jetzt erstaunlicherweise ganz artig zu, wie er öffentlich von Voggenhuber (und im Grunde auch von Dirk Müller) der Lügnerei bezichtigt wird. Frey scheint das aber keineswegs zu stören, vielmehr wirkt er auf seltsame Weise mit sich zufrieden.

Was man im Zusammenhang mit dieser kleinen inneren Gefechtspause des Eric Frey auch wissen sollte: Am 28. August 2014 verfasste er einen Artikel für den *Standard*, in dem er US-amerikanische Luftschläge gegen die *russischen* Nachschublinien in der Ost-Ukraine forderte. Originell, nicht wahr? Eric Frey schrieb:

»Das [Hinwirken auf eine Änderung der russischen Ukraine-Politik] geht wahrscheinlich nur mit einer weiteren Verschärfung der Sanktionen bis hin zum Abbruch aller Wirtschaftsbeziehungen mit Moskau, sowie mit direkter Militärhilfe für Kiew. Waffenlieferungen, die Stationierung von NATO-Truppen in der Ukraine, bis hin zu US-Luftschlägen gegen Separatistenstellungen und russische Nachschublinien – alle Optionen gehören in diesen Tagen auf den Tisch.«[202]

Das ist offene Kriegshetze. Denn sollte die NATO »russische Nachschublinien«, also Konvois mit russischen Waffen und russischen Soldaten, bombardieren, kann das ganz leicht zum Dritten Weltkrieg eskalieren. Jeder weiß das. Natürlich auch Eric Frey.

Neben Freys Behauptung, die USA hätten keine Interessen in der Ukraine, ist eine andere Ungeheuerlichkeit in der Talkshow die, dass die Moderatorin die offenkundige Geschichtsfälschung Freys den Gästen gegenüber, und gegenüber dem Publikum unkommentiert durchgehen lässt, und es so zulässt, dass der Eindruck entsteht, Frey vertrete eine zwar extreme, aber letztlich doch akzeptable Meinung, obwohl Frey offenkundig die Tatsachen verdreht, was Dirk Müller und Johannes Voggenhuber ja auch deutlich genug kommentieren, Stichwort »Kabarett« und »Geschichtsfälschung«.

Ob Corinna Milborn schlichtweg das Wissen fehlte, um Eric Frey in die Schranken zu weisen, ob es ihr an Durchsetzungsvermögen mangelte, oder ob es eine Regieanweisung gab, den Dingen ihren Lauf zu lassen, sei dahingestellt. In jedem Fall ergibt sich mit Freys Äußerungen eine Analogie zu dem, was man in Deutschland nach 1945 unter dem Begriff »Volksverhetzung« unter Strafe gestellt hat. Das Verbot der Volksverhetzung zielt darauf ab, denjenigen Menschen das Handwerk zu legen, die durch das Schüren von Hass das dumme, uniformierte, unreflektierte, verführbare Volk ins Unglück stürzen. Dieser Sturz des Volkes ins Unglück lässt sich aber auch ohne Schüren von Hass herbeiführen. Der Sturz lässt sich auch durch Lügen bewirken, und durch das Erzeugen einer öffentlichen Verwirrung darüber, was Wahrheit und Lüge ist. Groteskerweise verstärkte sich bei Eric Frey der Eindruck der neudeutschen Volksverhetzung durch seine erregte und aggressive Art, in der er bisweilen spricht, und die an Politiker aus dunkler deutscher Vergangenheit erinnert, deren Namen mir leider entfallen sind.

Johannes Voggenhuber weiter: »In Brüssel nennt man das ganz offen, aber in unserer europäischen Sanftheit: ›Integrations-Konkurrenz‹. Es geht um die Herrschaftsbereiche zweier Mächte. [...]. Und Brzeziński hat ja eine Stelle in seinem Buch, die ich schon einmal spannend finden würde, wenn sie berichtet würde, und er sagt dort [...]: ›Europa ist ein tributpflichtiger Vasall.‹«[203]

Moderatorin Milborn hat also zwei Gäste in ihrer Runde, die über Zbigniew Brzeziński reden wollen, aber sie ignoriert das einfach. Wir kennen das Prinzip von Sandra Maischberger.
    Dirk Müller ergänzt dann J. Voggenhuber: »Wörtlich sagt er [Brzeziński]: ›Der gesamte eurasische Kontinent ist mit amerikanischen Vasallen und tributpflichtigen Staaten übersät.‹«

Eric Frey schweigt weiter.

Johannes Voggenhuber: »Tributpflichtiger Vasall! Und als solcher benehmen wir uns. [...] Wir setzen die globale, die geopolitische Strategie der USA um.«

Die Moderatorin wendet sich dann dem Studiogast *Wolfgang Petritsch* zu, einem österreichischen Südosteuropa-Experten und ehemaligem Botschafter Österreichs in Serbien:

»Herr Petritsch, Sie als Diplomat: Hat die NATO Russland so provoziert, dass sie [die Russen] Härte zeigen mussten? Und stimmt das, was Herr Voggenhuber sagt, dass sich Europa als Vasall der USA benimmt?«

Petritsch, sozusagen Freys Partner im Pro-USA-Duo: »Also, ich würde das jetzt etwas weniger dramatisch sehen. Ich glaube, dass nach 1989, 1991 einfach sehr schwerwiegende Fehler gemacht worden sind, besonders aufseiten Europas, wo man eben nicht erkannt hat, dass man jetzt die einmalige Chance besitzt, so etwas wie ein gesamteuropäisches Sicherheitssystem zu etablieren.«

Frage: Wie naiv muss man sein, um zu glauben, dass all die europäischen Politiker nach der deutschen Wiedervereinigung, der Auflösung des Warschauer Paktes und dem Zerfall der UdSSR angeblich »nicht erkannt« haben, dass jetzt »die einmalige Chance« für Europa besteht? Ganz Europa, Abermillionen Europäer haben in der Zeit zwischen 1989 und 1991 (und etwas danach) gespürt, dass eine Chance für den ganz großen Wandel in Europa besteht. Die international überaus erfolgreiche deutsche Rockgruppe *Scorpions* veröffentlichte im Jahre 1990 mit *Wind of Change* den größten Hit ihrer ganzen Karriere, der genau diese Hoffnung zum Ausdruck bringt. *Wind of Change* schaffte es weltweit in 78 Ländern in die Charts und war im Jahre 1991 das meistgespielte Lied im Radio **weltweit**.[204]

Und jetzt redet Wolfgang Petritsch so, als wolle er den Eindruck erwecken, es hätten »ein paar europäische Politiker« damals den Wind des Wandels nicht gespürt, und in irgendwelchen Hinterzimmern dummerweise eine günstige Gelegenheit nicht klar genug erkannt? Was redet dieser Ex-Diplomat da? Anfang der 90er-Jahre bestand in Europa eine gigantische Chance. *Hunderte Millionen Europäer* haben das gespürt! Aber offenbar haben die europäischen Politiker diese Chance verspielt.

W. Petritsch weiter: »Und da spielen zweifellos amerikanische Interessen – auch wahrscheinlich britische – eine gewisse Rolle, dass man in diese Richtung nicht gegangen ist.«

Aha. Sieh, da. Amerikaner und Briten haben dabei geholfen, den großen Frieden in Europa zu verplempern? Na, super! Das war dann sicher wieder »wohlmeinend«.

W. Petritsch weiter: »Das, glaube ich, war ein schwerer Fehler, damals, die historische Chance nicht zu erkennen, dass man hier eine paneuropäische Friedensordnung hätte errichten können. Ich weiß, im Nachherein sieht man das alles immer viel präziser, aber ich glaub', das muss man einmal feststellen. [...] Was Europa fehlt, ist tatsächlich so etwas wie ein geostrategisches Denken ...«

Damit haben wir einen weiteren Teilnehmer in der Runde, der den Mangel an geostrategischem Denken in Europa beklagt.

Wolfgang Petritsch weiter: »Es ist vieles für uns einfach nicht vorstellbar, es ist auch die Europäische Union natürlich als Friedensprojekt gedacht. [... Aber] mit einer gewissen Naivität geht es da nicht weiter. Wir hätten viel früher schon erkennen müssen, dass wir hier große Herausforderungen haben, und wesentlich längerfristig hätten wir überlegen müssen und planen müssen, und versuchen müssen ...«

Vorausschau ist elementarste Grundfunktion jeder Strategie. Bezeichnenderweise heißt ein US-amerikanischer Think Tank, auf den wir weiter unten noch ausführlich zurückkommen werden, *Stratfor*, was eine Abkürzung für *strategic forecasting* ist, *strategische Vorausschau*. Dass Wolfgang Petritsch versucht, dem Publikum gegenüber den Eindruck zu vermitteln, alle europäischen Außenpolitiker hätten die Bedeutung strategischer Vorausschau oder »längerfristiger Überlegung und Planung« nicht erkannt, ist einfach nur dreist. Einen entsprechenden Verdummungsversuch konnte man aber schon bei John C. Hulsman beobachten, der behauptet, Washington sei von mittelmäßigen Leuten beherrscht, ohne daran zu denken, was *die wirklich erstklassigen Leute* in Washington zeitgleich anstellen.

Die Fähigkeit der Vorausschau ist eine der erforderlichen Kernkompetenzen eines jeden Herrschers. Deshalb gibt es Geheimdienste. Man will wissen, was Gegner und potenziell unzuverlässige Verbündete *in Zukunft* planen (siehe NSA-Skandal). Auch das hatte Sun Tsu vor rund 2500 Jahren klar herausgestellt. Der alte Chinese sagt:

»Wir können uns nicht auf Bündnisse einlassen, solange wir nicht mit den Plänen unserer Nachbarn vertraut sind.«[205]

Andererseits ist klar: Wenn die Dinge weltpolitisch aus dem Ruder laufen, gibt es prinzipiell nur zwei Erklärungsmöglichkeiten: Entweder es war Absicht und geplant, oder aber es waren eben »dumme Fehler«. Das bedeutet: Wer weltpolitische Erklärungsmodelle unter Berücksichtigung geheimer Pläne (siehe Sun Tsu), also auch Verschwörungstheorien, ablehnt, braucht in seinem Welterklärungsmodell unbedingt als Ersatz und Lückenbüßer den Typus des wohlmeinenden, aber leider etwas doofen Politikers, der im falschen Moment die falschen Fehler begeht. Wer entsprechende Diskussionen mit dem Verschwörungstheoretiker-Vorwurf abwürgen will, muss sogleich auch den wohlwollenden, aber doofen Politiker aus dem Hut zaubern. Die Tabuisierung möglicher Verschwörungen und der Archetypus des wohlmeinenden, aber etwas doofen Politikers gehören zusammen wie Schraube und Mutter. Eines allein ergibt einfach keinen Sinn! Der eigentliche Trick bei alledem: Das dumme Volk *ist so dumm*, dass es sich vorgaukeln lässt, seine Politiker seien genauso dumm wie es selbst. Und dann stehen alle zusammen vor einem großen Rätsel, und raten, raten, raten. Und niemand riecht den Braten.

Wolfgang Petritsch weiter: » – und das ist ja auch von Russland durchaus gekommen [zum Beispiel in Putins 2001er-Bundestagsrede], diese Annäherung [beziehungsweise Russlands Bemühung um Annäherung]. Es wurde meiner Meinung nach zu wenig ernst genommen.«

»Früher erkennen«, »wesentlich längerfristiger überlegen und planen« – wir sind wieder beim fehlenden strategischen Denken der Europäer. Was kaum beachtet wird: Der Mangel an strategischem Denken selbst hat enorme strategische Bedeutung. Diese Bedeutung lässt sich gut am Bild des Wachturmes verdeutlichen: Jedes Volk auf diesem Planeten, das ein paar Steine aufeinanderschichten oder ein paar Holzstämme zusammenbinden konnte, hat sich erhöhte Positionen errichtet, von denen aus es frühzeitig herannahende Feinde erkennen konnte. Und was Wachtürme alleine nicht bewerkstelligen konnten, das hat man dann um Spione ergänzt (und hin und wieder auch um Hellseher, Orakel und Astrologen). Der Wunsch, frühzeitig die Absichten potenzieller Gegner zu erkennen, ist so alt wie die Kriegsführung überhaupt!

Bis hierher hatten wir Helmut Schmidt, Johannes Voggenhuber und Wolfgang Petritsch, die auf einen Mangel geostrategischen Denkens in Europa hingewiesen haben. Um zu zeigen, wie weit verbreitet in Kreisen europäischer Intellektueller das Wissen über den Mangel an strategischem Denken in Europa ist, sei noch ein Zitat des französischen Schriftstellers *Yves Lacoste* (geb. 1929) angefügt, das ich aus dem geostrategischen Standardwerk *Das Eurasische Schachbrett – Amerikas neuer Kalter Krieg gegen Russland* (2012) habe. Autor dieses 1200-seitigen Wälzers ist *Bernhard Rode*, der in der Einleitung zu *Das Eurasische Schachbrett* schreibt:

»Zu Zeiten des Kalten Krieges, so meint der französische geopolitische Schriftsteller Yves Lacoste, Herausgeber des politisch-geografischen Magazins *Herodote*, hätte man geopolitische Faktoren ohne Weiteres in den ›Eisschrank‹ legen können. In Deutschland war die geopolitische Wissenschaft als Erklärungsmodell weltpolitischer Vorgänge und des diplomatisch-militärisch-ökonomischen Handelns von Großmächten ohnehin zu einer vergessenen Disziplin geworden.

Seit dem Fall der Berliner Mauer und der Implosion des Sowjetreichs aber gewinnt diese Dimension [in Fachkreisen] erneut an Bedeutung. Insoweit – so Lacoste – sei nunmehr von einer Wiedergeburt der Geopolitik zu sprechen – die sich mittlerweile bereits in außerordentlichem Maß zur (alleinigen) Handlungsmaxime der großen Mächte entwickelt hat.«[206]

Aus deutscher Perspektive bedeutet das allerdings: Eine vergessene Disziplin lässt sich nicht von heute auf morgen wiederbeleben. Die intellektuelle Elite muss sich erst wieder von Neuem mit dem Thema befassen, einzelne Köpfe der Elite müssen sich als kompetente Geostrategen etablieren, etwa indem sie viel beachtete Bücher schreiben, und erst danach können sie in der breiteren Öffentlichkeit eine Art Umdenken bewirken. Das alles dauert Jahre.

Was in Deutschland im Jahre 2015 leider nur möglich ist, ist, auf geostrategische Koryphäen wie den US-Amerikaner Zbigniew Brzeziński zu verweisen. Wird einem dann aber dazwischengequatscht oder das Wort abgeschnitten, ist in Sachen geostrategischer Diskussion schnell der Endpunkt erreicht. Medienpolitisch betrachtet fehlt hierzulande ein *anerkannter deutscher Geostratege,* in dessen Gegenwart es Journalisten wie Eric Frey einfach nicht mehr wagen, rotzfrech durchschaubare Pseudokonstrukte in den Raum zu werfen. Fehlende geopolitische Forschung und fehlende geopolitische Lehre an deutschen und mitteleuropäischen Universitäten ermöglichen erst eine allgemeine öffentliche Verwirrung über geostrategische Fragen.

Wer nicht geostrategisch denkt, für den muss die Außenpolitik der USA ein Rätsel bleiben. Und wenn die Außenpolitik der USA ein Rätsel bleibt, bleibt auch die Außenpolitik Russlands ein Rätsel. Und es bleibt folglich ein Rätsel, *was Putin denn am Ende wirklich will.*

Kehren wir noch einmal zurück zu obigem Streitgespräch in dem österreichischen Fernsehstudio. An irgendeinem Punkt beginnt Eric Frey wieder das Anti-USA-Duo zu attackieren:

»Es ist sehr auffallend – bei beiden von Ihnen [Müller und Voggenhuber]: Die einzige Person, die Sie bisher zitiert haben, ist der Herr Brzeziński, der seit 25 Jahren und länger KEINE politische Rolle mehr spielt. [Zwischenruf Müller: ›Unsinn!‹ Frey erwidert dann auf Zwischenruf:] Brzeziński ist kein Obama-Berater, Brzeziński war ein [US-Präsident] Carter-Berater. Das ist schon ziemlich lange her.«

Zur Erinnerung: Zwei Monate *nach* dieser Sendung saß Zbigniew Brzeziński im US-Senat, um dort seine Lageeinschätzung zu Bedrohungen der nationalen Sicherheit der USA abzugeben. Während dieses Hearings beschrieb Brzeziński auch kurz eine Szene, die sich unmittelbar nach den Terroranschlägen vom 11. September 2001 ereignete, als die oberste US-Regierungsspitze zusammentraf, um über Amerikas militärische Reaktion zu beraten. Brzeziński:

»Ich erinnere mich, dass ich zusammen mit Brent [Scowcroft] und Henry Kissinger in die Beratungssitzung hereingerufen wurde, in der die grundlegende Entscheidung getroffen wurde. Natürlich waren wir nicht unmittelbar an der Entscheidung beteiligt, aber – nun ja – wir konnten dazu [durchaus] etwas sagen.«[207]

Vereinfacht gesagt: Entweder täuscht Eric Frey weltpolitische Kompetenz vor und hat in Wahrheit keinerlei Ahnung, oder er sagt wissentlich und vorsätzlich die Unwahrheit.

Nach Freys Versuch, Brzeziński kleinzureden, erfolgen Zwischenrufe von Dirk Müller und Johannes Voggenhuber, Brzeziński habe auch Obama beraten (was stimmt, siehe hier[208]), Frey lügt erneut, natürlich vorausgesetzt, er weiß, dass Zbigniew Brzeziński kurzzeitig Barack Obamas Berater war.

So weit einige Schlüsselsequenzen aus dem *Puls 4 News-Talk* vom 24. November 2014 als letztes Beispiel für den Umgang mit Fragen zur US-Geopolitik in unseren meinungsprägenden Massenmedien.

Einwegware Talkshow

Talkshows haben bisweilen recht hohe Einschaltquoten, doch sie gelten letztlich als Alltagskultur, und man misst ihnen keine große Bedeutung zu. Sie gelten als geistige Einwegware. Das liegt sicher auch daran, dass es für den Medienkonsumenten jahrzehntelang nicht möglich war, Fernsehsendungen aufzunehmen und zu archivieren. Fernsehen war bis vor Kurzem ein extrem flüchtiges Medium und eine völlig andere Kategorie als ein Buch.

Mit dem schnellen Internet hat sich das aber geändert. Jetzt kann man über das Internet Filme dauerhaft speichern und jederzeit abrufen. Dadurch erhalten auch scheinbar banale Fernseh-Talkshows einiges vom langlebigen Charakter der Bücher, insbesondere dann, wenn man in diesen Sendungen gewisse Dinge erst bei mehrmaligem Sehen erkennt.

Die oben behandelten drei Sendungen – der *Puls 4 News-Talk*, die *Phoenix-Runde*, das Schmidt-Interview, aber auch die Podiumsdiskussion der *Montagsgesellschaft* bieten ein vortreffliches Abbild des Niveaus der öffentlichen außenpolitischen Debatte im deutschsprachigen Raum und des Zerfalls demokratischer Kultur, der sich im wahrsten Sinne des Wortes vor unser aller Augen abspielt.

Fassen wir noch mal die hervorstechendsten Punkte zusammen:

- ein bisweilen nur ideologisch erklärbares Nicht-sehen-Wollen, wenn es um potenziell gefährliche und durchaus misstrauenswürdige Aspekte der US-Außenpolitik geht,

- dreiste Tatsachenverdrehungen und Vernebelungsmethoden hinsichtlich der US-Außenpolitik wie im Falle Eric Freys und John C. Hulsmans,
- das Abwürgen der Diskussion, wenn eine mögliche US-Geostrategie am Beispiel eines bedeutenden amerikanischen Geostrategen wie Z. Brzeziński erörtert werden soll,
- das sowohl von Amerika-Kritikern als auch von Amerika-Verstehern beklagte Fehlen geostrategischen Denkens in Deutschland und
- das Verharmlosen des flächendeckenden Versagens der europäischen Politiker angesichts der Friedenschance nach dem Zusammenbruch der UdSSR und des Warschauer Paktes, welches sich nur durch die totale Unfähigkeit der politischen Klasse in der EU und/oder eine verdeckte Einflussnahme der USA bzw. der angelsächsischen Mächte erklären lässt.

Was sich ohne jeden Zweifel nachweisen lässt – und es gibt natürlich noch mehr solcher Beispiele –, ist, dass sich die etablierten Massenmedien und Vertreter der USA massiv und flächendeckend einer substanziellen und hartnäckigen Hinterfragung der US-Außenpolitik und der geostrategischen Interessen der USA verweigern.

Globale Dominanz – die Geostrategie der USA

Lassen wir nun das mitteleuropäische Meinungswirrwarr in Sachen US-Geostrategie hinter uns, und kommen wir zum Eigentlichen: zur weltpolitischen Lageeinschätzung in den USA selbst, und zur dortigen Beurteilung der Rolle Russlands und Wladimir Putins.

Selbstverständlich gibt es auch in der US-Elite unterschiedliche Auffassungen in einzelnen geostrategischen Punkten, und diese Auffassungen könnten morgen oder in ein paar Jahren auch andere sein, als heute. Nichtsdestotrotz gibt es innerhalb der politischen Elite der USA eine Basis gemeinsamer Nenner. Einer dieser gemeinsamen Nenner ist ganz klar der Wunsch nach Aufrechterhaltung der globalen Vorherrschaft der USA. Weltmacht Nummer eins zu sein ist Teil des US-amerikanischen Selbstverständnisses und macht einen Großteil der amerikanischen Identität und ihres Stolzes aus. Nicht umsonst sprach Barack Obama im September 2013 bei den Vereinten Nationen und vor laufender Kamera vom »außergewöhnlichen« Volk der USA.[209]

Sicher, man kann den USA zugutehalten, dass unter ihrer Vorherrschaft Europa nicht vom Kommunismus überrannt wurde, und es nach 1945 zu keinem weiteren Weltkrieg gekommen ist, obwohl sich auch darüber streiten ließe, ob Letzteres wirklich ein Verdienst der USA war, oder ganz einfach pures Glück. Schließlich ist die Welt im Jahre 1962 bei der Kuba-Krise und 1983 beim NATO-Manöver *Able Archer* nur knapp an einem Atomkrieg vorbeigeschrammt. Keiner kann sagen, ob der Kalte Krieg, wenn er nicht 40 Jahre, sondern 60 gedauert hätte, zwangsläufig in einem Atomkrieg geendet hätte. Und eben das ist auch das Problem beim Kalten Krieg 2.0: Er könnte die Kette von Beinahe-Dritte-Weltkriegen fortsetzen, bis es dann einmal tatsächlich militärisch auf ganz großem Niveau kracht.

Die Kriege in Afghanistan und im Irak haben gezeigt, dass die USA bereit sind, Krieg in andere Länder hineinzutragen und »notfalls« auch die Weltöffentlichkeit zu belügen. Folglich fragt sich ganz grundsätzlich, wie sehr die USA zu lügen bereit wären und wie viele Menschenleben sie zu opfern bereit wären, um ihre globale Vormachtstellung zu verteidigen, wenn diese ernsthaft herausgefordert würde. Wie groß könnten die Kriege werden, die die USA zum Erhalt ihrer globalen Vorherrschaft in Kauf nehmen?

Es versteht sich von selbst, dass es auf diese Frage weder vonseiten der US-Administration noch von regierungsnahen Personen und Organisationen eine befriedigende Antwort geben wird. *Keine Regierung der Welt* würde öffentlich über so weitreichende und potenziell so folgenschwere Pläne reden. Keine Regierung, aber manchmal Personen, die sich in Sachen Regierungspolitik gut auskennen, wie beispielsweise der US-Amerikaner *George Friedman*.

George Friedman – Stichwortgeber der Kreml-Propaganda

Hin und wieder gibt es Personen, die Einblick in die längerfristige Strategie einer Regierung gewähren oder vorgeben, es tun zu können, auch wenn diese Strategie höchst brisant ist, um es einmal vorsichtig auszudrücken. Natürlich gehören solche Personen nicht der Regierung selbst an, sonst wären sie schnell ihren Job los und eventuell noch einiges mehr, noch gehören diese Personen den Parteiapparaten an, oder bekommen ihr Gehalt aus den Geldtöpfen des Staates.

Solche Insider zeichnen sich zwangsläufig durch eine gewisse Entfernung zum Regierungsapparat aus. Ein solcher (angeblicher) Kenner der US-Strategie von außerhalb der amtierenden Regierung ist *George Friedman*. George Friedman, 1949 in Budapest als Sohn jüdischer Eltern geboren, ist Gründer und Chef des US-amerikanischen Think Tanks *Stratfor*. Stratfor – das wurde schon erwähnt –, steht für *strategic forecasting*, also strategische Prognose und Vorausschau. Wie wir weiter unten noch von anderen Strategen erfahren werden, ist die *Vorausschau* ein, wenn nicht gar *der* Kernaspekt der Geostrategie.

George Friedmans Think Tank verfügt nach allem, was bekannt ist, über beste Kontakte zu US-Geheimdiensten, und Stratfor wird in den Medien gern als »Schatten-CIA«[210] oder »privater CIA« bezeichnet. Nichtsdestotrotz wurde Stratfor am 26. Dezember 2011 selbst Opfer eines Hacker-Angriffs, bei dem fünf Millionen E-Mails kopiert und dann Anfang 2012 auf der Enthüllungsplattform *WikiLeaks* veröffentlicht wurden. Friedman und Stratfor reagierten auf den Hacker-Angriff recht einsilbig, bestritten im Wesentlichen aber nicht die Echtheit des gestohlenen Materials. Aus den veröffentlichten Mails geht hervor, dass unter anderem folgende US-Unternehmen und -Behörden zu Stratfors Kunden zählen: *Lockheed Martin* (US-Rüstungs- und Technologiekonzern, 115 000 Mitarbeiter), *Northrop Grumman* (US-Rüstungskonzern, 120 000 Mitarbeiter), *Raytheon* (US-Rüstungs- und Elektronikkonzern, 70 000 Mitarbeiter), *Dow Chemical* (umsatzmäßig der zweitgrößte Chemiekonzern der Welt, 10 000 Beschäftigte), die US-Regierungsbehörde *Department of Homeland Security*, die *US Marines* und die *DIA (Defense Intelligence Agency)*, ein militärischer Nachrichtendienst für Army, Navy, Air Force und Marine Corp).[211] Stratfor verfügt also über hervorragende Kontakte, ja Verflechtungen zum geheimdienstlich-militärisch-industriellen Komplex der USA. Laut *Handelsblatt* hat Stratfor 30 000 Kunden, zu denen »US-Militärs und Hedgefonds-Manager, hohe Politiker und internationale Konzerne« zählen.[212]

Diese überaus finanzkräftige, einflussreiche und in vielen Bereichen hochkompetente Kundschaft Stratfors gilt es im Hinterkopf zu behalten, wenn George Friedman sich gelegentlich zu sehr in der Rolle des Zukunftsorakels verliert und sich zu falschen geopolitischen Prognosen hinreißen lässt. So prophezeite Friedman 1991 noch in jüngeren Jahren in seinem Buch *Der kommende Krieg mit Japan* einen Krieg zwischen den USA und Japan, und im Jahre 2009 sagte Friedman der Türkei einen Aufstieg voraus, der dem des Osmanischen Reiches ähnelt.

Offenbar haben George Friedmans bisweilen gewagte politische Prognosen aber so gut wie gar keinen negativen Einfluss auf das Beratungsgeschäft von Stratfor selbst. Inwieweit sich Stratfor von Friedmans Fehlern abgrenzt, George Friedman selbst inzwischen dazugelernt hat, oder ob seine Prognosen im Falle der US-Politik – und um diese geht es nachfolgend – infolge von Insiderkenntnissen zuverlässiger sind, bleibt so weit unklar.

Am 3. Februar 2015 jedenfalls hat George Friedman vor dem *Chicago Council on Global Affairs*, ebenfalls ein US-Think-Tank mit geopolitischer Ausrichtung und ebenfalls kein ganz Unbekannter, eine Rede gehalten, in der er die grundlegende Strategie der USA offenlegt – jedenfalls so, wie er sie versteht. Später werden wir sehen, – und dies ist ein entscheidender Punkt –, dass sich Friedman in wesentlichen Punkten seiner Analyse mit anderen angelsächsischen Geostrategen deckt, und darüber hinaus auch mit **Wladimir Putin**, was logischerweise sehr dafür spricht, dass George Friedman in seinen Aussagen zur US-Geopolitik ernst zu nehmen ist.

Die politische Bedeutung des *Chicago Councils* wiederum, der sich George Friedman als Bühne anbot, kann man grob an den Rednern ablesen, die dort bisher ihren Auftritt hatten. Im April 2007 beispielsweise hielt dort ein gewisser *Barack Obama* eine Rede, und im Februar 2015 eine gewisser *Jeb Bush*, ein jüngerer Bruder von Ex-Präsident *George W. Bush*. Barack Obama und Jeb Bush befanden sich zum jeweiligen Zeitpunkt im Wahlkampf für das Amt des Präsidenten der Vereinigten Staaten. Wäre der *Chicago Council* also *keine* empfehlenswerte Adresse für einen US-Präsidentschaftskandidaten, hätten sowohl die Wahlkampfberater der Demokraten (Obama) als auch der Republikaner (Jeb Bush) von einer Rede an diesem Ort abgeraten.

Vom Renommee des *Chicago Council* lässt sich wiederum auf den Status zurückschließen, den George Friedman derzeit in den USA genießt. Er ist keinesfalls irgendwer, und Versuchen, ihn so wie im Falle Zbigniew Brzeziński kleinzureden, würde offenkundig etwas von Realitätsverweigerung anhaften. Wobei Friedman aber längst nicht die Klasse Brzezińskis zu haben scheint.

George Friedman legte am 3. Februar 2015 im *Chicago Council* die grundlegende Strategie der USA offen –, beziehungsweise das, was er dafür hält: Und zwar nicht nur die Geostrategie der aktuellen oder der letzten US-Regierungen, sondern praktisch *sämtlicher* US-Regierungen der USA seit Ende des 19. Jahrhunderts! Kurz: Friedman griff in seiner Rede auf der renommierten Plattform des *Chicago Council* ganz tief in die Kiste mit den »geostrategischen Märchen«, um es einmal mit den Worten Eric Freys zu sagen.

Ein weiterer wichtiger Aspekt der Friedman-Rede ist, dass sie vom *Chicago Council* offiziell gefilmt und dann umgehend (4. Februar 2015) auf *YouTube* gestellt worden ist.[213] Die prompte Veröffentlichung ist deshalb so wichtig, weil der Leser im Nachfolgenden glauben könnte, die Rede sei verbotenerweise von jemandem heimlich mitgeschnitten worden. Dem aber ist nicht so. George Friedman und das *Chicago Council* wollten offenkundig, dass die Rede weite Verbreitung findet! Und das hat sie dann auch.

Einen Keil treiben zwischen Deutschland und Russland

In seiner Rede sagt George Friedman klipp und klar – und als Deutscher traut man im ersten Moment seinen Ohren nicht –, dass es seit inzwischen rund 100 Jahren »das primäre geostrategische Interesse der USA ist, zu verhindern, dass Deutschland und Russland wirtschaftlich und politisch einen gemeinsamen Block bilden«, weil nur diese beiden Staaten zusammen in der Lage wären, den USA ihre globale Vormachtstellung streitig zu machen.

Sie haben richtig gelesen: Deutschland ist seit 100 Jahren die Hälfte des geostrategischen Hauptproblems der USA. So George Friedman. Und als er das sagt, hört man aus der amerikanischen Zuhörerschaft auch keinerlei Grummeln oder einen anderen Laut der Überraschung. Im Gegenteil: Neben Friedman steht nach der Rede und während der Beantwortung der Fragen aus dem Publikum ein Mitglied des *Chicago Council* namens *Nick Brand*, der in fast schon andächtiger Haltung das Publikum im Auge behält und sehr zufrieden, ja geradezu festlich dreinschaut, so als wohne er der Vermählung seiner Lieblingstochter bei. Überhaupt trug George Friedman seine Rede in einer intimen, mitunter heiteren Atmosphäre vor, die auf einen Europäer wirkt, als käme sie von einem anderen Stern. Eine derartige emotionale Distanz zu Europa würden wir Europäer eigentlich nur von Kämpfern der ISIS oder von chinesischen Partei-Apparatschiks erwarten. Aber die Sache fand in Chicago statt. Mitten im Land unserer lieben Freunde und weltbesten Verbündeten.

Und wir sprechen hier keinesfalls nur von der US-Geostrategie der Vergangenheit, also Erstem und Zweitem Weltkrieg, nein, wir spre-

Abb. 14: Nick Brand und George Friedman am 3. Februar 2015 im Chicago Council unmittelbar nach Beendigung der Rede.

chen insbesondere und gerade auch von der Gegenwart, und was es noch spannender macht: *von der Zukunft der US-Geostrategie!* So jedenfalls George Friedman (siehe unten).

Das vielleicht Verblüffendste an Friedmans Rede, insbesondere für deutsche Ohren, ist, dass George Friedman den großen Anspruch der USA nach einer Demokratisierung der Welt, als Täuschungsmanöver entlarvt! Denn Friedmans Logik nach, würde aus einer »echten« Demokratisierung Russlands zwangsläufig ein blühender europäisch-russischer Wirtschaftsraum entstehen, der sowohl der deutschen als auch der russischen Wirtschaft enormen Aufschwung bescheren würde, *und damit die Weltdominanz der USA bedrohen könnte.*

Hätte Russland das politische System, das der Westen von ihm will, gäbe es für den Westen keinen Grund mehr, Barrieren gegenüber Russland zu errichten, seien es militärische Barrieren, wirtschaftliche, politische oder über die Massenmedien, indem man ein Feindbild Russland erzeugt.

Das primäre Ziel der US-Außenpolitik aber – so George Friedman – ist gerade die Verhinderung einer erfolgreichen wirtschaftlich-strategischen deutsch-russischen Kooperation. In diesem Sinne ist Wladimir Putin für die USA geradezu ein echter Glücksfall, und der neue Ost-West-Konflikt passt wunderbar ins Konzept. Ein »Bösewicht und Streithammel« wie Wladimir Putin wäre geradezu zwingend logisch. Wie sonst wollte man einen Keil treiben zwischen Russland und Europa?

Sehen wir uns also an, was George Friedman im *Chicago Council* so alles konkret sagt. Wenn ich nachfolgend von *Rede* spreche, so bezieht sich das hauptsächlich auf Antworten Friedmans, die er nach der eigentlichen Rede auf Fragen aus dem Publikum gab. In diesen Antworten sind die eigentlichen Hammer verborgen. In der vorausgehenden Rede skizziert Friedman eine Zukunft Europas, die mehr oder weniger von Kriegen und dauerhaftem Niedergang geprägt sein soll. Insofern passen Rede und spätere Antworten in ein und dasselbe Paket.

Als George Friedman nach seiner Rede über die traurige Zukunft Europas von einer Person aus dem Publikum gefragt wurde, ob der internationale Terrorismus für die USA eine ernsthafte Bedrohung darstelle, verneinte Friedman das und sagte:

»Das primäre Interesse der Vereinigten Staaten über Jahrhunderte hin, in denen wir Krieg führten, im Ersten [Weltkrieg], Zweiten [Weltkrieg] und im Kalten Krieg, waren die Beziehungen zwischen Deutschland und Russland. Denn vereinigt sind sie die einzige Macht, die uns [ernsthaft] bedrohen könnte – und sicherzustellen, dass es nicht dazu kommt.«

Es geht hier wie gesagt nicht um Deutschland und/oder Russland jedes für sich genommen, sondern um *deren Beziehungen!* Es geht um die *US-amerikanische Kontrolle der deutsch-russischen Beziehungen!* Es geht um eine Einflussnahme auf diese Beziehungen dahingehend, dass sie entweder zu keiner Freundschaft, oder »besser« noch: zur *Feindschaft* werden. Das ist wohlgemerkt nicht meine persönliche Deutung oder Meinung, sondern das ist das, was George Friedman sagt. Anders ausgedrückt: George Friedman zufolge ist es seit 100 Jahren das primäre Ziel der US-Außenpolitik, *Misstrauen und Feindseligkeiten zwischen Deutschland und Russland zu schüren.*

Das Säen von Feindschaft

Dieses Säen von Feindschaft zwischen Deutschen und Russen kann natürlich nur dann zum Ziel führen, wenn es gelingt, einen Teil der jeweils deutschen oder russischen *Elite* davon zu überzeugen, dass man der anderen Seite misstrauen muss. Es muss nicht nur »irgendwie« Feindschaft gesät werden, sondern die Saat muss auch bei den richtigen Leuten, bei einer genügend großen Anzahl von Entscheidungsträgern in Politik und Massenmedien in Deutschland und Russland aufgehen. Und diese einflussreichen Entscheidungsträger dürfen zudem nicht erkennen, dass sie benutzt werden. Das ist das Problem. Die Herausforderung liegt darin, eigentlich intelligente Leute so zu manipulieren, dass sie es nicht merken. Das erreicht man über die Ausnutzung psychologischer Momente: über das Ausnutzen mangelnder Selbstreflexion infolge eitler Selbstüberschätzung (die bei hochintelligenten Menschen ziemlich weit verbreitet ist), über die Manipulation der Gefühle und vor allem über die Manipulation des Glaubenssystems. Die Nazis beispielsweise hätte man – entsprechend dieses Deutungsschlüssels –, glauben machen müssen, die Germanen seien den Slawen »rassisch« überlegen. Da fühlt sich so ein Nazi doch gleich viel besser, überlegen, ja auserwählt. Und hat sich dieser Nazi lange genug in diesem Gefühl des Auserwähltseins gesuhlt, und ist es ihm zum zweiten Ich geworden, wagt er auch nicht mehr in die Tiefen des Gewöhnlichseins herabzusteigen – und sitzt in der Falle. Der Köder war sein Ego.

Was George Friedman da im *Chicago Council* ausspricht, ist folglich auch eine lupenreine Steilvorlage für jeden russischen Verschwörungstheoretiker! Denn natürlich ist nach Friedmans Aussagen in Betracht zu ziehen, dass Hitler und Stalin letztlich *nur Marionetten* einer perfiden amerikanischen (oder angelsächsischen) Strategie waren.

George Friedman weiter: »Wir sind ein sehr junges Imperium. Wir wollen noch nicht einmal daran denken, dass wir ein Imperium sind. Wir wollen nach Hause gehen und libertäre Träume haben. So läuft das aber nicht.
Doch wir [das amerikanische Volk] brauchen eine sehr lange Zeit, um erwachsen zu werden. George Bush hatte keinerlei Ahnung, dass es in seiner Präsidentschaft um 9/11 geht. Er wusste nicht, wie er reagieren sollte, ebenso wenig seine Kritiker. Barack Obama hat entschieden, dass er sich alles wegwünschen kann. Wenn er nett sein würde, würden sie [die Feinde Amerikas] ihn schon nicht [mit einer Bombe] hochjagen.
Wir müssen ein Regierungsmuster erarbeiten, das eine amerikanische Republik in Einklang bringt mit etwas, dass sie nie sein wollte [ein Imperium eben]. [...]«

Das leuchtet ein: Wie können die USA langfristig ein Imperium bleiben, und gleichzeitig überall, wo sie gehen und stehen, von »Demokratie« und »Selbstbestimmungsrecht der Völker« schwatzen? Das dürfte irgendwann schwierig werden. George Friedman spricht es zwar nicht offen aus, und es ist womöglich eine Unterstellung, doch er klingt so, als wollte er seinen Zuhörern klarmachen, dass sich das amerikanische Volk von seinem Glauben an die Demokratie verabschieden müsse, jedenfalls von der Demokratie in den Ländern, die die USA kontrollieren. Kein Imperium kann auf Dauer den netten Onkel spielen. Sorry folks.

»Die USA haben ein fundamentales Interesse: Sie kontrollieren alle Ozeane der Welt. Keine andere Macht hat das bisher geschafft. Aus diesem Grund sind wir in der Lage, andere Ländern zu überfallen, aber sie können das nicht bei uns. Das ist eine sehr schöne Sache. [An dieser Stelle gönnt George Friedman sich und seinen Zuhörern eine vergnügt-ironische Mimik.]
Die Grundlage unserer Macht ist [die Fähigkeit], die Kontrolle über die Ozeane und den Weltraum aufrechtzuerhalten.
Der beste Weg, eine feindliche Flotte zu besiegen, ist zu verhindern, dass diese überhaupt gebaut wird. Die Briten haben sichergestellt, dass keine andere europäische Macht eine Flotte baut, indem sie sichergestellt haben, dass die Europäer sich gegenseitig an die Kehle gehen.«

Daraus ließe sich folgern: *Großbritannien* hat den Ersten Weltkrieg angezettelt, um zu verhindern, dass das Deutsches Reich als aufsteigende kontinentale Landmacht auch noch Seemacht wird. Und zu diesem Kriegs-Anzetteln gehörte natürlich auch die Provokation einer russisch-deutschen Feindschaft. So die Logik Friedmans.

Wirtschaftskrieg als Vorphase echten Krieges

Der Flottenbau des deutschen Kaiserreiches bis 1914 steht symbolisch für das industrielle Potenzial eines möglichen Feindes. Ob es nun um Flotten, Panzerarmeen, die Luftwaffe, Atom- oder Weltraumwaffen geht, ist letztlich egal.

Friedman empfiehlt, lange bevor es zum Krieg kommen kann, die Wirtschaft des Feindes zu ruinieren. Sei es, dass man ihn in einen Krieg gegen einen Dritten treibt, oder die Wirtschaft auf andere Weise Richtung Abgrund drückt.

»Die Politik, die ich empfehlen würde [für das *deutsch-russische Problem*, siehe unten], ist die, die Ronald Reagan im Iran und Irak angewandt hat. Er unterstützte beide Seiten, um beide gegeneinander und nicht gegen uns kämpfen zu lassen (Iran-Irak-Krieg 1980–88). Das war zynisch, sicherlich nicht moralisch, aber es hat funktioniert.«

Ganz offen und unverblümt empfiehlt George Friedman, das Leben von Tausenden, ja notfalls Millionen (im ersten Golfkrieg zwischen dem Irak und Iran gab es insgesamt etwa eine Million Tote) auf dem Altar der globalen Vorherrschaft der USA zu opfern. So weit, so schlecht.

Noch bizarrer wird es mit Friedmans anschließenden Aussagen, in denen er die Idee der frühzeitigen Feindesschwächung auf das »größte strategische Problem« der USA anwendet, also die deutsch-russischen Partner- oder Freundschaft: Friedman kaschiert das im Folgenden nur insofern, als er nicht ausdrücklich von *Deutschland* und *Russland* spricht, sondern von »*Eurasien*«. Aber da er China nirgends in seiner Rede erwähnt, ist klar, wen er meint: Deutschland und Russland.

Friedman also: »Darauf kommt es an: Die Vereinigten Staaten sind nicht in der Lage, **Eurasien** zu erobern.«

Eurasien gilt in der Geostrategie als der Schlüssel zur Weltherrschaft. Diese Bedeutung Eurasiens ist keine Entdeckung Friedmans, sondern wurde schon vor Jahrzehnten von Zbigniew Brzeziński und anderen betont. Geostrategen sprechen davon seit rund 100 Jahren (siehe unten).

»In dem Moment, in dem wir den ersten Stiefel [dort in Eurasien] auf den Boden setzten, wären wir allein schon demografisch vollkommen unterlegen. Wir können [zwar] eine Armee besiegen, wir sind aber nicht in der Lage, ein ganzes Land wie den Irak [dauerhaft] zu besetzen. [...] Aber wir haben die Möglichkeit – erstens –, verschiedene Kräfte zu unterstützen, mit politischer Unterstützung, etwas wirtschaftlicher Unterstützung, militärischer Unterstützung, Berater, – und im Extremfall das zu tun, was wir in Japan gemacht haben, in Vietnam, im Irak und in Afghanistan [...].«

Bevor es zum Äußersten kommt, dem direkten militärischen Angriff auf ein anderes Land, versucht Amerika – so Friedman –, dieses erst einmal mit anderen Mitteln klein zu bekommen. Entweder, in dem man die widerspenstige Regierung durch innere Gegner schwächt, etwa Unruhen anzettelt, oder indem man äußere Feinde für seine Zwecke instrumentalisiert.

Friedman weiter: »Vergegenwärtigen Sie sich die Struktur von Europa. Ziehen Sie eine Linie von St. Petersburg nach Rostow [Rostow am Don, eine Million Einwohner, am Nordostrand des Schwarzen Meeres]. Im Westen davon ist die europäische Halbinsel [Mitteleuropa plus Skandinavien, die Iberische Halbinsel, Italien und der Balkan], östlich davon liegt Russland. Niemand hat Russland bisher dauerhaft besetzen können. Aber Russland hat sich immer Richtung Westen bewegt. [...] Die Grenzlinie ist ungefähr [die Grenze] zu den baltischen Staaten, Weißrussland und zur Ukraine.
Die Frage, die sich für Russland momentan [Februar 2015] am dringendsten stellt, ist: Kann es [gegen die NATO] eine Pufferzone aufrechterhalten, die wenigstens neutral ist, oder wird sich der Westen so weit in der Ukraine einmischen, dass es [für die NATO] nur noch wenige Meilen bis Stalingrad sind, und nur noch 300 Meilen bis Moskau? **Für Russland ist die** [derzeitige] **Lage in der Ukraine eine existenzielle Bedrohung.**«

Genau das ist es, was auch Wladimir Putin auf der Pressekonferenz am 18. Dezember 2014 gesagt hat. Zur Erinnerung:

»Es geht nicht um die Krim, sondern darum, unsere Unabhängigkeit zu verteidigen, unsere Eigenständigkeit und unser Recht, zu existieren.«[214]

Und Russland wird womöglich nicht so lange warten, bis die NATO unmittelbar an der russischen Westgrenze ein für Russland wirklich bedrohliches Militärpotenzial aufgefahren hat.

George Friedman weiter: »Und die Russen können [in diesem Falle] den Dingen auch nicht einfach ihren Lauf lassen.«

Damit kommt Friedman erneut zum selben Ergebnis wie Wladimir Putin. Formal gesehen lässt George Friedman an dieser Stelle zwar offen, wodurch konkret Russland bedroht wäre, würde die NATO 300 Meilen (rund 500 Kilometer) vor Moskau stehen. Aber es liegt auf der Hand, dass sich dadurch Russlands Ausgangslage in einem Krieg mit der NATO dramatisch verschlechtern würde. Je näher die NATO der russischen Grenze käme, desto kleiner würde für Russland die Vorwarnzeit im Kriegsfall. Also müsste Russland »zur Not« irgendwann präventiv reagieren, bevor die NATO bis an die Zähne bewaffnet vor Russlands Haustüre steht. Aus Sicht der unbedarften europäischen Bürger würde Russland in einem entsprechenden Präventivschlags-Szenario urplötzlich und aus heiterem Himmel im großen Maßstab zuschlagen. Und diese mögliche Reaktion Russlands ist selbstverständlich auch den amerikanischen Geostrategen klar. Folglich liegen sowohl in Washington als auch in Moskau schon seit geraumer Zeit Pläne in der Schublade, die Szenarien beschreiben, in denen Russland urplötzlich einen großen Präventivkrieg startet, und zwar nicht gegen irgendein kleines Land, sondern gegen die NATO insgesamt, hauptsächlich natürlich in Europa. Man ist ja schließlich direkter Nachbar!

Natürlich ist ein russischer Präventivschlag gegen Westeuropa nur eines von vielen möglichen Szenarien, aber als strategischer Befreiungsschlag ist diese Option offensichtlich, und jeder etwas qualifizierte Militär weiß das auch. Wenn wir also von der Möglichkeit eines Dritten Weltkrieges sprechen, sprechen wir auch ohne jeden Zweifel von der Möglichkeit, dass dieser Krieg mit einem *überraschenden*, womöglich zunächst noch konventionellen *Präventivschlag* der Roten Armee gegen Mittel- und Westeuropa beginnt. Russland würde sich vermutlich nicht sehenden Auges restlos von der NATO einkreisen lassen.

Wenn George Friedman sagt: »Für Russland ist die Lage in der Ukraine eine existenzielle Bedrohung«, so deutet er damit ganz offen an, dass der Ukraine-Konflikt das Potenzial zur ganz großen Explosion hat.

Friedman weiter: »Für die USA gilt für den Fall, dass Russland an der Ukraine festhält, [dass wir uns fragen:] Wo wird es [Russland] dann aufhören?

Insofern ist es kein Zufall, dass General Hodges [seit November 2014 Oberbefehlshaber der US-Landstreitkräfte in Europa], den man [in den USA] dazu auserkoren hat, die Kritik für all das einzustecken, davon spricht, **vorsorglich Truppen in Rumänien, Bulgarien, Polen und im Baltikum zu stationieren.** Diese Regionen sind das sogenannte ›Inter-Marium‹, also das Gebiet zwischen dem Schwarzen Meer und der Ostsee [...]. Dies ist [auch] für die USA die [bevorzugte] Lösung.«

Was wird Deutschland tun?

Friedman weiter: »Das Problem, auf das wir bisher noch keine Antwort haben, lautet nun: Was wird Deutschland tun – die große Unbekannte in Europa [the real wild card in Europe]? Nachdem die USA diesen ›Sicherheitsgürtel‹ – zwar nicht in der Ukraine, aber in den Nachbarstaaten des Westens – aufgebaut haben, während Russland weiterhin nach Zugriff auf die Ukraine strebt. Wir kennen die deutsche Position nicht.«

Dass das Weiße Haus und die NSA Anfang 2015 nicht wissen, was Deutschland beziehungsweise die deutsche Regierung will, klingt wie ein schlechter Witz, schließlich spioniert die NSA seit Jahren flächendeckend die gesamte elektronische Kommunikation in Deutschland aus. Es ist bekannt, dass die NSA das Handy von Angela Merkel und die elektronische Kommunikation anderer Regierungs- und Kabinettsmitglieder ausspioniert hat. Und außer Zusicherungen aus den USA, dies in Zukunft zu unterlassen, gibt es nichts, was dafür spricht, dass sich daran tatsächlich etwas geändert hat.

Wie also passt dieser Spionageeifer der Amerikaner mit der Behauptung zusammen, sie wüssten nicht, was im Kanzleramt vor sich geht? Angela Merkel wird geostrategisch so folgenreiche Entscheidungen nicht im Alleingang fällen, sondern sich über längere Zeit mit anderen Politikern abstimmen. Da dürfte es für die NSA einen ganzen Berg an elektronischer Kommunikation auszuspionieren geben. Und dennoch soll man in den USA darüber rätseln, welche Position die deutsche Regierung und politische Klasse einnimmt? Wer soll das glauben?

Die Behauptung, Amerika wisse nicht, was Deutschland will, erscheint angesichts der NSA-Abhöraktivitäten derart unglaubwürdig, dass sich der Gedanke aufdrängt, Mr. Friedman gehe es hier um etwas ganz anderes. Versucht George Friedman womöglich, Deutschland für die amerikanische Öffentlichkeit als zukünftigen Hauptschuldigen aufzubauen, falls Europa in den Abgrund des Krieges stürzt? Oder will George Friedman den Deutschen durch die Blume klarmachen, dass es zum Krieg kommt, falls Deutschland jetzt nicht fest an der Seite Amerikas steht und die strategische Abspaltung Russlands von Europa mitträgt?

»Deutschland ist in einer sehr besonderen Lage. Der ehemalige Bundeskanzler Gerhard Schröder sitzt im Aufsichtsrat von Gazprom. ... Sie [die Deutschen] haben ein sehr komplexes Verhältnis zu den Russen. Die Deutschen selbst wissen nicht, was sie tun sollen. Sie müssen exportieren. Die Russen können die Waren [aber im Moment] nicht abkaufen [was so nicht ganz stimmt, Anm. B.]. Wenn die Deutschen diese Freihandelszone verlieren, müssen sie sich Ersatz besorgen.«[32*]
Die Hauptangst der Vereinigten Staaten [jedenfalls] ist: deutsches Kapital und deutsche Technologie mit russischen Rohstoffen und russischer Arbeitskraft als die einzige Kombination – seit Jahrhunderten –, die die USA ernsthaft in Bedrängnis[33*] bringen könnte.«

Es lohnt, sich die Bedeutung der letzten Sätze nochmals vor Augen zu führen: Selbst wenn Russland eine vorbildliche Demokratie nach westlichem Muster wäre, würde sich aus Sicht der USA rein gar nichts am eigentlichen Problem ändern. Schlimmer noch: Je demokratischer und westlicher Russland würde, desto mehr würde Russland – aus Sicht Friedmans – zu einem Problem für die USA!

»Was also wird bei alledem herauskommen? Die USA sind bereit, ihre Karten auf den Tisch zu legen, es geht um die [Trennungs-] Linie vom Baltikum bis zum Schwarzen Meer.«

[32*] George Friedman drückt sich unklar aus, dürfte aber den Zugang zum russischen Markt gemeint haben.
[33*] »*for centuries scared the hell out of the United States*«.

Diese Linie wäre ein strategischer Sperrgürtel zwischen Russland und Europa zur Verhinderung eines Zusammenwachsens von Europa und Russland, egal wie sehr Russland dem Westen auch entgegenkommt. Den Völkern Europas müsste dieser strategische und damit *dauerhafte* Sperrgürtel natürlich irgendwie »verkauft« werden. Entweder, indem man den Völkern Europas Russland erneut als ein Reich des Bösen vorgaukelt, oder indem man Putin so lange reizt, bis er irgendwann tatsächlich böse wird und sich dementsprechend verhält.

»Was die Russen betrifft: Ihre Karten waren [schon] immer [offen] auf dem Tisch. Sie müssen wenigstens eine neutrale Ukraine haben, keine prowestliche Ukraine. [...].
Nun: Derjenige, der mir eine Antwort darauf geben kann, was die Deutschen in dieser Situation tun werden, kann mir auch sagen, was in den nächsten 20 Jahren passiert. Doch unglücklicherweise haben sich die Deutschen noch nicht entschieden. Und das ist immer das Problem mit Deutschland. Deutschland ist wirtschaftlich enorm mächtig, gleichzeitig aber geopolitisch sehr fragil [siehe Helmut Schmidt, Seite 172 ›beschissene Lage Deutschlands‹], und weiß nie, wie es diese beiden Punkte miteinander in Einklang bringen kann. Schon seit dem Jahr 1871 [deutsche Reichsgründung] ist das die *deutsche Frage* wie auch zwangsläufig die *europäische Frage*. [...] Denken Sie über die deutsche Frage nach, denn jetzt kommt sie wieder auf. Das ist die Frage, die jetzt ansteht. [...] Und wir wissen nicht, was sie [die Deutschen] tun werden.«

Mit diesen Worten verabschiedet sich George Friedman und tritt vom Mikrofon zurück.

George Friedmans Äußerungen sind eine Ungeheuerlichkeit sondergleichen. Ganz offen spielt er mit der Idee, dass die USA notfalls einen Krieg zwischen Russland und Deutschland anzetteln, um ihre globale Vormachtstellung zu sichern. Manch ein Leser mag deshalb versuchen, sein inneres Gleichgewicht wiederzufinden, indem er sich denkt: »Dieser Friedman kann doch nur ein Freak sein, und dieser Freak gibt doch niemals die Ansicht eines bedeutenden Teils der politischen Elite der USA wieder!« Weiter oben hatte ich schon darauf hingewiesen, dass dem nicht so ist. Friedman repräsentiert sehr wohl einen nicht unbedeutenden Teil des außenpolitischen Spektrums innerhalb der USA. Nur lässt sich dessen realer Einfluss auf die aktuelle US-Regierungspolitik zugegebenermaßen nicht exakt quantifizieren.

Der *Chicago Council on Global Affairs* ist jedenfalls eine der besten Adressen für einen Politiker, sowohl in den USA als auch weltweit. Gegründet im Jahre 1922, hielten im Chicago Council schon die angehenden US-Präsidenten *John F. Kennedy* und *Barack Obama* eine Rede, genauso wie Kanzler *Helmut Kohl*, Ex-US-Außenminister *Henry Kissinger*, Ex-Premierministerin *Margaret Thatcher*, Ex-Sowjet-Präsident *Michael Gorbatschow* und alle möglichen anderen Premierminister und Präsidenten und Ex-Premierminister und Ex-Präsidenten.[215] Der *Chicago Council* hat einen guten Ruf und wird diesen nicht aufs Spiel setzen und sich selbst zum Gespött machen, indem er irgendwelchen Polit-Clowns eine Bühne bietet, und deren Auftritt dann auch noch **umgehend als Video weltweit** verfügbar macht!

Wären die Deutschen tatsächlich das Zünglein an der Waage des Weltschicksals, dann hätten wir Deutschen immerhin eine überaus plausible Erklärung dafür, dass die USA uns so flächendeckend ausspionieren und dabei ohne mit der Wimper zu zucken, unser Vertrauen in sie erschüttern. Wenn die komplette Weltordnung auf dem Spiel stünde, wäre es schließlich nebensächlich, ob die Deutschen gerade einmal mit den USA zufrieden sind oder eben nicht.

Fassen wir aus deutscher und mitteleuropäischer Sicht die wichtigsten Aussagen George Friedmans zusammen:

1. Das strategische Hauptziel der US-Außenpolitik seit Ende des 19. Jahrhundert ist die Verhinderung einer deutsch-russischen Allianz, die sowohl Deutschland als auch Russland so weit stärken könnte, dass beide zusammen die globale Vorherrschaft der USA bedrohen und anstelle der USA zur unangefochtenen globalen Supermacht Nummer eins werden könnten. Nebenbei bemerkt hätte dies sehr

wahrscheinlich auch zur Folge, dass dieses »eurasische Reich« relativ bald im gesamten Nahen Osten für Frieden sorgt.
2. Die USA sind grundsätzlich bereit, für ihr oberstes strategisches Ziel Krieg zu führen, Feindschaft zu säen und Kriege zu provozieren, oder im Land des Gegners einen Regierungsumsturz herbeizuführen. Und sie werden sich im entscheidenden Moment auch nicht von moralischen Erwägungen abhalten lassen.
3. Wie sich das Verhältnis zwischen den USA und Russland weiterentwickelt, hängt von Deutschland ab.

Absolut verblüffend bei alledem ist, wie nahe George Friedman in seiner Gesamtbetrachtung der Weltlage der Sichtweise Wladimir Putins kommt. Beide betrachten Europa als Vasall der USA, sehen Russland wegen der Entwicklung in Osteuropa im Zugzwang, und sehen die Gefahr, dass sich die Spannungen zwischen den USA und Russland in einem Dritten Weltkrieg entladen.

Und der Zweck der Rede?

Geht man davon aus, dass George Friedman als Gründer einer Denkfabrik für strategische Vorausschau durch und durch Stratege ist, wird er natürlich nicht vor die Weltöffentlichkeit treten und einfach so aus dem Nähkästchen plaudern. Er wird sein Herz nicht einfach so ausschütten und frei von der Leber weg sagen, was er wirklich denkt. Nein, das wird er nicht.

George Friedman wird auch mit dieser Rede und seinen Antworten auf die Zuschauerfragen eine Absicht verfolgt haben, und sich der Bedeutung seiner Worte im geostrategischen Kontext voll bewusst gewesen sein. Nur, was war dann sein Ziel? Was bezweckt George Friedman damit?[34*]

[34*] Eine Woche vor Friedmans Auftritt im Chicago Council war in den USA zwar sein neues Buch *Flash Points – the Emerging Crises in Europe* erschienen, aber wenn man sich das *YouTube*-Video ansieht, erkennt man: Hier ging es um keine Buchvorstellung, zumal nicht einmal das Cover des Buches gezeigt wurde.

Nun, zunächst werden diese Worte keine Warnung an die führenden europäischen Politiker sein. Die kann man auf Konferenzen und Meetings beiseitenehmen und ihnen unter vier Augen klipp und klar sagen, dass sie einen Krieg riskieren, wenn sie zu sehr mit Russland kooperieren und die Interessen der USA zu sehr ignorieren. Die europäischen Politiker informiert man über andere Kanäle, nicht über *YouTube*. Man sieht sich schließlich regelmäßig auf allen möglichen Treffen.

Da die deutsche Medienlandschaft den Begriff »Dritter Weltkrieg« meidet, wie der Teufel das Weihwasser, und dort sowieso alles gemieden wird, was der Bevölkerung auch nur im Ansatz die mögliche Gefahr eines großen Krieges in Europa bewusst machen könnte, kann die Zielgruppe auch nicht die deutsche Öffentlichkeit sein. Friedmans Worte ergeben schließlich keinen Sinn, wenn man sie nicht bis zu der Gefahr eines Dritten Weltkrieges weiterdenkt und dies auch ausspricht. Überprüft man die Sache zudem im Internet, sieht man: George Friedmans Rede im Chicago Council würde *von keinem einzigen* der deutschen Flaggschiff-Medien erwähnt (siehe *Google*-Suche Platz 1 bis 100[216]). Friedmans Rede ist demnach nicht für Deutsche gedacht.

Sitzen die eigentlichen Adressaten seiner Worte also gar nicht in Westeuropa, *sondern in Russland*? Ist die Rede in Wahrheit gar keine Warnung, sondern eine *Provokation* und eine Bestärkung all jener Anti-Amerikaner in Russland, die jetzt sagen können: »Na bitte! Das sagen wir schon die ganze Zeit.« Will George Friedman den Verschwörungstheoretikern in Russland den Rücken stärken, und dafür sorgen, dass sich der weltanschauliche Graben zwischen Amerika und Russland noch weiter vertieft? Redet George Friedman auf indirektem Wege einen Krieg herbei?

Solche Fragen stellte ich mir, als ich George Friedmans Rede eingehender untersuchte. Und tatsächlich: Ein paar Wochen später wurde seine Rede zum Thema in einer der wichtigsten Informations- und Nachrichtensendungen im staatlichen Fernsehen Russlands erwähnt! Volltreffer!

George Friedmans Rede auf *Rossija 1*

Am selben Tag, als die wichtigsten Stellen aus der Rede Friedmans mit deutschen Untertiteln auf *YouTube* erschienen, dem 13. Februar 2015, erschienen sie dort auch mit russischen Untertiteln. Die deutsche Version wurde bis Mitte Mai 2015 rund 270 000-mal angeklickt, die russische Version rund 300 000-mal.[217] Am Sonntag, den 5. April 2015, schaffte es Friedman auch ins russische Staatsfernsehen, konkret *Rossija 1 (Russland 1)*, dem den Zuschauerzahlen nach zweitgrößten Sender Russlands. *Rossija 1* sind 80 russische Regionalsender angeschlossen, und es lässt sich von daher mit der deutschen ARD vergleichen.

Die Sache mit Friedmans Rede wurde in der sehr beliebten Informations- und Nachrichtensendung *Vesti Nedeli* gebracht, die jeweils am Sonntag um 20 Uhr beginnt und etwas über zwei Stunden dauert. *Vesti Nedeli* ist ein Quotenbringer und kommt im Schnitt auf »über 20 Prozent« Marktanteil.[218] Das entspricht in etwa den Einschaltquoten, die die deutsche Familienshow *Wetten dass?* kurz vor ihrer Einstellung hatte, und liegt nur geringfügig unter dem, was die *Sportschau* hat.

Der Friedman-Rede widmete man sich etwa 15 Minuten lang sehr eingehend und ausführlich. Moderiert wurde die Sendung von Starmoderator *Dmitri K. Kisseljow*, der inzwischen Einreiseverbot im Westen hat und dort als der Chefpropagandist Putins gilt. Neben dem Posten des Vizepräsidenten von *Rossija 1* bekleidet Kisseljow auch noch den Posten des Generaldirektors der *Staatlichen Agentur für Auslandspropaganda*. Friedmans Rede bekam also einen sehr guten Sendeplatz, eine von den Einschaltquoten her sehr gute Sendung und einen Top-Moderator. Besser geht's nicht.

Die Machart der Sendung *Vesti Nedeli* kommt für deutsche Maßstäbe natürlich ziemlich propagandistisch rüber, der propagandistische Anteil an der Friedman-Sequenz war insgesamt aber unerheblich, da George Friedman in seiner Rede noch die kühnsten Träume jedes russischen Propagandisten und Verschwörungstheoretikers übertroffen haben dürfte. Da musste keiner mehr nachhelfen, Friedman hatte ganze Arbeit geleistet. Das muss man ihm lassen.

Der entsprechende Sendebeitrag[219] bestand im Wesentlichen aus einer abwechselnden Folge von Originalaufnahmen der Friedman-Rede mit russischer Übersetzung und den nachfolgenden Kommentaren von Moderator Kisseljow.

Sehen wir uns also an, wie sich die ganze Sache auf *Rossija 1* darstellt. Und Sie, lieber Leser, erlauben sich ein paar Minuten lang, ein »Russen-Versteher« zu sein, und zwar nicht intellektuell-politisch, sondern ganz einfach menschlich-emotional. Stellen Sie sich vor, Sie sind ein durchschnittlicher russischer Arbeitnehmer, der froh ist, wenn er finanziell gut über die Runden kommt, und der sich auf das Wochenende freut, wenn er Zeit für seine Familie hat. Vielleicht können Sie danach besser verstehen, dass viele Russen sich einen Wladimir Putin wünschen, der dem Westen die Kante zeigt und notfalls auch mit dem Säbel rasselt.

Der nachfolgende Text wird Ihnen verdeutlichen, wie sehr russische Medien inzwischen dabei sind, die russische Bevölkerung psychologisch *auf einen Krieg mit der NATO einzustimmen*, der Text ist essenziell, um »die Russen« besser zu verstehen.

Stellen Sie sich also vor, Sie seien Durchschnitts-Russe, es ist Sonntagabend nach 20:00 Uhr, sie haben gerade Ihr Abendbrot verputzt, sitzen vor dem Fernseher und drücken jetzt, nichts Böses ahnend, auf ihre Fernbedienung:

Moderator *Kisseljow* beginnt:[220]

»Zugegeben, ich habe gezögert, Ihnen das zu zeigen, was Sie jetzt doch sehen werden. Die Ereignisse der vergangenen Wochen und Tage bestätigen den Informationswert dieses Materials so offensichtlich, dass der Redaktion unserer Sendung keine Wahl bleibt – wir zeigen es Ihnen. Also: Jetzt gleich präsentieren wir Ihnen die Rede des US-Amerikaners George Friedman. George Friedman ist der Gründer und Direktor der in den USA führenden privaten nachrichtendienstlich-analytischen Denkfabrik *Stratfor*. Die Kunden von *Stratfor* sind staatliche US-Organisationen, US-Geheimdienste, große US-Finanzunternehmen und US-Konzerne. Nach der Größe des Einflusses von *Stratfor* wird diese Denkfabrik auch als ›Schatten-CIA‹ bezeichnet. Aber im Gegensatz zur CIA, die mehr oder weniger von offizieller US-Politik kontrolliert wird, kann sich *Stratfor* als privates Unternehmen mehr Klartext erlauben, nach dem Motto: ›Wir sind privat, und Friedman ist nur eine Privatperson, mehr nicht.‹ Denn Amerika sei vielfältig, es sei nicht von Bedeutung, wer mit wem über was schwätzt.

Aber George Friedman gehört nicht zu solchen Fällen. Er ist nicht verrückt, er ist sehr informiert und sehr offen. Friedman gibt die weltanschauliche Realität wieder, die die USA in ihrer Außenpolitik bestimmt. Eins zu eins, ohne Schönfärberei!«

Auf den ersten Blick gesehen könnte man *Rossija 1* an dieser Stelle tatsächlich Propaganda, Angstmache und Kriegstreiberei vorwerfen. Schließlich kann man von George Friedmans geopolitischer Analyse nicht automatisch eins zu eins auf die US-Außenpolitik schließen. Leider wird sich weiter unten zeigen, dass George Friedman sehr wohl die Denkweise immerhin eines Teils der US-Elite widerspiegelt.

»Also, [hier kommt jetzt] die Rede von Friedman, die er kürzlich beim *Chicago Council für Globale Angelegenheiten* gehalten hat. Aber es ist egal, wo er diese Rede gehalten hat, wichtiger war das vertrauliche Klima der Veranstaltung, wo man aussprach, was man wirklich dachte.«

Der Originalfilm von Friedmans Rede im *Chicago Council* wird dann direkt im Anschluss gezeigt, und ein Sprecher übersetzt George Friedmans Prognose, Europa würde in das Zeitalter der Kriege zurückfallen.

Friedman auf *Rossija 1*: »Es wird [in zukünftigen Kriegen in Europa] keine Hundert Millionen Tote geben, aber die Idee, von der europäischen Ausgewähltheit, denke ich, wird der Entwicklung als Erstes zum Opfer fallen. Es wird Konflikte geben, es gab den Konflikt in Jugoslawien, und es gibt sicher einen [längeren] Konflikt jetzt in der Ukraine.«

Moderator Kisseljow kommentiert: »Also, nach Friedman ist Krieg angeblich ein natürlicher Zustand, folglich ist der Krieg in der Ukraine angeblich auch ›natürlich‹. Und die Europäer werden ganz ›natürlich‹ in diesem Krieg sterben, nichts ›Unnatürliches‹ [...]
Absolute Verachtung gegenüber der Europäischen Union. [...] Weil die USA eine eigene Vorstellung von der Welt haben, und da gibt es eben keinen Platz für die EU als einen mächtigen Spieler.«

Dann folgt ein weiterer Ausschnitt aus Friedmans Rede beziehungsweise jetzt die Antwort Friedmans auf eine Frage aus der Zuhörerschaft. Diese Sequenz hatte ich schon behandelt. Ein paar 10 Millionen russische Fernsehzuschauer hören George Friedman sagen:

»Also, das grundlegende Interesse der Vereinigten Staaten, wofür wir seit Jahrhunderten Kriege führen – Erster, Zweiter Weltkrieg und der Kalte Krieg –, waren die Beziehungen zwischen Deutschland und Russland. Denn vereint sind sie die einzige Macht, die uns bedrohen kann, und unser Interesse war es [immer], sicherzustellen, dass das nicht geschieht.«

Moderator: »Wir haben [schon] früher davon berichtet, dass es heutzutage der größte Traum der USA ist, Russland und Deutschland zum dritten Mal aufeinanderprallen zu lassen. Jetzt aber hören wir davon mit eigenen Ohren, und zwar aus Amerika. Und tatsächlich, eine deutsch-russische Allianz wird die Kräfteverhältnisse auf dem Planeten verändern.«

Da es Russland war, das 1914 das Deutsche Reich angegriffen hat, und nicht etwa umgekehrt, könnte man aus Kisseljows Worten schlussfolgern, dass westliche Kräfte den russischen Zaren seinerzeit dahingehend manipuliert haben, dass er den Angriff auf Deutschland riskiert. Tatsächlich heißt es in Kreisen von Verschwörungstheoretikern, die britische Regierung habe den Zaren mit Versprechungen in den Ersten Weltkrieg gelockt, die sie, sobald der Krieg ausgebrochen war, nicht hielt. Man mag davon halten, was man will, aber auch hier deutet sich bei einem sehr einflussreichen Russen ein verschwörungstheoretischer Kontext an, der zudem mit Aussagen Wladimir Putins korrespondiert.

Moderator Kisseljow greift sich dann weitere Stellen aus George Friedmans Darbietung heraus und malt ausgiebig weiter am Bild einer USA, die (angeblich) dabei sind, Europa in den Dritten Weltkrieg zu stürzen. Kisseljow wirkt bei alledem keineswegs verärgert oder entsetzt. Nein, er strahlt vielmehr die Zufriedenheit eines Verschwörungstheoretikers aus, der endlich einen unumstößlichen Beweis für die Richtigkeit seines ganzen Theoriegebäudes gefunden hat. Kisseljow wirkt regelrecht ein bisschen aufgekratzt. Die Arbeit macht ihm Spaß. Dann wird wieder George Friedman zitiert:

Abb. 15: Die Osteuropakarte, mit der Rossija 1 den Zuschauern George Friedmans Strategie veranschaulichte.

»Der Punkt ist, dass die Vereinigten Staaten dabei sind, einen ›Cordon Sanitaire‹ (Sicherheitsgürtel) um Russland herum aufzubauen. Und Russland weiß das.

Jedenfalls sind wir zurück zum alten Spiel, und wenn Sie einen Polen oder einen Ungarn oder einen Rumänen fragen – die leben in einer völlig anderen Welt als die Deutschen. Und die Deutschen ihrerseits leben in einer völlig anderen Welt als die Spanier. [...]. Also, in Europa gibt es keine Einigkeit. Aber wenn ich Ukrainer wäre, würde ich genau das tun, was sie tun: versuchen, die Amerikaner einzubeziehen.«

Dazu blendet *Rossija 1* eine Karte ein, auf der die russischen Fernsehzuschauer den Sicherheitsgürtel, den »Cordon Sanitaire« der USA sehen, also eine Kette von Staaten in Osteuropa, die von der Ostsee bis zum Schwarzen Meer verläuft, und Russland von Europa abtrennt.

Mit dieser Landkarte wird dem russischen Fernsehzuschauer signalisiert, dass die gesamte NATO-Osterweiterung seit dem Jahre 1999 von vornherein der Strategie folgte, Russland einzukreisen und von Europa abzuspalten. Im Endeffekt kommt beim russischen Fernsehzuschauer folgende Botschaft an: Die USA und Europa haben Russland jahrelang systematisch belogen, und jetzt verhöhnen sie es auch noch, indem sie mithilfe George Friedmans ganz offen zugeben, Russland jahrelang belogen zu haben.

Der Moderator: »Das bedeutet: Die Ukraine ist vollständig abhängig und von außen gesteuert. Und die EU-Staaten sind zerteilt wie die Erbsen. Und sie verstehen nicht, was eigentlich los ist. [...]. Das passt den USA hervorragend.«

Friedman: »Der Weg, den die Briten gegangen sind, um sicherzustellen, dass keine europäische Macht [konkret Deutschland] die Flotte bauen konnte, war es, **die Europäer gegeneinander kämpfen zu lassen.** Die Politik, die ich empfehlen würde, ist die, die Ronald Reagan in Bezug auf den Iran und den Irak angewendet hat. Er unterstützte beide Kriegsseiten finanziell, sodass sie gegen einander kämpften, und nicht gegen uns. Es war zynisch, es war nicht moralisch, aber es hat funktioniert.«

Moderator: »Heutige Prinzipien der US-Außenpolitik sind in Eurasien dieselben.«

Es wird nachvollziehbar, wie unerheblich die Frage ist, ob Moderator Kisseljow in seiner Sendung anti-westliche Propaganda betreibt oder nicht. Die eigentliche Steilvorlage kommt aus den USA von Mr. Friedman. Dmitri K. Kisseljow gibt dem Ball nur noch einen kleinen Stupser, damit er auch sicher ins Tor, sprich in das Bewusstsein der Zig millionen russischen Fernsehzuschauer trifft, die jetzt vor dem Fernseher sitzen, Bauklötze staunen, und nicht glauben können, was sie da sehen und hören:

Friedman: »Die Vereinigten Staaten sind nicht in der Lage, ganz **Eurasien zu okkupieren**. In dem Moment, wo unsere Stiefel den Boden berühren, sind wir [...] zahlenmäßig total unterlegen. [...] Aber wir sind in der Lage, in erster Linie, die **gegeneinander kämpfenden Mächte** zu unterstützen, damit sie ihre Aufmerksamkeit aufeinander lenken, sie politisch unterstützen, finanziell, Waffen liefern, und amerikanische Berater entsenden.«

Der Moderator fragt dann den russischen Fernsehzuschauer: »Kommt Ihnen das bekannt vor? Etwa beim aktuellen Konflikt zwischen dem Jemen und Saudi-Arabien? Oder der Ukraine?«

Friedman: »Die Frage, die jetzt für die Russen auf dem Tisch ist, ist, ob die Russen die Ukraine als Pufferzone zwischen Russland und dem Westen halten werden können, die wenigstens neutral bleiben wird, oder wird der Westen so weit in die Ukraine eindringen, dass der Westen [die NATO] nur 100 Kilometer von Leningrad[35*] und 500 Kilometer von Moskau entfernt sein wird?«

Moderator Kisseljow: »[...] seine Idee insgesamt ist uns klar: Das Militärpotenzial der NATO soll etwa 100 Kilometer bis an Sankt Petersburg herangeschoben werden. Das geht über das Baltikum. Und auf Moskau soll bis auf etwa 500 Kilometer vorgerückt werden, das heißt über die Ukraine. [...]«

Friedman: »Für Russland stellt der Status der Ukraine eine existenzielle Bedrohung dar. Und die Russen können sich bei dieser Frage auch nicht einfach so aus der Affäre ziehen und den Dingen ihren Lauf lassen

Für die USA gilt im Falle, wenn Russland sich an der Ukraine weiterhin festhält – wer wird Russland stoppen?

Deshalb ist es kein Zufall, dass [US-]General Hodges davon spricht, dass die Eingreiftruppen in Rumänien, Bulgarien, Polen

---

[35*] Friedman sagt »Stalingrad«, Kisseljow korrigiert ihn: »Hier verwechselt Friedman Stalingrad mit Leningrad, heute Sankt Petersburg.«

und im Baltikum aufgestellt werden sollen. Damit begründet man das Intermarium, das Territorium zwischen dem Schwarzen Meer und der Ostsee [...].«

Moderator: »[...] in der modernen US-amerikanischen Ausführung ist es eine Art politische Befestigung vom Baltikum bis zum Schwarzen Meer, **und Hindernis für die Allianz zwischen Russland und Deutschland, dieses Hindernis soll beide Länder schwächen** [...]. Nur, was werden die Deutschen machen?«

Dann folgt die bereits zitierte Sequenz, in der Friedman den Deutschen die Verantwortung für die weitere Entwicklung in Europa und der Welt zuschiebt. Interessanterweise steht Deutschland zeitgleich im Rahmen der Euro-Problematik auch innerhalb der EU immer mehr als Hauptschuldiger da. Hinzu kommt, dass ausgerechnet Deutschland seit Mitte 2015 von Flüchtlingen überschwemmt wird. Was für seltsame Zufälle.

Moderator: »Also bitte, hier [wird] die Außenpolitik der USA offen dargelegt: [Andere] aufeinander hetzen und regieren, und das Prinzip [*teile und herrsche*] gilt überall in der Welt, ob in Asien, im Nahen Osten oder in Europa.
  Geopolitisch für die USA am wichtigsten ist es, Deutschland, und damit die ganze EU, fern von Russland zu halten, noch besser beide aufeinander zu hetzen [...]. Und für dieses *Gegeneinander-Aufhetzen* sind alle Mittel recht [...].«

So weit *Rossija 1* zur Rede George Friedmans im Chicago Council am 3. Februar 2015. Die Botschaft, die unter dem Strich für den russischen Fernsehzuschauer bleibt, lautet:
Die USA sind »notfalls« bereit, zwischen Deutschland und Russland einen Krieg herbeizuprovozieren, wenn die USA es nicht auf andere Weise schaffen, einen dauerhaft trennenden Keil zwischen die beiden größten Völker Europas zu treiben.

Inwieweit ein solches Szenario eines von den USA initiierten und provozierten Großkrieges in Europa realistisch ist, darüber lässt sich natürlich streiten. Aber es ist wohl kaum zu bezweifeln, dass viele Russen inzwischen glauben, dass ein solches Szenario bereits im Entstehen ist. Schließlich sprechen nicht nur Putin und führende russische Politiker mehr oder weniger offen davon, *dass die USA einen Dritten Weltkrieg anstreben*, sondern auch die russischen Massenmedien machen die Bürger mit der Idee eines drohenden Krieges auf ziemlich breiter Front vertraut. In dem Zusammenhang ist die *Arte-TV*-Dokumentation »Putins Propaganda« vom September 2015 sehr empfehlenswert.[221] In dieser Sendung wird in bisher unbekannter Deutlichkeit gezeigt, wie sehr die 140 Millionen Russen inzwischen *auf einen möglichen Krieg mit der NATO eingestimmt werden!* Normalerweise wäre an dieser Stelle hier im Buch ein seitenlanger Aufschrei angebracht. Aber ich erspare Ihnen das.

George Friedman gießt mit seiner Rede ohne jeden Zweifel Öl in das Feuer, das zwischen Russland und der NATO züngelt. Inwieweit er aber den Brand tatsächlich *beschleunigt*, ist schwer zu sagen. Mag sein, dass Friedmans Worte in Russland tatsächlich Hass schüren und Feindschaft säen, nur fragt sich am Ende eben: *Wie viel?* Das ist zugegebenermaßen unklar. Bezüglich der Frage »Was will Putin?« lässt sich feststellen, dass George Friedmans Rede in Russland ganz klar dabei hilft, sich geistig und psychologisch auf das Schlimmste, also einen direkten Krieg zwischen Russland und NATO, vorzubereiten. George Friedmans Rede ist ohne jeden Zweifel eine massive Bestätigung des über die russischen Medien kommunizierten und propagierten Bedrohungsszenarios.

Parallelen zwischen Friedman und Brzeziński

George Friedmans Gedankenspiele sind in einer Reihe von Punkten also ohne Frage äußerst interessant. Doch was am Ende zählt, ist nicht die Lageeinschätzung eines einzelnen, wenn auch gut informierten amerikanischen Geostrategen, sondern die tatsächlich umgesetzte Geostrategie der USA. Da aber niemand weiß, was die US-Regierung in ein paar Monaten oder Jahren entscheiden wird, kann es hier nicht um die *tatsächliche zukünftige* Geostrategie der USA gehen, sondern nur um das, was zurzeit an Aussagen und Analysen von bekannten Geostrategen über die US-Geostrategie bekannt ist.

Dabei zeigt sich, dass George Friedman alles andere ist, als ein Phantast, der die Bodenhaftung verloren hat. Vielmehr steht er in zentralen Punkten seines geostrategischen Denkens in der Tradition der angelsächsisch-amerikanischen Geostrategie seit mindestens 100 Jahren.

Der heutzutage weltweit bekannteste US-amerikanische Geostratege ist der bereits mehrfach erwähnt *Zbigniew Brzeziński*. Brzeziński ist um einiges bekannter als George Friedman und hat, wie schon erwähnt im Jahre 1997 einen Teil seines geostrategischen Wissens in Buchform veröffentlicht. Der Deutsche Dirk Müller hatte oben schon in der *Montagsgesellschaft* aus Brzezińskis Buch *Die einzige Weltmacht* zitiert, wollte über Brzeziński in der österreichischen *Puls-4*-Sendung sprechen, ebenso wie der Grünen-Politiker Johannes Voggenhuber. Und auch ich möchte hier kurz einige Stellen aus Brze-zińskis wichtigem Werk zitieren:

Schon auf der ersten Seite der Einleitung von *Die einzige Weltmacht* schreibt Brzeziński unter der Überschrift »Supermachtpolitik«:

»Inwieweit die USA ihre globale Vormachtstellung geltend machen können, hängt [...] davon ab, wie ein weltweit engagiertes Amerika mit den komplexen Machtverhältnissen auf dem **eurasischen Kontinent** fertig wird — **und ob es dort das Aufkommen einer dominierenden, gegnerischen Macht <u>verhindern</u> kann.**«[222]

Das deckt sich eins zu eins mit dem, was George Friedman oben zu Eurasien sagt: Die Entscheidung über den Fortbestand der globalen Dominanz der USA fällt in Eurasien, dort, wo sich eine Gegenmacht mit großem wirtschaftlichen, industriellen, technologischen und militärischen Potenzial erheben könnte. Derzeit kommen da nur zwei Mächte infrage: Russland und China, die bereits eine Art Bündnis gegen die USA eingegangen sind (*Shanghai Cooperation Organisation*, SCO).

»Für eine friedliche Weltherrschaft«

Brzeziński wiederholt seine Kerngedanken dann noch einmal ganz am Ende seines Buches auf der vorletzten/letzten Seite. Dort schreibt er:

»Kurz, die Politik der USA muss unverdrossen und **ohne Wenn und Aber** [also ›notfalls‹ auch mit Krieg!] ein doppeltes Ziel verfolgen: die **beherrschende Stellung Amerikas für noch mindestens eine Generation** [~2027] **und vorzugsweise länger zu bewahren** und einen geopolitischen Rahmen zu schaffen, der die mit sozialen und politischen Veränderungen unvermeidlich einhergehenden Erschütterungen und Belastungen dämpfen und sich zum geopolitischen Zentrum gemeinsamer Verantwortung **für eine friedliche Weltherrschaft** entwickeln kann.«[223]

Brzeziński weiß, dass Amerika die Welt nicht ewig wird beherrschen können. Großmächte kommen und gehen. So läuft das seit Jahrtausenden. Deshalb schlägt Brzeziński vor, dass die USA die verbleibende Zeit nutzen, das *politische Weltbewusstsein* so weit zu beeinflussen und zu prägen, dass sich später nachfolgende Weltmächte automatisch im Sinne der USA verhalten. Im Grunde ist das sogar eine verständliche, logische Strategie. Sie erinnert an einen Patriarchen, der »seinen Laden« in Ordnung bringen will, bevor er altersbedingt kürzertreten muss.

Doch das Modell einer Familie, also einer Gemeinschaft sehr ähnlicher psychologischer, sozialer und kultureller Prägung, lässt sich nur bedingt auf alle Völker dieses Planeten übertragen. Mag sein, dass dieses Familienmodell in der christlich-europäischen Welt noch halbwegs funktioniert (wonach es angesichts des Euro- und Flüchtlingsdebakels im Moment aber auch nicht aussieht), aber wird es auch mit Europa und Asien und/oder Afrika funktionieren?
Die Grundsubstanz, die Rohmasse, aus der sich Brzeziński seine Idee einer Weltherrschaft/Weltregierung zusammenformt, ist die Hoffnung und der Glaube daran, dass die Völker der Welt eine ausreichend große gemeinsame Basis von Bedürfnissen, Wünschen und Werten haben. Dabei gilt ihm der Schmelztiegel USA natürlich als Vorbild. Wo

gäbe es ein besseres Beispiel für ein globales Multikultur-Experiment? Selbstverständlich gibt es eine solche gemeinsame Basis. Nur fragt sich eben, wie groß sie ist. Wofür reicht diese Basis am Ende? Sind etwa die USA der Beweis dafür, dass uns der bunte kulturelle Mix in große kulturelle Höhen zu heben vermag? Genau das sind die USA ja nicht: ein Leuchtfeuer der Kultur. Niemand denkt auch nur im Traum daran, Hollywood und Disneyland als »Hochkultur« zu bezeichnen. Wo führt der bunte kulturelle Mix also am Ende hin? In 50, 100 Jahren? Endet der bunte Mix nicht bereits jetzt in langweiligem dürftigem Einheitsgrau, das lediglich auf der Main Street von grellbunten Effekten übertäuscht wird? Was lehrt uns das Beispiel der USA wirklich? Und wie viel bleibt von den USA ohne amerikanischen Traum? Wie viel existiert überhaupt noch von diesem Traum?

Geostrategie hin oder her, friedliche Weltherrschaft hin und her – letztlich ist das, was Zbigniew Brzeziński vorschwebt, einfach ein Experiment. Dabei muss man das eigentliche Ziel des Experimentes gar nicht infrage stellen: Eine geeinte Welt ohne Kriege wäre ohne Zweifel eine wunderbare Sache. Doch es besteht eben auch die Gefahr, dass man so benebelt ist von diesem schönen Ziel, dass man nicht mehr so genau auf den Weg dorthin achtet, und auf die Leute, die an der Spitze der herrlichen Prozession voranmarschieren. Links, zwo, drei, vier.

Brzeziński will ein Experiment. Und er träumt vom Gelingen dieses Experiments. Na gut. Soll er doch. Das darf er. Aber auch schon Hitler, Stalin, Mao und Napoleon haben geträumt. Und Millionen sind dann eines Tages böse aufgewacht. Oder eben gar nicht mehr.

Schauen wir noch einmal, was Brzeziński im Jahre 1997 zu Russland und der Ukraine schreibt:

»Je rascher sich Russland auf Europa zubewegt, desto schneller wird sich das Schwarze Loch im Herzen Eurasiens mit einer Gesellschaft füllen, die immer modernere und demokratischere Züge annimmt. Tatsächlich besteht das Dilemma für Russland nicht mehr darin, eine geopolitische Wahl zu treffen, denn im Grunde geht es ums Überleben.«[224]

In den bald 20 Jahren, seitdem Brzeziński dies schrieb, hat sich gezeigt, dass Brzeziński die Wirkung des »Allheilmittels Demokratie«bei dem Patienten im »*schwarzen Loch im Herzen Eurasiens*« überschätzt hat. Noch bevor China zum Prüfstein für den westlichen global-demokratischen Menschheitsheilsplan geworden ist, entpuppt sich schon Russland als schwieriger Quertreiber. Brzeziński 1997 weiter:

»Am beunruhigendsten war [für Russland] der Verlust der Ukraine. Das Auftreten eines unabhängigen ukrainischen Staates [...] stellte auch für den russischen Staat ein **schwerwiegendes geopolitisches Hindernis** dar. Da mehr als 300 Jahre russischer Reichsgeschichte plötzlich gegenstandslos wurden, bedeutete das den Verlust einer potenziell reichen industriellen und agrarischen Wirtschaft sowie von 52[36*] Millionen Menschen, die den Russen ethnisch und religiös nahe genug standen, um **Russland zu einem wirklich großen und selbstsicheren imperialen Staat** zu machen.[225]

Selbst ohne die Baltischen Staaten und Polen könnte ein Russland, das die Kontrolle über die Ukraine behielte, noch immer die Führung eines selbstbewussten eurasischen Reiches anstreben.«[226]

Das ganze Gerede in unseren Medien, man habe nicht ahnen können, dass sich über die Ukraine ein solch bedrohlicher Konflikt entzündet, ist nichts weiter als Augenwischerei. Es wird schon Ende der 90er-Jahre in Europa genügend Politikern klar gewesen sein, dass in der Ukraine der Funke ins Pulverfass fallen könnte, der alles zur Explosion bringt.

So weit Brzeziński zur Geostrategie der USA im Allgemeinen und ein paar Anmerkungen zu Russland und der Ukraine. Wie man sieht, deckt sich Brzeziński in wichtigen Details mit George Friedman:

- Die Entscheidung fällt in Eurasien,
- wenn sich dort eine neue Großmacht (zum Beispiel Russland) erhebt.
- Im Falle Russlands ist der Dreh- und Angelpunkt die Ukraine.
- Die USA werden notfalls auch einen Krieg[37*] riskieren, wenn ihre Vorherrschaft bedroht ist.

36* Nach Zahlen von Anfang 2014 hat die Ukraine nur noch 45,4 Mio. Einwohner.
   Nach dem Jahre 1990 ist die Einwohnerzahl der Ukraine drastisch geschrumpft.
37* Siehe Brzeziński »Ohne wenn und aber«, *Die einzige Weltmacht*, Seite 306.

Der Hauptunterschied zwischen Friedman und Brzeziński besteht darin, dass Friedman offen sagt, Russland müsse geschwächt werden, indem man es von Europa abspaltet. Brzeziński hingegen erweckt in *Die einzige Weltmacht* den Eindruck, er glaube, alles würde gut, wenn Russland macht, was die USA verlangen. Damit klingt Brzeziński zwar deutlich zivilisierter als George Friedman, doch in Brzezińskis Fall muss man eben auch bedenken, dass er wesentlich bekannter ist. Infolge der ihn betreffenden deutlich größeren öffentlichen Aufmerksamkeit, *kann* Brzeziński gar nicht so reden wie George Friedman. Er kann in einem öffentlichen Hearing nicht einfach vorschlagen, zwischen Deutschland und Russland »notfalls« einen Krieg anzuzetteln. Brzeziński kann es nicht riskieren, einen so leicht erkennbaren, engen kausalen Zusammenhang herzustellen zwischen einem möglichen Dritten Weltkrieg und den strategischen Grundlinien einer US-Regierungspolitik. Also muss er den Eindruck erwecken, alles wäre gut, würde sich Russland so verhalten, wie es der Westen fordert. George Friedman hingegen kann ohne Probleme (indirekt) zugeben, dass das ganze Gerede in den USA von Demokratie, Menschenrechten usw. letztlich ein gigantisches Täuschungsmanöver ist, und dass es in Wahrheit um reine Machtpolitik geht. Und da militärische und politische Macht aus wirtschaftlicher Macht resultiert, muss *notfalls* eben die Wirtschaft eines Landes zerstört werden, selbst wenn es sich um die weltbeste Demokratie handelt. Sorry folks.

Parallelen zwischen Friedman und Halford Mackinder

George Friedmans und Zbigniew Brzezińskis Erkenntnis, dass ein eurasisches Großreich das Potenzial zur Weltherrschaft hätte, und die USA zu einer zweitklassigen Macht herabstufen könnte, taucht interessanterweise schon im Jahre 1904 in Großbritannien auf, seinerzeit noch die Weltmacht Nummer eins.

Vater der Erkenntnis war der Brite *Halford Mackinder* (1861-1947), ein Geograf und Geopolitiker, der diese Feststellung in einem 17-seitigen Aufsatz niederschrieb. Dieser Aufsatz wurde im April 1904 in *The Geographical Journal* veröffentlicht, Titel der Abhandlung: »The

Geographical Pivot of History« (»Der geografische Dreh- und Angelpunkt der Geschichte«). Mit dem Dreh- und Angelpunkt meint Mackinder das eurasische Kernland (*Pivot Area,* siehe Karte unten), das grob gesehen identisch ist mit dem Staatsgebiet Russlands. Da Mackinder Geograf war, hat er seinem Artikel auch gleich eine Karte beigefügt:

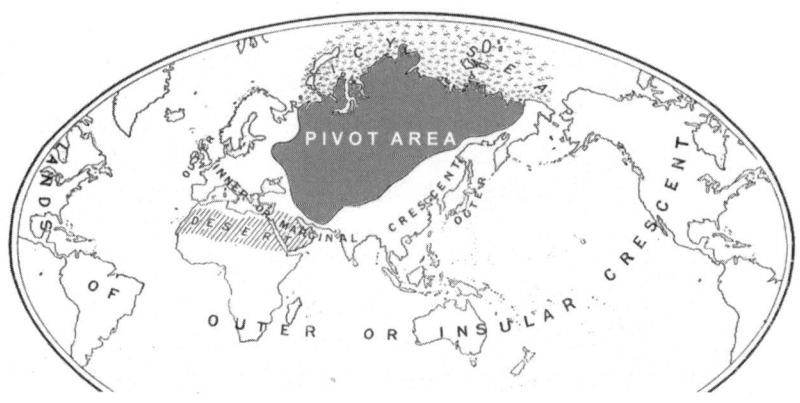

Abb. 16: Die Karte mit der »Pivot Area« von Halford Mackinder, 1904.
Die »Pivot Area« wurde von mir nachträglich grau eingefärbt.

Mackinder schreibt in seiner Abhandlung von 1904 unter anderem:

»**Russland** tritt an die Stelle des Mongolenreichs. Sein Druck auf Finnland, Skandinavien, auf Polen, die Türkei, auf Persien, Indien und China, ersetzt die Überfälle der Steppenmenschen. **In der Welt als Ganzes betrachtet, hält es die zentrale strategische Position besetzt, so wie Deutschland in Europa.** […]«

Da sind sie wieder: George Friedmans Hauptsorgenkinder: Deutschland und Russland – allerdings 111 Jahre vor Friedmans Auftritt im *Chicago Council*. Halford Mackinder an anderer Stelle:

»Eine Verlagerung des Gleichgewichts der [globalen politischen] Macht zugunsten des Dreh- und Angelpunkt-Staates mit dem Ergebnis einer Machtausdehnung auf die Randstaaten Eurasiens [damit meint Mackinder unter anderem Deutschland und Österreich[227]], **würde es Russland erlauben, die enormen kontinentalen Ressourcen für den Flottenbau zu nutzen, und ein** [wahres] **Weltreich wäre dann in Sichtweite.**[228]«

Schon bei Halford Mackinder begegnet uns also die Idee, wonach Russland nicht zu mächtig werden darf, und es deshalb von Westeuropa abgespalten bleiben muss.

Wenn sich Deutschland und Russland verbünden

Halford Mackinder wieder:

»**Dazu** [zum eurasischen Weltreich] **könnte es kommen, wenn sich Deutschland mit Russland verbündet.** In diesem Fall wäre Frankreich zu einem Übersee-Bündnis gezwungen, und Frankreich, Italien, Ägypten, Indien und Korea würden zu Brückenköpfen werden, deren Armeen von Kriegsflotten von außerhalb unterstützt werden.«[229]

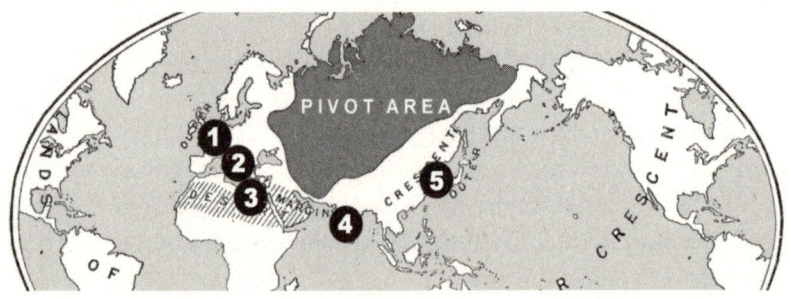

Abb. 17: Mackinders Brückenköpfe am Rande der Pivot-Areas: Frankreich, Italien, Ägypten, Indien, Korea

Empfiehlt Halford Mackinder auf Basis des damaligen britischen Weltreichs eine Kette von Brückenköpfen die von Frankreich (1), über Italien (2), Ägypten (3) und Indien (4) nach Korea (5) reicht, so unterscheidet sich dies nicht sonderlich von der heutigen Situation unter globaler Dominanz der USA, die ein identisches Netz von Militärstützpunkten unterhalten, das sich von Norwegen über Mitteleuropa, den Balkan (Kosovo), den Nahen Osten usw. bis nach Japan und Alaska erstreckt.

Erwähnenswert im Zusammenhang mit Mackinders Analyse ist auch, dass es im Jahre 1904 weder in Deutschland einen Nazi gab (oder so gut wie keinen), noch in Russland eine kommunistische Partei in Reichweite der politischen Macht. Halford Mackinders Denkweise[38*] ist damit wie bei George Friedman weitestgehend unbelastet von irgendwelchen ideologischen Überlegungen. Es geht um reine Machtpolitik. Es geht um wirtschaftliche Ressourcen und Potenziale, nicht um Ideologie, Moral und schon gar nicht um westliche Werte.

So weit Halford Mackinder. Die Beispiele Mackinder und Brzeziński haben gezeigt: George Friedman ist mit seinen Kerngedanken alles andere als ein Exot. Exot ist er nur insofern, als er sich die Ungeheuerlichkeit erlaubt, den Europäern und insbesondere den Deutschen ins Gesicht zu sagen, dass ihnen Krieg droht, falls sie nicht nach der Pfeife der USA tanzen.

Dreh- und Angelpunkt bei alledem ist der Wille der USA, ihre globale Vorherrschaft aufrechtzuerhalten. Daraus folgt alles andere. Hielten die USA wirklich fest an diesem Willen, kann das Emporkommen einer anderen, global ausstrahlenden Macht nur bedeuten, dass es zum Konflikt kommt. Entweder werden dann Drohgebärden der USA ausreichen, oder es kommt zum Krieg. Jedenfalls dann, wenn dieser Emporkömmling nicht klein beigibt, aus welchem Grunde auch immer. Dass der Konflikt dann schwerpunktmäßig in Eurasien ausgetragen wird, ist klar. Ebenso klar ist, dass der Konflikt innerhalb Eurasiens in solchen Regionen entflammt, wo sich die Interessen des Platzhirsches und des Emporkömmlings überschneiden. Dann reicht ein Blick auf die Landkarte, und man landet fast schon automatisch in Osteuropa.

38* Wenigstens bezogen auf seine Abhandlung im *Geographical Journal*.

Einflussreiche Amerikaner über Putin

Zbigniew Brzeziński über Putin

Wie schon erwähnt, war Zbigniew Brzeziński im Januar 2015 zusammen mit Brent Scowcroft vom US-Senat zu einem Hearing im *Armed Services Comitee* des Senates eingeladen worden. Thema des Hearings: »Die Bedrohungen der nationalen Sicherheit der USA«. Brzeziński ist also ein Mann, auf den man im US-Establishment hört, und dessen Meinung über Wladimir Putin nicht unerheblich sein dürfte für die dortige Debatte über die angebliche oder tatsächliche Gefährlichkeit des russischen Präsidenten.

Über Putin sagte Brzeziński vor dem Senat unter anderem: »In Europa spielt Putin mit dem Feuer. [...] Er widmet sich ganz offensichtlich der Aufgabe, sie [die UdSSR] wieder herzustellen, wenn auch unter einem etwas anderen Namen.«[230]

Damit unterstellt Brzeziński dem russischen Präsidenten expansive Absichten und betrachtet ihn als politischen Aggressor. Allerdings gibt Brzeziński an anderer Stelle zu, dass er nicht weiß, wie weit Putin dabei letztlich zu gehen bereit wäre. Und Brzeziński hält (Anfang 2015) sowohl eine letztlich friedliche Einigung mit Russland für möglich als auch eine Eskalation des Konflikts. Für den Fall einer Eskalation will Brzeziński vorbereitet sein, aber er will Putin durch entsprechende politisch-militärische Vorbereitungen auch nicht zu sehr provozieren. So gesehen erscheint Brzezińskis Haltung gegenüber Russland trotz allem durchaus noch verhandlungs- und entspannungsbereit.

Der springende Punkt dabei ist nur, dass Brzeziński hier komplett die eigenständigen, von Russland völlig unabhängigen, global-strategischen Interessen der USA ausblendet, und außer Acht lässt, dass die USA der eigentliche dynamische Faktor in der Weltpolitik sind. Im übertragenen Sinn vermittelt Brzeziński das Bild einer Gartenparty, auf der plötzlich ein betrunkener Raufbold namens Wladimir Putin auftaucht, mit dem man sich nun leider befassen müsse. Der Trick dabei ist die Gartenparty: Sie existiert überhaupt nicht. Es gibt zwar eine Art Veranstalter, der den Rahmen der Zusammenkunft definiert, aber eine Gartenparty wird hier nicht gefeiert.

Brzeziński vor dem Senat über Putin weiter: »Und er ist bereit – und zwar zunehmend, und das ist offensichtlich –, gewisse Formen von Zwang einzusetzen, um sein Ziel zu erreichen, und wir wissen nicht, wie weit das [noch] gehen wird, aber es ist inzwischen schon ziemlich weit gegangen.«

Brzeziński skizziert eine Situation, in der man sich fragt, ob die USA nicht doch besser irgendwann (militärisch) eingreifen sollten, bevor Putin allzu übermütig wird.

»Wir haben es derzeit mit keiner Sowjet-Expansion in neuer Form zu tun. Wir haben es mit einer Bedrohung zu tun, die mit Gewalt die Vereinbarungen nach dem Kalten Krieg ändern will, was Folgen hat [...] und **das könnte die Welt bedrohen** [sprich: die globale Dominanz der USA], und das könnte Druck und Zwang für die Nachbarstaaten bedeuten. Wir haben es aber auch mit der Möglichkeit zu tun, dass der nächste dynamische Effekt [die nächste größere Aktion Putins] [...] verstärkter Druck auf sehr verwundbare NATO-Länder ist.«

Mit dem »nächsten dynamischen Effekt« spielt Brzeziński auf die theoretische Möglichkeit an, dass Putin Druck auf die baltischen Staaten ausübt und die dortigen russischen Minderheiten als Hebel benutzt.

Hierbei geht es unter anderem um Lettland, das bei rund zwei Millionen Einwohnern eine russische Minderheit von rund 180 000 hat, plus 38 000 Weißrussen und 27 000 Ukrainer.[231]

Was bei uns kaum bekannt ist: Im Jahre 1991 verloren alle diejenigen Bewohner Lettlands ihre lettische Staatsbürgerschaft, die entweder selbst oder deren Vorfahren vor Juni 1940 (Einmarsch der Roten Armee) nicht in Lettland lebten. Allerdings können diese nun *Nichtbürger* genannten Einwohner die lettische Staatsbürgerschaft erwerben, wenn sie einen Test ablegen, in dem sie »ausreichende« Kenntnisse der lettischen Sprache, Kultur und Geschichte nachweisen. Laut einer Volksbefragung aus dem Jahre 2000 sahen 37,5 Prozent der Bewohner Lettlands Russisch als ihre Muttersprache an[232]. Der geforderte Einbürgerungstest ist jetzt eine dauernde Quelle bösen Blutes zwischen Letten und Russischstämmigen in Lettland und zwischen den Staaten Lettland und Russland. (Die *Nichtbürger* sind unter anderem vom aktiven und passiven Wahlrecht ausgeschlossen und dürfen keine Beamten werden.)

Eine gewisse diffuse Analogie zur Politik Adolf Hitlers ist bei dem Problem mit den russischen Minderheiten außerhalb Russlands natürlich nicht ganz von der Hand zu weisen, da Hitler – abgesehen von Österreich – seine Expansionspolitik im Oktober 1938 mit dem Herausschneiden des deutschstämmigen Sudetenlandes aus der Tschechoslowakei begann und mit dem Schutz deutscher Minderheiten begründete.

Aber nicht nur Brzeziński spielt mit dieser baltischen Karte. Die Bedrohung des Baltikums ist ein recht beliebtes Schreckgespenst in der außenpolitischen Debatte in den USA. Die drei baltischen NATO-Staaten stehen symbolisch dafür, dass man Russland zutraut, an den Rändern der NATO einen weiteren Konflikt vom Zaun zu brechen, der in einer großen NATO-Russland-Konfrontation enden könnte. »Baltikum« ist so gesehen ein Synonym für »Alarmstufe Orange« und einen eventuell drohenden NATO-Bündnisfall.

Zbigniew Brzeziński: »Ich vermute, dass Putins Reaktion in der Ukraine in vielerlei Hinsicht nicht von strategischer Überlegung geprägt war, sondern von persönlicher Wut, nachdem er erkannt hatte, dass der

Westen den Osten bei der Umwerbung der Ukraine ausgestochen hat, – und auch aus dem Gefühl einer gewissen Irritation heraus, weil er isoliert war, und vielleicht auch wegen eines Gefühls der Demütigung, wegen seiner einsamen Veranstaltung in Sotschi [Winterolympiade 2014], einem Ereignis, dass er sich zur eigenen Ehre gegönnt hatte.«

Persönliche Wut und ein Gefühl der Demütigung sind nicht gerade vertrauensfördernde Gemütszustände. Über das Bild des irrationalen, emotionsgesteuerten *launischen Potentaten* Putin schürt man beim Problem Baltikum Bedrohungsängste, obwohl eigentlich klar ist, dass Putin bei einem Einmarsch ins Baltikum sehr wenig gewänne, sich dabei aber gigantischen Ärger einhandeln würde: den NATO-Bündnisfall nämlich! Oder wenigstens einen totalen Wirtschaftsboykott.

Brzeziński: »Ich denke, es gibt keinen Zweifel, dass die Initiative [Russlands in der Ukraine-Krise] von [ganz] oben nach unten geht, in einem System, das sehr auf die Person bezogen ist, und wirklich von einem [einzigen] Mann beherrscht wird, der eine Obsession hat, die er auch artikuliert hat. Sie wissen es, ich hatte es schon erwähnt – das größte Unglück des 20. Jahrhunderts, der Zerfall der Sowjetunion. Die Initiative kommt also von [ganz] oben nach unten.«

Mit »das größte Unglück des 20. Jahrhunderts« bezieht sich Brzeziński auf einen Satz Putins aus dessen Rede zur Lage der Nation am 25. April 2005. Konkret sagte Putin damals: »die größte geopolitische Katastrophe des vergangenen Jahrhunderts«, und bezog sich damit auf die Wirren und das Chaos in Russland nach dem Zerfall der UdSSR 1991. Millionen Russen fanden sich damals plötzlich jenseits des Mutterlandes in neuen Staaten wieder, und Abermillionen Russen verarmten infolge der 1998er-Rubel-Krise. Im April/Mai 2005 nahmen deutsche Medien aber noch keinen besonderen Anstoß an dieser Aussage Putins, wobei dem *Focus* durchaus schon aufgefallen war, dass Putin da mit Blick auf den Zweitem Weltkrieg und den Holocaust etwas die Proportionen durcheinandergeraten waren.[233] Doch erst neun Jahre später im Rahmen der Ukraine-Krise gruben westliche Medien diesen Satz wieder aus und werteten ihn nun als Beleg dafür, dass Putin die alte Machtfülle der UdSSR zurückwill.

Brzeziński weiter: »Doch in der russischen Gesellschaft, denke ich, sehen wir jetzt eine bedeutende Weggabelung, die kurzfristig eine Bedrohung ist, langfristig aber vielversprechend ist, nämlich einerseits eine kleinbürgerliche, fremdenfeindliche, nationalistische Masse aus irgendwie frustrierten Menschen, die sich über die Tatsache ärgern, dass sie nicht mehr zu der ersten oder zweiten führenden Weltmacht zählen.«

Hier ergibt sich bei Brzeziński ein deutlicher Unterschied zu der Sichtweise sowohl George Friedmans als auch Wladimir Putins: Aus Putins und Friedmans Sicht geht es den Russen überhaupt nicht um die Vergangenheit, sondern um einen möglichen *Krieg in der Zukunft*. Es geht nicht um verletzten Stolz, sondern um Angst *um die Existenz*. Das sind völlig andere Kategorien. Es geht nicht um rückwärtsgewandte Gefühlsduselei, sondern um elementare und damit sehr machtvolle Emotionen. Brzeziński hingegen macht aus dem geostrategisch denkenden Putin eine Art Psychopathen, ähnlich wie Joschka Fischer es macht, und wie es Angela Merkel gelegentlich suggeriert hat.

Das Bild des »irren Iwan« bietet natürlich ein paar wichtige Vorzüge: Dieses Bild wird im Wesentlichen emotional kommuniziert und nicht verstandesmäßig. Dadurch wird es massentauglich. Und einen Irren braucht man auch nicht zu verstehen. Natürlich behauptet (bisher) niemand, Putin sei verrückt, aber es reicht, wenn sich in der Öffentlichkeit das Bild von Putins Undurchschaubarkeit und Unberechenbarkeit verfestigt.

»Und diese Leute [das russische Volk] lieben, was er macht. Das konnte man an den Emotionen sehen, der Freude, als er verkündete, dass er es [Annexion/Anschluss der Krim] getan hat – ohne einen einzigen Schuss sozusagen. Und er hat die Krim Russland angegliedert, und jeder schrie: ›Russland, Russland, Russland!‹
Aber dann gibt es noch das zweite Russland der neuen Mittelschicht, jener Mittelschicht, die etwas jünger ist, zunehmend weltoffen, die in den Westen reist, die ihre Kinder zum Studieren in den Westen schickt; und was vielleicht noch wichtiger ist: Sie sichert ihr Vermögen im Westen und betrachtet Russland letztendlich als Teil Europas.«

Vereinfacht gesagt hat Brzeziński die Masse der »ewig gestrigen« Russen abgeschrieben, und setzt nun auf eine »*neue, etwas jüngere Mittelschicht*« in Russland. Nur, wie viel Prozent der Bevölkerung in Russland wären das? Fünf Prozent? Viel mehr kann es nicht sein, immerhin verzeichnete Putin im Jahre 2014 Zustimmungswerte zwischen 80 Prozent und 90 Prozent. Wie kann man bei solchen Zustimmungswerten ernsthaft auf einen Wandel hoffen? Zbigniew Brzeziński hat da eine derzeit statistisch absolut nicht zu untermauernde Hoffnung, die sich bestenfalls in mehreren Jahrzehnten erfüllen könnte. Bis dahin aber könnte noch so einiges passieren, und eventuell weit mehr, als uns allen lieb ist. Er klaubt sich irgendeine Hoffnung zusammen, die uns weder heute, noch morgen, noch übermorgen hilft. Und mehr oder weniger gibt er das nachfolgend sogar selbst zu:

»Ich denke, die große historische Herausforderung besteht darin, sicherzustellen, dass dieses zweite Russland die Möglichkeit hat, sich durchzusetzen [...], aber das wird seine Zeit brauchen, je nachdem wie lange Putin an der Macht bleibt und wie erfolgreich er in der Zwischenzeit ist. Wenn er in der Zwischenzeit erfolgreich ist – einseitig betrachtet –, dann wird er mit Gewalt [!] etwas schaffen, das er Eurasische Union nennen wird. Das bedeutet, dass die neuen unabhängigen Staaten, die früher Teil der Sowjetunion waren, Teil der Eurasischen Union werden würden.

Also ich denke, das ist es, was auf dem Spiel steht. Und wenn er es schafft, sie [die Eurasische Union] zu errichten, werden wir für eine ganze Weile eine sehr durchsetzungsfähige, dynamische, feindliche, und vom Erfolg besoffene [russische] Führung vor uns haben. Und dass könnte eventuell etwas unvorhersehbar werden.«

Das »eventuell etwas unvorhersehbar« darf man wieder als versteckten Hinweis auf einen möglichen Dritten Weltkrieg verstehen.

Die *Eurasische Union* wäre ansonsten gleichzusetzen mit deutlich erhöhten Spannungen mit dem Westen, da Russland als Führungsmacht eines eurasischen Staatenbundes seine Interessen sicher mit noch größerem Nachdruck verfolgen würde. Und wenn Brzeziński dann weiter orakelt, Putin könne als Chef der Eurasischen Union »eine ganze Weile ein sehr durchsetzungsfähiger, dynamischer, feindlicher« globaler Mitspieler sein, so wäre ein neues Wettrüsten wie einst im letzten Kalten Krieg rein praktisch gesehen wohl nicht mehr zu verhindern. Nur, wie lange hielte Russland das durch? Das ist für Russland ja schon einmal schiefgegangen. Putin weiß das ganz genau. Was also tun? Putin müsste eine Lösung finden, bevor ein neues Wettrüsten Russland auf die Knie zwingt.

»Und das [die russisch-amerikanischen Beziehungen] wiederum ist abhängig von den Entscheidungen, die Putin trifft. Ich habe keine Möglichkeit, zu beurteilen, welches Gewicht die Meinung anderer hat, die Putin im Falle von Entscheidungen um ihre Meinung bittet. Gegenwärtig, befürchte ich, wird die Situation zu sehr von Putins persönlichen emotionalem Zustand bestimmt, Zorn, einem Sinn von historischer Erfüllung, Dinge, die aus seinen Äußerungen herausragen, besonders in seiner Rede vom 18. März [2014 zum Anschluss der Krim].«

Fassen wir Zbigniew Brzezińskis Sicht auf Putin und Russland von Anfang 2015 zusammen: Brzeziński schließt nicht aus, dass sich der Konflikt zwischen den USA und Russland noch weiter verschärft, noch wesentlich länger andauert und »eventuell etwas unvorhersehbar« wird.

Zbigniew Brzeziński hält Putin derzeit für emotionsgesteuert, aggressiv und potenziell gefährlich. Er schließt nicht aus, dass Russland weiter expandiert und dann eventuell im Zusammenhang mit den baltischen Staaten der NATO-Bündnisfall eintritt.[39*] Eine baldige Änderung der Situation sieht Brzeziński in den nächsten Jahren nicht.

[39*] Allerdings, das sagte Brzeziński auch im US-Senat, glaubt er nicht, dass es wegen des kleinen und strategisch unbedeutenden Baltikums zum Dritten Weltkrieg kommt, sondern, dass die NATO faktisch kneifen und die Balten verraten würde. Das hätte dann zwangsläufig eine schwere Krise der NATO zur Folge, womit die Frage impliziert wird, ob und wie Russland nun das ausnutzen könnte.

Henry Kissinger über Putin

Henry Kissinger (geboren 1923) gilt so wie Zbigniew Brzeziński als einer der »Giganten« der US-Außenpolitik und ist sicherlich der bekannteste von ihnen. Von 1969 bis 1973 war Kissinger Nationaler Sicherheitsberater unter Präsident *Richard Nixon*, und von 1973 bis 1977 US-Außenminister unter den Präsidenten *Nixon* und *Gerald Ford*. 1973 erhielt er den Friedensnobelpreis für ein Waffenstillstands- und Abzugsabkommen mit Nordvietnam.

In den zurückliegenden Jahren hat Kissinger den Kreml-Chef etwa 20 Mal persönlich zu Vier-Augen-Gesprächen getroffen. In einem *CNN*-Interview vom März 2012[234] antwortete Kissinger auf die Frage, was er über Putin denkt, als erstes, dass er Putin für »nicht anti-westlich« hält und dass Putin »vor allem ein russischer Patriot« ist, der den Niedergang Russlands in den 90er-Jahren als demütigend empfand. Als er Putin das erste Mal getroffen habe, sei Putin sehr darauf bedacht gewesen, dass Russland eine strategische Partnerschaft mit den USA eingehen kann, wozu es bekanntermaßen aber nie gekommen ist.

In einem Interview mit *The National Interest*, einer amerikanischen Fachzeitschrift für internationale Beziehungen, das am 19. August 2015 veröffentlicht wurde,[235] plädiert Kissinger für eine Entspannungspolitik gegenüber Russland und geht davon aus, dass Putin nach wie vor ein vertrauenswürdiger Verhandlungspartner ist. Kissinger bezweifelt in dem Interview, dass Putin schon länger die Strategie einer Annexion der Krim (und damit anderer Gebiete) hatte, und meint, dass der Krim-Anschluss aus Putins Sicht infolge der *verfehlten Ukraine-Politik der EU* verständlich, wenn auch stark überzogen war. Russlands Beziehungen zur Ukraine hätten für Russland stets einen besonderen Charakter, und könnten nicht nur nach westlichen Maßstäben gemessen werden. Im Großen und Ganzen zeigt sich Henry Kissinger ähnlich wie Helmut Schmidt als »Putin-Versteher«. Unter anderem sagt er:

»Wenn wir Russland ernsthaft als Großmacht behandeln wollen, müssen wir zu einem frühen Zeitpunkt festlegen, inwiefern Russlands Sorgen in Einklang gebracht werden können mit unseren Erfordernissen [denen der USA/NATO].«[236]

Als *The National Interest* im Interview feststellt, dass in Washington D. C. die Neokonservativen und die Falken der Liberalen entschlossen sind, der russischen Regierung »den Rücken zu brechen« (!), entgegnet Henry Kissinger bedeutungsschwanger: »Bis sie die Konsequenzen sehen ...«[237], und warnt die USA davor, sich angesichts aller fünf mehr oder weniger gescheiterten US-Kriege seit 1945 in einen weiteren Krieg zu stürzen, dessen Ende sie nicht absehen können.

George Soros über Putin

George Soros (geboren 1930) ist ein milliardenschwerer US-amerikanischer Investor, der weltweit bekannt wurde, als er 1992 auf die Abwertung des britischen Pfunds spekulierte, damit richtig lag und rund eine Mrd. US-Dollar verdiente. Damit hatte George Soros den Mythos der *Bank of England* zerstört, sie quasi »gesprengt«.

Seit etlichen Jahren betätigt sich George Soros aber auch politisch, unter anderem über einige sehr finanzkräftige Stiftungen, mit deren Hilfe er versucht, weltweit westliche Werte zu fördern, insbesondere auch im ehemaligen Machtbereic h der UdSSR (Ukraine!). Im Zusammenhang mit seinem politischen Engagement sollen laut *Time* über sein Stiftungsnetzwerk (*Soros Foundation, Open Society Institute,* usw.) allein bis 2007 in 60 Länder der Welt sechs Milliarden US-Dollar geflossen sein.[238]

Im November 2014 erschien in *The New York Review of Books* ein längerer Artikel aus George Soros' Feder, in dem er sich mit der aktuellen Krise in der Ukraine, der aktuellen Lage der EU, Russland und natürlich auch mit Wladimir Putin befasste. Die Überschrift des Artikels lautet: [239]

»Wach auf, Europa!«

Der Artikel beginnt wie folgt:

»Europa steht einer Herausforderung durch Russlands gegenüber, die seine Existenz infrage stellt. Weder die europäischen Führer, noch ihre Bürger sind sich dieser Herausforderung voll bewusst.«[240]

Wladimir Putin stellt die »Existenz Europas infrage«? Und Putin wiederum sieht Russland in seiner Existenz bedroht. Fangen so etwa Kriege an? Manchmal schon.

George Soros versäumt es dann auch nicht, darauf hinzuweisen, dass »Präsident Putin mit regulären bewaffneten Kräften in die Ukraine eingefallen« sei. Eine Quelle für diese Behauptung nennt er nicht. Tatsache und eben nicht Behauptung ist allerdings, dass zwei Monate nach Soros' Weckruf an die Europäer, auch in deutschen Medien eine Meldung auftauchte, wonach der ukrainische Generalstabschef *Wiktor Muschenko*, also der höchste Militär der Ukraine, die Anwesenheit regulärer russischer Truppen in der Ost-Ukraine **verneinte**: »Wir kämpfen nicht gegen Einheiten der regulären russischen Armee.«

Eine entsprechende Meldung brachte unter anderem das *Focus-Magazin*[241], die *Sächsische Zeitung*[242] und der österreichische *Standard*[243]. Ein paar Tage später tauchte dann auf *YouTube* Filmmaterial auf, auf dem man Generalstabschef *Wiktor Muschenko* in Uniform vor der ukrainischen Fahne sitzen sieht, vor ihm Mikrofone von etwa acht Radio- und Fernsehsendern. Die Aussage wurde von mindestens zwei Kamerateams gefilmt: von einem ukrainischen Sender[244] und von *Russia Today*[245]. Kurz: Soros lügt sich einen potenziellen Kriegsgrund zusammen. Wenigstens lässt sich seine Aussage so deuten.

George Soros an anderer Stelle in seinem Artikel:

»Ein [in der Ukraine] siegreiches Russland würde innerhalb der EU sehr viel einflussreicher werden und könnte die baltischen Staaten mit ihren großen russischen Minderheiten bedrohen. Statt die Ukraine [mit Waffenlieferungen] zu unterstützen, müsste sich die NATO dann auf eigenem Gebiet verteidigen. Dass würde sowohl die EU als auch die USA der Gefahr aussetzen, die sie sich so sehr bemühen zu verhindern: eine direkte Konfrontation mit Russland.«

Etwas überspitzt formuliert: Aus George Soros' Sicht muss man jetzt in der Ukraine mit der Faust auf den Tisch schlagen, damit im Baltikum nicht der Dritte Weltkrieg ausbricht.

Nicht lange nach seinem Artikel in der *New York Review of Books*, gab der »Philanthrop« (Menschenfreund) George Soros – so wird er immer wieder gerne bezeichnet[40*] – dem französischen Fernsehsender *France24* ein Interview, in dem es auch um obigen Artikel ging.[246] Als der ihn interviewende Journalist *Marc Perelman* angesichts von George Soros' Gedankenspielen in Sachen Dritter Weltkrieg leicht gereizt nachfragte, ob George Soros es wirklich ernst meine mit der »existenziellen Bedrohung« der EU durch Wladimir Putin, und ob George Soros diese Bedrohung eher »militärisch« oder »ideologisch« meint, oder »was exakt?« – als sich der Journalist also weiter in Richtung Thema Dritter Weltkrieg vorbohrte, antwortete dieser steinreiche Menschenfreund: »Genau beides.« Darauf der Moderator, schon etwas mehr als leicht irritiert: »Sie glauben, Russland könnte einen Krieg gegen die EU vom Zaune brechen und gewinnen?«

Darauf Soros: »Nun, Russland *führt* bereits Krieg in der Ukraine. Und wenn er [Putin] in der Ukraine siegt [...], wird das zwei Konsequenzen haben: Zum einen wird er sich die baltischen Staaten nehmen. [...]«

Der Journalist sieht George Soros entsetzt an, und man weiß nicht genau, ist er nun von George Soros entsetzt, oder von der Vorstellung, Putin greife nach dem Baltikum, und der Dritte Weltkrieg breche aus. Soros dann weiter: »Die andere Konsequenz wäre die ideologische Bedrohung, die ich besonders schockierend finde, denn Putin treibt eine Ideologie des Nationalismus voran.«

Mit dem »Nationalismus« liegt George Soros natürlich nicht völlig falsch, nur besteht eben ein wesentlicher Unterschied zwischen dem Wunsch, nationale Identitäten *zu erhalten*, und dem Anspruch einer Nation, andere Nationen *zu bevormunden oder gar zu unterdrücken.*
Dann vergleicht Soros die aktuelle Entwicklung in und um Russland mit der Entwicklung in Deutschland zwischen Erstem- und Zweitem Weltkrieg, als viele Deutsche auf Revanche sannen, weil sie sich gede-

---

[40*] Siehe de.wikipedia/wiki/George_Soros unter Punkt 4: »Philanthropisches und politisches Engagement«.

mütigt fühlten, und den Versailler Friedensvertrag als himmelschreiende Ungerechtigkeit empfanden. In dem Zusammenhang fällt dann irgendwann auch der Name *Adolf Hitler*, und der Journalist Perelman will nun, immer noch etwas erregt und leicht aus dem Konzept, George Soros fragen, ob dieser glaubt, dass heute etwas Ähnliches wie damals passieren könne, ein neuer Weltkrieg eben. Er beginnt:

»Und sie denken, dass etwas Ähnliches ...? «

Mitten im Satz bricht Marc Perelman dann aber ab, weil ihm bewusst wird, auf welchen gedanklichen Abgrund er sich gerade zu bewegt. Im letzten Moment reißt er das Steuer herum, rettet sich auf sicheres Terrain und fragt stattdessen, was Soros glaube, was in Putins Kopf vor sich gehe, ob Putin die Sowjetunion wieder herstellen will. Soros weicht zunächst aus, meint dann aber, Putin wolle das »Russische Imperium« wieder herstellen, und Putin glaube auch, die Russen bräuchten einen »Zaren«. Also: »Zar« statt Dritter Weltkrieg. Glück gehabt.

US-General Martin Dempsey über Putin

Martin Edward Dempsey (geboren 1952) ist derzeit *Chairman of the Joint Chiefs of Staff* der US-Streitkräfte, also der Chef des Generalstabs aller Einzelstreitkräfte der USA (Armee, Marine, Luftwaffe, etc.) und damit der ranghöchste Militär der USA. Über ihm stehen nur noch der Verteidigungsminister und der Präsident. Am 3. März 2015 sagte General Dempsey bei einer Anhörung vor dem US-Senat:
»Putins ultimatives Ziel, ist die Zerschlagung der NATO.«[247]

Natürlich neigen Militärs seit jeher überall auf der Welt dazu, den Teufel an die Wand zu malen. Die Wachhunde knurren und kläffen. Das ist ihr Job. Das ist allgemein bekannt, und man weiß, dass von den Politikern vieles lange nicht so heiß gegessen wird, wie es von den Militärs gekocht wird. Mit dieser entspannten Zurückhaltung ist es allerdings vorbei, wenn die Wahrscheinlichkeit eines Krieges zunimmt. Dann nimmt der Einfluss der Militärs auf die Politik zu.

Senator John McCain über Putin

John McCain (geb. 1936) ist seit 1987 republikanischer Senator für den US-Bundesstaat Arizona, und hatte 2000 und 2008 für das Präsidentenamt kandidiert. Im Vietnamkrieg wurde McCain als Jagdbomberpilot abgeschossen, geriet in mehrjährige Kriegsgefangenschaft und gilt seitdem in den USA als großer Kriegsheld. In der Außenpolitik vertritt er eine eher harte Linie, insbesondere gegenüber Russland. In Europa gilt er teilweise als Kriegstreiber, unter anderem weil er im ukrainischen Bürgerkrieg für verstärkte Waffenlieferungen an die Kiewer Regierung eintritt. Im September 2014 hat er in einem *BBC*-Interview über Putin gesagt:

»Wir müssen begreifen, dass Wladimir Putins Ziel ist, das alte Russische Imperium wieder herzustellen.«[248]

Das würde bedeuten, dass Putin in absehbarer Zeit den Druck auf ehemalige UdSSR-Staaten wie die baltischen Staaten, und ehemalige Warschauer-Pakt-Staaten wie Polen erheblich erhöht. Im Klartext: Putin legt es auf eine massive Konfrontation mit dem Westen an, und der Westen muss darauf vorbereitet sein, natürlich auch militärisch.

Folgt man jedoch George Friedman und Wladimir Putin, so ergibt sich folgende Deutung: Die USA bauen Russland als »Bedrohung der Welt« auf, um insbesondere ihre europäischen Verbündeten um sich zu scharen, die sie brauchen, um Russland zu isolieren. In Wahrheit ist Russland nur eine Bedrohung für den globalen Vorherrschaftsanspruch der USA.

Das Meinungsbild zu Putin in den USA

In den USA gibt es also durchaus unterschiedliche Sichtweisen auf Wladimir Putin. Eher vereinzelte Stimmen wie Henry Kissinger plädieren für eine Entspannungspolitik gegenüber Russland und halten Putin für einen tauglichen Verhandlungspartner. Andere wie Zbigniew Brzeziński, George Soros, Senator McCain und General Dempsey befürchten zunehmende Spannungen mit Russland, und schließen eine weitere Eskalation nicht aus. Und darauf wollen sie vorbereitet sein, auch, wenn diese Vorbereitungen aus russischer Sicht eine (weitere) Provokation sein könnten.

Insgesamt schätzt man Wladimir Putin in den USA als deutlich gefährlicher ein, als in Europa, und man ist dort sehr viel eher bereit, mit militärischen Maßnahmen gegen Russland vorzugehen, wobei die Gefahr eines Dritten Weltkrieges auch in den USA bisher zu keinem öffentlichen Thema geworden ist. *Dieser* Teufel wird (noch?) nicht an die Wand gemalt. Aber die Farben dazu scheinen vorsorglich schon einmal bereitgestellt zu sein.

Wie die USA im Falle einer weiteren Verschärfung der Krise mit Russland reagieren, ist natürlich schwer vorauszusagen, da man nicht weiß, welche Gruppierungen in den USA sich in Zukunft durchsetzen würden (im November 2016 sind Präsidentschaftswahlen). Die Gefahr aber, dass die USA maßgeblich zu einer Eskalation beitragen könnten, ist schon heute klar erkennbar. Einflussreiche Personen wie George Soros, John McCain und andere drängen schon jetzt auf eine schärfere Gangart gegenüber Russland. Und es ist absolut klar, dass diese schärfere Gangart erhebliche Risiken heraufbeschwören könnte, die dann natürlich insbesondere Europa beträfen.

Kommt man insgesamt zur selben Lageeinschätzung wie der frühere US-Botschafter John Kornblum, dass nämlich letztlich in Washington über das Schicksal Europas entschieden wird, haben die amerikanischen Ansichten über Putin ein unvergleichlich größeres Gewicht, als das, was man in Europa und Deutschland über Putin denkt. Andererseits: Glaubt man George Friedman, dann sind Europa und Deutschland alles andere als ihrem Schicksal ausgeliefert. Das Problem ist nur, dass die politische Klasse in Europa und insbesondere in Deutschland auch in vielerlei Hinsicht der verlängerte Arm der USA ist. In gewissem Sinne ist in Europa das Volk derzeit ohne Stimme, jedenfalls in den Massenmedien. Also muss dieses Volk seine Stimme außerhalb der Massenmedien erheben, wenn es nicht zum Spielball der Washingtoner Politik werden will. Und es reicht nicht, diese Stimme nur im virtuellen Raum des Internets zu erheben, wo niemals ein echtes Machtbewusstsein entstehen kann. Das Volk muss auf die Straße und dort seine Kraft spüren! Geschähe das nicht, könnte man nur noch beten und hoffen, dass in Washington nicht irgendwelche »wohlmeinenden« Politiker diesmal einen ganz besonders dummen Fehler begehen.

Die 100 000-Dollar-Frage

Die Kernthese dieses Buches besagt, dass wir Wladimir Putins politische und geostrategische Absichten nur verstehen können, wenn wir auch die geostrategischen Absichten der USA kennen. Schließlich sind die USA die »einzig verbliebene Supermacht«, und den Russen in militärischer[41*], ökonomischer, finanzieller und massenmedialer Hinsicht haushoch überlegen. Es sind die USA, die maßgeblich das globale Regelwerk bestimmen, und eben nicht Russland.

Natürlich verkompliziert sich durch den Faktor der globalen Strategie der USA die Antwort auf die Frage, was Putin will. Und bekanntermaßen nehmen beim Durchschnittsbürger mit zunehmender Komplexität – ganz egal, worum es sich dabei handelt – die Fähigkeit und auch der Wille ab, den betreffenden Sachverhalt zu verstehen. Das ist ganz natürlich, und deshalb hat es auch keinen Sinn, das hier zu kritisieren. Umso mehr sind dann allerdings jene zu kritisieren und an ihre Verantwortung zu erinnern, die sehr wohl fähig sind, die Zusammenhänge zu verstehen, und Russland als Rädchen im weltpolitischen Getriebe zu erkennen.

Letztlich ist die Komplexität der Frage, was Putin am Ende wirklich will, jedoch bei Weitem nicht so groß, als dass es nur eine Frage für Spezialisten wäre. Das eigentliche Verständnisproblem besteht nicht in einem Mangel an irgendeiner Intelligenz oder dem mangelnden

---

41* Global militärisch betrachtet. Nur auf Europa bezogen kann man das nicht unbedingt behaupten.

Zugang zu speziellen Informationen. Es ist der *fehlende Wille*, die Zusammenhänge zu durchschauen. Findet man sich mit einem Zustand der Verwirrung ab? Reicht einem das?

Eigentlich gebietet es schon alleine der gesunde Menschenverstand, dass man den neuen Konflikt zwischen Russland und den USA auch daraufhin untersucht, ob es sich letztlich gar nicht um ein lokales europäisches Problem handelt, sondern in Wahrheit um einen Konflikt im Rahmen des globalen Vorherrschaftsanspruches der USA.

Dieser gesunde Menschenverstand wird im Falle der möglichen Strategie der USA jedoch in der öffentlichen Debatte in Deutschland und anderswo in Mitteleuropa praktisch komplett abgeschaltet. Das heißt, eine entsprechende Debatte findet schlicht und einfach nicht statt. Vereinzelte Kritiken an der globalen Strategie der USA können zwar in den Massenmedien durchaus am Rande vorgebracht werden, aber im Wesentlichen wird nicht auf entsprechende Kritiken und kritische Fragen eingegangen. Man lässt sie ins Leere laufen, sie werden nicht zum Thema gemacht, und es findet keine Debatte darüber statt. Formal wird zwar der demokratischen Ikone »freie Meinungsäußerung« Genüge getan, indem man entsprechende Kritiken im Einzelfall über den Sender gehen lässt und abdruckt, aber seitens der Massenmedien wird mit beunruhigender Konsequenz dafür gesorgt, dass diese kritische Rede entweder von zu wenigen Menschen wahrgenommen wird oder dass sie schnell wieder in Vergessenheit gerät. Redefreiheit besteht also durchaus, aber im Prinzip hört keiner zu! Die Redefreiheit versinkt hier gewissermaßen lautlos im allgegenwärtigen Morast einer plärrenden und besserwisserischen Mediengesellschaft.

Das Rätsel um Putins wahre Absichten allerdings ist, um im Bilde zu bleiben, wie eine Moorleiche, die man glaubt, in diesem Morast erfolgreich versenkt zu haben, die dann aber plötzlich wieder an der Oberfläche auftaucht und einen irgendwie hämisch angrinst. So ist zu befürchten, dass uns die Frage »Was will Putin?« so lange beschäftigen und fast wie ein Fluch verfolgen wird, wie Putin im Amt bleibt. Entweder bis Putin und Russland sich dem Willen des Westens beugen, oder aber bis Putin uns eines unschönen Tages zeigt, dass er wirklich alles zu riskieren bereit ist.

Worauf wir wohl besser nicht hoffen, ist ein Russland, das unter zunehmender Isolierung durch den Westen, so wie einst die UdSSR, mehr oder weniger still vor sich hinbröckelt bis zu jenem Tage, da Putin mit hängenden Schultern aus dem Kreml schleicht, und das russische Volk erleichtert aufatmet.

Nochmals: Die Frage, was Putin will, wird in Zukunft wieder und wieder auftauchen, es sei denn, wir fangen an, eine Antwort auf die Frage zu finden, *was die USA wirklich wollen.*

Putin hat oft genug gesagt, erklärt und durchblicken lassen, wie er die Welt sieht, und was er will. Sicher, all das mag »irgendwie« Propaganda sein und »bloß ein Trick«. Doch Putin gibt nur das wieder, was auch seine führenden Mitstreiter im Kreml denken.

Und selbst wenn all das, was man aus dem Kreml hört, tatsächlich nur ein Trick wäre, müsste in Deutschland dennoch die beunruhigende und zunehmend alarmierende Weltlageeinschätzung der Moskauer Politikerelite einmal auf breiter gesellschaftlicher Ebene wirklich analysiert und debattiert werden. Genau das findet aber nicht statt. Stattdessen weicht man der Debatte über Putins von ihm selbst erklärten An- und Absichten aus, indem man auf vielfältige und nicht enden wollende Weise das Gefühl vermittelt, Putin sei nicht zu trauen und er lüge sowieso. Putin wird nicht zitiert (oder wenigstens viel zu wenig), es wird einseitig beziehungsweise nicht wirklich argumentiert und nicht scharf genug analysiert, sondern es werden bei jeder sich bietenden Gelegenheit antirussische und gegen Putin gerichtete Emotionen geschürt. Mit Emotionen wird in der breiten Masse Stimmung gemacht, und sobald in der breiten Masse die zornige Gewissheit herangereift ist, Putin sei ein Weltschädling, werden auch die differenziert argumentierenden Zeitgenossen wortkarg und kleinlaut. Oder die verbliebenen kritischen Geister mit Worten von Gewicht machen sich aus dem Staube, indem sie das Zeitliche segnen, so wie Günter Grass (gest. am 13. April 2015), Egon Bahr (gest. 19. August 2015) und Helmut Schmidt (gest. 10. November 2015).

Das »Putin lügt sowieso« ist dann natürlich die perfekte Begründung dafür, dass man es ablehnt, ihn und »die Russen« überhaupt noch verstehen zu wollen. Damit ergibt sich die ziemlich absurde Situation, dass wir einerseits nicht wissen, was Putin will, dies bisweilen regelrecht beklagen, andererseits aber das, was Putin seinerseits dazu konkret sagt, komplett ignorieren beziehungsweise ausblenden. Ein solches Verhalten verdient die Diagnose »kollektive Verhaltensstörung«. In einer vergleichbaren Situation in einer Ehe würde jeder Eheberater die Hände über dem Kopf zusammenschlagen, und demjenigen, der nicht zuhören will, gehörig ins Gewissen reden.

Natürlich gibt es für diesen schizophrenen Zustand des gleichzeitigen Putin-Verstehen-Wollens und Putin-Nicht-Verstehen-Wollens eine Erklärung: Putin kritisiert die globale Strategie der USA, bzw. das was er und seine Mitstreiter im Kreml dafür halten. Und diese (angebliche) US-Strategie impliziert aus russischer (und George Friedmans) Sicht eben eine *falsche Freundschaft der USA gegenüber Deutschland* und damit auch eine falsche Freundschaft gegenüber Europa insgesamt. Kurz: Ein Kernbaustein der Putinschen Weltsicht besagt: Die USA verraten Europa und insbesondere Deutschland, das faktisch die Kernmacht des alten Kontinents bildet.

Wäre diese Idee eines Verrats der USA an Europa und Deutschland völlig an den Haaren herbeigezogen, könnte man sich ein paar Bier aus dem Kühlschrank holen, sich die wichtigsten Putin-Reden anhören, und sich vor Freude auf die Schenkel klopfen, wenn man all den Unsinn dann in seinen Einzelheiten hört. Aber so ist es nicht: Vielmehr ist es so – und das habe ich persönlich in meinem eigenen Bekanntenkreis auch von Leuten erfahren, von denen ich es nie gedacht hätte –, dass die Leute sagen: »Putin hat recht!«, oder »Ich mag den zwar nicht. Ich traue ihm nicht. Aber recht hat er!«

Wir alle wissen, dass die USA im Irak einen völkerrechtswidrigen Krieg mit Lügen vom Zaun gebrochen haben, und dass die USA Europa flächendeckend ausspioniert haben, wobei keiner glaubt, dass sich daran wieder irgendetwas geändert hat, noch ändern wird. Es gibt für uns also ohne jeden Zweifel objektive Gründe, den USA zu misstrauen. Die 100 000-Dollar-Frage für uns alle lautet nun: Wie sehr?

Und in genau diese Kerbe schlägt Wladimir Putin. Im Westen heißt es: »Putin will den Westen spalten, er will die NATO spalten.« Putin sagt: »Der Westen *ist* bereits gespalten, nur wird er von den USA mit militärisch-geheimdienstlichen Tricks, politischem Druck und massenmedialen Lügen zusammengekleistert.«

Selbstverständlich ist es denkbar, dass Putin zwar eine absolut berechtigte und notwendige Kritik an den USA und dem westlichen System vorbringt und dennoch (wenigstens mittelfristig) auf die Zerstörung dieses Systems hinarbeitet. Es wäre nicht das erste Mal, dass versucht wird, mit guten Argumenten eine schlechte Sache zum Erfolg zu bringen. Doch selbst wenn Putin ein schlechtes Spiel mit letztlich schlechten Karten spielt, so hat er doch ein Ass, das sticht: Denn es gibt im Westen keine echte öffentliche Debatte über das, was Putin will, und das, was die USA wollen. Im Falle von Putin fuchtelt man stattdessen für die Öffentlichkeit mit einer Art »ewigem Rätsel Putin« herum oder eben mit dem Bild eines Putin, dem keiner trauen kann, wobei Rätselhaftigkeit und Verlogenheit ein Geschwisterpaar sind, das gut zusammenpasst.

Und im Falle der USA werden entsprechende Diskussionen bereits im Frühstadium abgewürgt. Gerade aber in einer Demokratie wie der unseren und eigentlich überall in Europa muss es in einer potenziellen Krieg-oder-Frieden-Frage eine öffentliche Debatte geben. Wenn das Volk nicht mitreden darf über Leben und Tod, kann sich dieses Volk, auf Deutsch gesagt, seine ach so schöne Demokratie in die Haare schmieren. Wir reden hier schließlich nicht von Kriegen mit Pferden, Säbeln und Lanzen, sondern von Kriegen, die schlimmstenfalls alles und jeden vernichten können.

Putin mag ein Lügner sein, doch er scheint die Macht zu haben, die westlichen Demokratien als Schaufensterveranstaltung zu entlarven. Die Frage nach Krieg und Frieden und die Art der Debatte oder Nichtdebatte darüber ist ein Prüfstein für unsere Demokratie. Fände diese Debatte nicht statt – und bisher ist genau das der Fall –, so bewiese dies zweierlei: Zum einen hätten wir eine politische Elite – beziehungsweise Politiker und Massenmedien, die sich in Wahrheit von der Demokratie verabschiedet haben. Und zum anderen hätten wir *auch ein Volk, das selbst faktisch die Demokratie verrät.* Ein solches Volk wird sich eines Tages – und das fürwahr wäre sein verdientes Schicksal – in irgendeiner Form von Diktatur wiederfinden.

Oder es kommt eben noch schlimmer.

Nicht ohne Grund haben seit Ausbruch des neuen Ost-West-Konfliktes eine ganze Reihe bekannter Persönlichkeiten vor einem Dritten Weltkrieg gewarnt: der Papst, Michael Gorbatschow, Helmut Schmidt, Egon Bahr, Günter Grass und andere (siehe Seite 275, »Warner vor einem neuen Weltkrieg«). Man sollte annehmen, dass diese Männer etwas von der Welt verstehen. Die sogenannte breite Masse allerdings glaubt, es könne zu keinem Dritten Weltkrieg kommen, weil keiner der Politiker so verrückt sein wird, einen Weltkrieg zu riskieren.

Nun, Letzteres mag so sein. Aber was würde passieren, wenn irgendein »Sonderfaktor« die bisherigen Risikoabschätzungen in Moskau, Washington und Berlin über den Haufen wirft? Denn eines ist ja wohl klar: Ein »gewisses« Risiko wird in der internationalen Politik sehr wohl schon gefahren. Wo also verläuft die Grenze zwischen kalkuliertem Risiko und unkalkuliertem, unerkanntem und fatal unterschätztem Risiko? Und wer eigentlich überwacht diese Grenze?

Unsere Verantwortung als demokratische Bürger, als die wir uns sozusagen bei jeder Anti-Nazi-Demo die Kehle aus dem Halse schreien, liegt, – beinahe hätten wir es vergessen – auch darin, dafür zu sorgen, dass unsere Herren und Frauen Politiker gar nicht erst in eine Situation geraten, in der ihre fehlerhafte Risikoabschätzung *selbst zum Risiko wird.*

Wir brauchen also eine öffentliche Debatte über das, was Putin will *und* was die USA wollen. Und diese Debatte muss so nachhaltig sein, dass wir Deutschen und Europäer schlussendlich erkennen, *was wir selbst wollen.* Und das müssen wir dann klar, deutlich und laut genug sagen, damit es auch jene hören, auf die es ankommt, wenn es Spitz auf Knopf steht.

Fände diese Debatte nicht statt, so wäre unsere Demokratie als komplette Fehlkonstruktion entlarvt, oder womöglich schlimmer noch: gar als bösartiges Täuschungsmanöver. Und dann hätte Wladimir Putin recht. Ja. Dann hätte er recht. Selbst dann, wenn er letztlich eben doch etwas Böses im Schilde führte und wir ihm zu Recht misstrauten.

Warner vor einem neuen Weltkrieg

Datum	Warner	Amt/Funktion/Beruf
2015.06.08	Papst Franziskus	Oberhaupt der katholischen Kirche[1]
2015.03.24	H. C. Strache	FPÖ-Vorsitzende[2]
2015.01.10	Michail Gorbatschow	letzter Präsident der UdSSR[3]
2014.11.23	Matthias Platzeck	ehem. brandenburgischer Ministerpräsident[4]
2014.11.04	Günter Grass	deutscher Literaturnobelpreisträger[5]
2014.10.17	Michail Gorbatschow	letzter Präsident der UdSSR[6]
2014.09.24	Helmut Schmidt	ehemaliger deutscher Bundeskanzler[7]
2014.09.23	Daniel Ortega	Präsident Nicaraguas[8]
2014.09.17	Michail Gorbatschow	letzter Präsident der UdSSR[9]
2014.09.13	Papst Franziskus	Oberhaupt der katholischen Kirche[10]
2014.08.03	Igor Iwanow	ehemaliger russischer Außenminister[11]
2014.08.03	Malcolm Rifkind	ehem. brit. Außen- u. Verteidigungsminister[12]
2014.05.16	Helmut Schmidt	ehemaliger deutscher Bundeskanzler[13]
2013.12	Egon Bahr	ehem Bundesmin. f. wirtsch. Zusam. Arb.[14]
2013.01.07	Jean-Claude Juncker	Luxemburg. Premier u. Euro-Gruppen-Chef[15]
2011.12.10	Michail Gorbatschow	letzter Präsident der UdSSR[16]

1 *BILD*: »Papst warnt vor Drittem Weltkrieg«.
 http://www.bild.de/politik/ausland/papst/spricht-vom-dritten-weltkrieg-41253350.bild.html.
2 Der Standard: H.C.Strache: Dritter Weltkrieg ›möglich‹.
 http://derstandard.at/2000013370281/Russland-Strache-sieht-EU-als-Aggressor
3 »Wenn angesichts dieser angeheizten Stimmung einer die Nerven verliert, werden wir die nächsten Jahre nicht überleben.« / *Spiegel* (Nr. 3, 10. Januar 2015, Seite 96).

4 »Und natürlich geht es längst um Krieg und Frieden.« / Günter-Jauch-Sendung, 23. November 2014.
5 »Heute befinden wir uns – radikal gesagt – im Dritten Weltkrieg.«
http://www.spiegel.de/kultur/literatur/guenter-grass-und-oskar-negt-an-der-universitaet-hannover-a-1000863.html#ref=veeseoartikel.
6 »Eigentlich wollen sie uns an den Gedanken eines neuen Krieges gewöhnen, eines dritten Weltkrieges« / *Schweizer Fernsehen (SFR)*, 17. Oktober 2014, Sendung Rundschau.
7 »Zum ersten Mal seit dem scheinbaren Ende des Kalten Krieges taucht an Europas Horizont die Möglichkeit eines Krieges auf.«
http://www.zeit.de/politik/2014-09/helmut-schmidt-ukraine-russland-warnung-krieg-europa.
8 »Der dritte Weltkrieg hat bereits begonnen.« / *Epoch Times.de*.
9 Blick: Gorbatschow warnt vor Drittem Weltkrieg.
http://www.blick.ch/news/ausland/putin-wird-provoziert-gorbatschow-warnt-vor-drittem-weltkrieg-id3135881.html.
10 *Kronenzeitung*, Überschrift: »Dritter Weltkrieg im Gange«.
11 Gefahr der Eskalation bis in militärische Konfrontation / Kontrollverlust / Überraschungsangriff, *International New York Times*, 3. August 2014, »The Risk of a New Cold war«.
12 Siehe 11.
13 »Ich halte nichts davon, einen dritten Weltkrieg herbeizureden, [...] die Gefahr, dass sich die Situation verschärft wie im August 1914, wächst von Tag zu Tag.« / *Spiegel-Online*, 16. Mai 2015.
14 »Ich, ein alter Mann, sage euch, dass wir in einer Vorkriegszeit leben.« / *Rhein-Neckar-Zeitung*, 4. Dezember 2013, Link inzwischen inaktiv.
15 »Das Jahr 2013 könnte ein Vorkriegsjahr werden wie das Jahr 1913.«; *Kurier.at* 13. Januar 2013.
16 Michail Gorbatschow warnt vor dem 3. Weltkrieg

Über den Autor

Stephan Berndt wurde 1961 in Hamburg geboren, war einige Jahre Softwareentwickler und lebt und arbeitet derzeit als freier Sachbuchautor in Bayern. Seit Jahren beobachtet er die weltpolitische Entwicklung unter dem Gesichtspunkt einer zunehmend chaotischen Welt, vermehrt auftretender internationaler Krisen und einer allgemein-gesellschaftlichen Tendenz in Deutschland, Gefahren kleinzureden, zu ignorieren, völlig falsche Prioritäten zu setzen und sich auf eine fiktive, illusorische Insel moralischer Überlegenheit zurückzuziehen, von der aus man glaubt, der Welt zeigen zu müssen, wie man es richtig macht. Dabei nagt an dieser Insel beständig die unruhige See, und man ist völlig ratlos, wie dem zu begegnen ist.

Bibliografie

Ben-Itto, Hadassa, »Die Protokolle der Weisen von Zion«. Anatomie einer Fälschung, Aufbau-Verlag, 1998
Brzeziński, Zbigniew, Die einzige Weltmacht, Kopp Verlag, 2015
Clark, Wesley K., A Time To Lead, Palgerave, 2007
Compact-Edition, Wladimir Putin – Reden an die Deutschen, Compact-Magazin 2014
Dugin, Alexander, Konflikte der Zukunft, Bonus-Verlag, 2015
Ewers, Philipp, Putin Verstehen?, Edition Berolina, 2015
Falkner, Jutta, (Hrsg.), So ist nun mal der Russe, Verlag Ost-West-Contact-GmbH, 1998
Gorbatschow, Michael, Das neue Russland, Quadriga-Verlag, 2015
Kissinger, Henry, Weltordnung, C. Bertelsmann-Verlag, 2014
Krone-Schmalz, Gabriele, Russland verstehen, C. H. Beck-Verlag, 2015
Laqueur, Walter, Putinismus, Propyläen-Verlag, 2015
Rode, Bernhard, Das Eurasische Schachbrett, Hohenrain-Verlag, 2012
Scharnagl, Wilfried, Am Abgrund, Keyser-Verlag, 2015
Schmidt, Helmut, Die Mächte der Zukunft, Siedler-Verlag, 2004
Schwanfelder, Werner, SUN TSU für Manager, Campus-Verlag, 2004
Sun Tsu, Die Kunst des Krieges, Nikol-Verlag, 2014 (1988)

Bildquellen

Abb. 1: Der Spiegel, 10. Januar 2000, Wer ist Putin?
Abb. 2: Schily, Fischer, Däubler-Gmelin, https://www.youtube.com/watch?v=9jyLQmyg9hs
Abb. 3: Der Spiegel, 18. August 2008
Abb. 4: The Sun, 18. Juli 2014
Abb. 5: Der Spiegel, 28. Juli 2014
Abb. 6: Newsweek, 1. August 2014
Abb. 7: Der Spiegel, 2. Mai 2015, »Der Verrat«
Abb. 8: Sandra Maischberger (28.04.2015) Youtube.com/watch?v=_aq60QiLvVM
Abb. 9: Stern, 1. August 2013
Abb. 10: Stern, 31. Oktober 2013
Abb. 11: Focus, 10. April 2015
Abb. 12: Die einzige Weltmacht, Zbigniew Brzeziński, 2015 Kopp Verlag
Abb. 13: Scowcroft und Brzeziński, https://www.youtube.com/watch?v=MZF6BRaVekE
Abb. 14: George Friedman, Europe: Destinated for Conflict? https://www.youtube.com/watch?v=QeLu_yyz3tc
Abb. 15: Wich[t]ige Nachrichten im Russ.-TV. was jeder wissen muss, aber westliche Medien verschweigen!
Abb. 16: Die Karte »Pivot Area« von Halford Mackinder
Abb. 17: Mackinders Brückenköpfe am Rande des Pivot-Areals:

Endnoten

1. Friedensplan statt Waffen? – *Phoenix Runde* vom 05.02.2015
   https://www.youtube.com/watch?v=ztnxjsTrveo
2. Zu den Opferzahlen auf dem Maidan am 20.02.2014 gibt es unterschiedliche Angaben. *Der Spiegel* vom 18.02.2015 schrieb von »mehr als 50« (Artikel: Jahrestag der Maidan-Todesschüsse), *Wikipedia* beruft sich auf Sanitäter und Regierungsgegner und schreibt von »60 bis 70 Toten allein am 20. Februar«.
3. Endergebnis: 96,77 Prozent Quelle *Ria Novosti*, unmittelbar nach der Wahl sprach die Wahlkommission von 95,5 Prozent.
4. Putins Machtpoker? – *Internationaler Frühschoppen* vom 16.03.2014
   https://www.youtube.com/watch?v=AZaNt_fn7SQ
5. »Putins Griff nach dem Westen« – *Unter den Linden* vom 17.03.2014
   youtube.com/watch?v= Vk7cIX5OLNs
6. *Münchner Runde* »Was will Putin mit Grozov«
   https://www.youtube.com/watch?v=-Aeajov0few
7. Hubert Seipel im Dialog mit Michael Krons am 31.08.2014
   https://www.youtube.com/watch?v=oX4QJLUBn9c
8. Putins neues Russland – Maybrit Illner *ZDF* – 04.09.2014
   https://www.youtube.com/watch?v=ZQBUpHLjgVo
9. Hart aber fair – Wladimir Putin – der gefährlichste Mann Europas?
   https://www.youtube.com/watch?v=64-I2TGQJMk
10. *Wladimir Putin*, 2004, Autor Boris Reitschuster
11. Sun Tsu, S. 35
12. Sun Tsu, S. 148/149
13. http://www.bundesregierung.de/Content/DE/Mitschrift/Pressekonferenzen/2014/11/2014-11-17-diskussion-lowy.html;jsessionid=60BA5D62E02A52A34DF5273D6149C239.s4t2?nn=391850
14. http://www.bundesregierung.de/Content/DE/Mitschrift/Pressekonferenzen/2014/11/2014-11-17-diskussion-lowy.html;jsessionid=60BA5D62E02A52A34DF5273D6149C239.s4t2?nn=391850
15. *Maybrit Illner* 20.11.2014 Putins Machthunger
    https://www.youtube.com/watch?v=GW9BAJOpvjU
16. Spiel mit dem Feuer? Putin und der Westen – *Phoenix Runde* vom 28.01.2015
    https://www.youtube.com/watch?v=923sdmQcbZs
17. Wenn der Vorhang fällt: Die 51. Münchner Sicherheitskonferenz
    youtube.com/watch?v=QE4N-Vm_WNA
18. http://www.faz.net/aktuell/politik/ausland/europa/neue-russische-militaerdoktrin-nato-und-ukraine-krise-sind-bedrohung-13341493.html
    (26.12.2014) »Russland stuft die Nato jetzt als Bedrohung ein. Die Aufrüstung der Nato und deren Ausbreitung an die Grenze Russlands werden in Putins neuer Militärdoktrin als Risiken für die Sicherheit des Landes eingestuft. Auch die Ukraine-Krise findet Niederschlag in dem Dokument.«
19. *NuoViso*: https://www.youtube.com/watch?v=XxVankrxHPE

20 *Münchner Runde* »Krieg oder Frieden: Was will Putin?« vom 10.02.15 youtube.com/watch?v=kqBhfPIAlmw
21 https://www.youtube.com/watch?v=YlA7M9hZcTY
Zero-Sum? Russia, Power Politics, and the post-Cold War Era
22 https://www.youtube.com/watch?v=YlA7M9hZcTY
Zero-Sum? Russia, Power Politics, and the post-Cold War Era
23 Hier sagt er, Russland habe keine Militäraktionen gestartet, worüber man im Falle Georgien 2008 streiten könnte, vorausgesetzt, man weiß nicht, dass Georgien laut EU-Untersuchung der Aggressor war.
24 https://www.youtube.com/watch?v=YlA7M9hZcTY
Zero-Sum? Russia, Power Politics, and the post-Cold War Era
25 *Hannoversche Neue Presse*, 22. Dezember 2004, S. 1
26 http://www.blick.ch/news/ausland/
blick-interview-mit-joschka-fischer-putin-will-die-weltmacht-id2827587.html
27 http://www.blick.ch/news/ausland/
blick-interview-mit-joschka-fischer-putin-will-die-weltmacht-id2827587.html
28 http://www.blick.ch/news/ausland/
blick-interview-mit-joschka-fischer-putin-will-die-weltmacht-id2827587.html
29 http://www.blick.ch/news/ausland/
blick-interview-mit-joschka-fischer-putin-will-die-weltmacht-id2827587.html
30 http://www.blick.ch/news/ausland/
blick-interview-mit-joschka-fischer-putin-will-die-weltmacht-id2827587.html
31 http://www.blick.ch/news/ausland/
blick-interview-mit-joschka-fischer-putin-will-die-weltmacht-id2827587.html
32 http://www.blick.ch/news/ausland/
blick-interview-mit-joschka-fischer-putin-will-die-weltmacht-id2827587.html
33 http://www.blick.ch/news/ausland/
blick-interview-mit-joschka-fischer-putin-will-die-weltmacht-id2827587.html
34 http://www.blick.ch/news/ausland/
blick-interview-mit-joschka-fischer-putin-will-die-weltmacht-id2827587.html
35 http://www.blick.ch/news/ausland/
blick-interview-mit-joschka-fischer-putin-will-die-weltmacht-id2827587.html
36 http://www.blick.ch/news/ausland/
blick-interview-mit-joschka-fischer-putin-will-die-weltmacht-id2827587.html
37 http://www.blick.ch/news/ausland/
blick-interview-mit-joschka-fischer-putin-will-die-weltmacht-id2827587.html
38 http://www.blick.ch/news/ausland/
blick-interview-mit-joschka-fischer-putin-will-die-weltmacht-id2827587.html
39 http://www.jfandc.de/
40 Am 9. März 2014 gab Alt-Kanzler Gerhard Schröder auf einer Diskussionsveranstaltung der *Zeit* in Hamburg zu, dass Deutschland sich unter seiner Kanzlerschaft ohne UN-Mandat an Bombardements auf Serbien beteiligt hat.
41 Sun Tsu, Seite 39
42 Sun Tsu, Seite 58
43 Compact-Edition, *Wladimir Putin – Reden*, S. 11
44 Compact-Edition, *Wladimir Putin – Reden*, S. 11
45 Compact-Edition, *Wladimir Putin – Reden*, S. 24
46 Compact-Edition, *Wladimir Putin – Reden*, S. 24

47 Compact-Edition, *Wladimir Putin – Reden*, S. 24
48 Compact-Edition, *Wladimir Putin – Reden*, S. 29
49 Compact-Edition, *Wladimir Putin – Reden*, S. 29
50 http://www.tagesschau.de/ausland/georgien740.html (30.09.2009)
51 Compact-Edition, *Wladimir Putin – Reden*, S. 49
52 Krone-Schmalz, *Russland verstehen*, S. 29 u. 30
53 Compact-Edition, *Wladimir Putin – Reden*, S. 99
54 Compact-Edition, *Wladimir Putin – Reden*, S. 100
55 Compact-Edition, *Wladimir Putin – Reden*, S. 101
56 Compact-Edition, *Wladimir Putin – Reden*, S. 101
57 http://www.washingtonpost.com/news/post-politics/wp/2013/09/24/obama-tells-other-world-leaders-i-believe-america-is-exceptional/
58 Compact-Edition, *Wladimir Putin – Reden*, S. 102
59 Compact-Edition, *Wladimir Putin – Reden*, S. 103
60 Compact-Edition, *Wladimir Putin – Reden*, S. 104
61 Compact-Edition, *Wladimir Putin – Reden*, S. 107
62 Compact-Edition, *Wladimir Putin – Reden*, S. 107
63 Compact-Edition, *Wladimir Putin – Reden*, S. 108
64 Putin-Hitler-Vergleich
http://www.welt.de/politik/ausland/article125482910/Putin-Hitler-Vergleich-geht-nach-hinten-los.html (06.03.2014, Hillary Clinton)
http://www.spiegel.de/politik/deutschland/krim-krise-schaeubles-putin-hitler-vergleich-sorgt-fuer-wirbel-a-961748.html (31.03.2014, Wolfgang Schäuble)
65 http://www.heise.de/tp/artikel/42/42784/1.html
http://www.spiegel.de/kultur/tv/ard-streit-um-ukraine-berichterstattung-a-993304.html
http://www.handelsblatt.com/politik/deutschland/ruege-des-programmbeirats-berichtet-die-ard-zu-russlandkritisch/10722250.html
66 http://www.wiwo.de/politik/ausland/ukraine-krise-zustimmungswerte-von-80-prozent-fuer-putin/10339704-2.html
Wirtschaftswoche, 15. August 2014, »Zustimmungswerte jenseits von 80 Prozent«
http://www.tagesschau.de/ausland/russland-putin-101.html
11. September 2014, Zitat: Putin »schwimmt auf Welle der Sympathie«, »etwa 84 Prozent Zustimmung« (russischer Meinungsforscher Denis Wolkow, Lewada-Zentrum für Meinungsforschung)
67 http://valdaiclub.com/event/73780.html
68 http://www.kremlin.ru/news/46860
http://www.chartophylakeion.de/blog/2014/10/25/putin-beim-waldai-2014/#.VYHMNWcw_Dc
https://www.freitag.de/autoren/mopperkopp/das-waldai-forum
69 https://www.freitag.de/autoren/mopperkopp/das-waldai-forum
70 https://www.freitag.de/autoren/mopperkopp/das-waldai-forum
71 https://www.freitag.de/autoren/mopperkopp/das-waldai-forum
72 im Original der deutschen Übersetzung »Mannkraft«
73 https://www.freitag.de/autoren/mopperkopp/das-waldai-forum

74 https://www.freitag.de/autoren/mopperkopp/das-waldai-forum
75 https://www.freitag.de/autoren/mopperkopp/das-waldai-forum
76 https://www.freitag.de/autoren/mopperkopp/das-waldai-forum
77 https://www.freitag.de/autoren/mopperkopp/das-waldai-forum
78 https://www.youtube.com/watch?v=tGcKV_dYS7M
   Ex-Oberbefehlshaber der NATO: Heutige US-Kriege plante Pentagon seit 1991
79 Wesley K. Clark, *A Time To Lead*, S. 231
80 https://www.youtube.com/watch?v=tGcKV_dYS7M
   Ex-Oberbefehlshaber der NATO: Heutige US-Kriege plante Pentagon seit 1991
81 https://www.youtube.com/watch?v=tGcKV_dYS7M
   Ex-Oberbefehlshaber der NATO: Heutige US-Kriege plante Pentagon seit 1991
82 Compact-Edition, *Wladimir Putin – Reden*, S. 103
83 Compact-Edition, *Wladimir Putin – Reden*, S. 103
84 Compact-Edition, *Wladimir Putin – Reden*, S. 103
85 http://www.handelsblatt.com/politik/international/
   mit-der-ukraine-russland-warnt-eu-vor-handelsabkommen/10702670.html
86 Westdeutsche Allgemeine Zeitung (WAZ), http://www.derwesten.de/
   politik/ukraine-will-sich-nicht-auf-eu-festlegen-id7657836.html
87 https://www.freitag.de/autoren/mopperkopp/das-waldai-forum
88 »*Valdai Discussion Club*«, am 24. Oktober 2014 in Sotchi/Russland
89 http://www.welt.de/politik/ausland/article142998733/
   Der-Satz-den-Madeleine-Albright-nie-gesagt-hat.html
90 http://eng.kremlin.ru/transcripts/23406
91 http://derunbequeme.blogspot.de/2014/12/putins-rede-die-nation-2014.html
   Quelle: http://kremlin.ru/news/47173
92 Als Quelle hierfür wird die *New York Times* angegeben, die sich ihrerseits auf ein Telefonat zwischen Angela Merkel und Barack Obama bezieht.
93 rtdeutsch.com/18662/international/
   live-odessa-massaker-vor-einem-jahr-menschen-legen-blumen-vor-ukrainischer-botschaft-in-moskau-ab/ schreibt von 48 Menschen »nach offiziellen Angaben«. In sonstigen Medien findet man etwa gleich hohe Zahlen.
94 http://derunbequeme.blogspot.de/2014/12/putins-rede-die-nation-2014.html
95 http://derunbequeme.blogspot.de/2014/12/putins-rede-die-nation-2014.html
96 http://derunbequeme.blogspot.de/2014/12/putins-rede-die-nation-2014.html
97 http://derunbequeme.blogspot.de/2014/12/putins-rede-die-nation-2014.html
98 http://derunbequeme.blogspot.de/2014/12/putins-rede-die-nation-2014.html
99 http://derunbequeme.blogspot.de/2014/12/putins-rede-die-nation-2014.html
100 http://derunbequeme.blogspot.de/2014/12/putins-rede-die-nation-2014.html
101 http://derunbequeme.blogspot.de/2014/12/putins-rede-die-nation-2014.html
102 http://derunbequeme.blogspot.de/2014/12/putins-rede-die-nation-2014.html
103 http://derunbequeme.blogspot.de/2014/12/putins-rede-die-nation-2014.html
104 http://derunbequeme.blogspot.de/2014/12/putins-rede-die-nation-2014.html
105 Wladimir Putin: USA wollen uns unterwerfen 11 18.11.14
    https://www.youtube.com/watch?v=x1295g_pqHk
    http://en.kremlin.ru/events/president/news/47036
    Russian Popular Front's Action Forum, 18.11.2014

Vladimir Putin: »You said that America wants to humiliate us. That's the way you put it, wasn't it? They do not want to humiliate us but want to make us submit, and want to settle their own problems at our expense. They want to impose their influence on us. But no one in history has ever succeeded in subjugating Russia and no one ever will.«

106 http://alles-schallundrauch.blogspot.de/2015/09/rede-von-prasident-putin-vor-der-un.html
Rede von Wladimir Putin auf der UNO Vollversammlung (*phoenix-tv*)
Youtube.com/watch?v=Baz65TRLfhU
107 siehe oben
108 siehe oben
109 „Obama trifft Putin – Neue Chance für Syrien" *phoenix-Runde* vom 29.09.2015
youtube.com/watch?v=LWlt4SnCaqQ
110 http://eng.kremlin.ru/transcripts/23406
111 http://derunbequeme.blogspot.de/2014/12/putins-rede-die-nation-2014.html
112 http://derunbequeme.blogspot.de/2014/12/putins-rede-die-nation-2014.html
Quelle: http://kremlin.ru/news/47173
113 http://derunbequeme.blogspot.de/2014/12/putins-rede-die-nation-2014.html
Quelle: http://kremlin.ru/news/47173
114 http://derunbequeme.blogspot.de/2014/12/putins-rede-die-nation-2014.html
Quelle: http://kremlin.ru/news/47173
115 Quellen zu:
»Sicherheitsexperten warnen: Moskau und Nato bereiten sich auf mögliche militärische Konfrontation vor«:
http://www.t-online.de/nachrichten/ausland/krisen/id_75040954/russland-und-nato-bereiten-sich-auf-moegliche-konfrontation-vor.html
http://www.stern.de/panorama/sicherheitsexperten-besorgt-ueber-manoever-russlands-und-der-nato-6381132.html
http://www.focus.de/politik/videos/vermehrte-manoever-sicherheitsexperten-besorgt-bereiten-sich-russland-und-die-nato-auf-einen-krieg-vor_id_4876467.html
http://www.welt.de/newsticker/dpa_nt/infoline_nt/schlaglichter_nt/article145152955/Sicherheitsexperten-besorgt-ueber-Manoever-Russlands-und-der-Nato.html
http://www.faz.net/agenturmeldungen/dpa/sicherheitsexperten-besorgt-ueber-manoever-russlands-und-der-nato-13747081.html
116 Compact-Edition, *Wladimir Putin – Reden,* S. 107
117 https://www.freitag.de/autoren/mopperkopp/das-waldai-forum
118 https://www.youtube.com/watch?v=x1295g_pqHk
119 http://www.spiegel.de/politik/ausland/russland-putin-unterzeichnet-neue-militaerdoktrin-a-1010374.html
»Teil der russischen Militärdoktrin bleibt weiterhin die *atomare Abschreckung.* Moskau behält sich das Recht vor, bei einem Angriff auf das eigene Territorium oder auf Verbündete sowie bei einer Bedrohung für das

»Fortbestehen des Staates« [darunter fiele auch ein »nur« konventioneller Angriff!, Anm. Berndt] Atomwaffen einzusetzen.«
120 http://www.spiegel.de/politik/ausland/sergej-lawrow-der-westen-will-regimewechsel-in-russland-a-1004490.html
121 https://de.wikipedia.org/wiki/Iskander_(Rakete)
122 10 Minuten vom Vorabend des 3. Weltkriegs? Medwedew warnt vor Atomkrieg
http://www.youtube.com/watch?v=HjHU0DgEkaQ, ursprünglich von kremlin.ru, Übersetzung von BüSo
123 https://www.youtube.com/watch?v=n0miPUdO3hs
Gorbatschow warnt in München am 10.12.2011 vor dem Dritten Weltkrieg 1/2
https://www.youtube.com/watch?v=MPSnxRxhPL0
Gorbatschow warnt in München am 10.12.2011 vor dem Dritten Weltkrieg
https://www.youtube.com/watch?v=SsvwSarD44k
Gorbatschow warnt in München am 10.12.2011 vor dem Dritten Weltkrieg 2/2
https://www.youtube.com/watch?v=z5vQbvgyMLg
Michail Gorbatschow warnt vor dem 3.Weltkrieg.
124 http://www.merkur.de/politik/sie-haben-wahrhaft-geschichte-geschrieben-1525943.html 11.12.20111
»Auf die Zustände in seiner russischen Heimat, die zeitgleich es [...] auf die Straßen Moskaus treibt, geht Gorbatschow in seiner Rede nicht ein. Stattdessen warnt er angesichts des Streits um die Nato-Raketenabwehr ein wenig nebulös vor neuen militärischen Auseinandersetzungen: ›Wir befinden uns bereits wieder in einem Wettrüsten‹, sagt Gorbatschow und warnt sogar vor einem 3. Weltkrieg.« [Ende des Artikels]
125 http://de.reuters.com/article/topNews/idDEBEEA1503Z20140206
»Ein ranghoher Berater von Präsident Wladimir Putin«
https://www.freitag.de/autoren/berlino1010/russland-fordert-vernichtung
»ein enger Berater Putins«
http://www.spiegel.de/wirtschaft/soziales/russland-krise-star-oekonom-prophezeit-revolution-a-1007297.html
Putins Berater zur Ukraine: Interview-Aussage des russischen »Starökonom« Konstantin Sonin
126 https://www.youtube.com/watch?v=nWT5HM_NMlI
127 http://www.rg.ru/2015/08/09/naryshkin-site.html
128 http://cont.ws/post/109157
https://voicepeace.wordpress.com/2015/08/11/naryschkin-warnt-die-usa-davor-einen-krieg-auszuloesen/
129 http://www.welt.de/politik/ausland/article142998733/Der-Satz-den-Madeleine-Albright-nie-gesagt-hat.html
130 Compact-Edition, *Wladimir Putin – Reden*, S. 75
131 http://derunbequeme.blogspot.de/2014/12/putins-rede-die-nation-2014.html
132 Compact-Edition, *Wladimir Putin – Reden*, S. 73
133 Compact-Edition, *Wladimir Putin – Reden*, S. 73
134 Compact-Edition, *Wladimir Putin – Reden*, S. 74
135 Compact-Edition, *Wladimir Putin – Reden*, S. 74

136 Compact-Edition, *Wladimir Putin – Reden*, S. 75
137 Compact-Edition, *Wladimir Putin – Reden*, S. 75, 76
138 Compact-Edition, *Wladimir Putin – Reden*, S. 76
139 Compact-Edition, *Wladimir Putin – Reden*, S. 76
140 Compact-Edition, *Wladimir Putin – Reden*, S. 77
141 Compact-Edition, *Wladimir Putin – Reden*, S. 45
142 Compact-Edition, *Wladimir Putin – Reden*, S. 79
143 Compact-Edition, *Wladimir Putin – Reden*, S. 80
144 Compact-Edition, *Wladimir Putin – Reden*, S. 107
145 Compact-Edition, *Wladimir Putin – Reden*, S. 77
146 Compact-Edition, *Wladimir Putin – Reden*, S. 77
147 Compact-Edition, *Wladimir Putin – Reden*, S. 77
148 Compact-Edition, *Wladimir Putin – Reden*, S. 76
149 Compact-Edition, *Wladimir Putin – Reden*, S. 76
150 Compact-Edition, *Wladimir Putin – Reden*, S. 77
151 http://www.bundesregierung.de/Content/DE/Mitschrift/Pressekonferenzen/2014/11/2014-11-17-diskussion-lowy.html;jsessionid=60BA5D62E02A52A34DF5273D6149C239.s4t2?nn=391850
152 Compact-Edition, *Wladimir Putin – Reden*, S. 118
153 Compact-Edition, *Wladimir Putin – Reden*, S. 118
154 Compact-Edition, *Wladimir Putin – Reden*, S. 118
155 Kissinger, *Weltordnung*, S. 72
156 *Putinismus*, S. 311
157 Alexander Dugin, *Konflikte der Zukunft*, Rückseite des Buchdeckels.
158 *Putinismus*, S. 13
159 http://derunbequeme.blogspot.de/2014/12/putins-rede-die-nation-2014.html
160 Laqueur, *Putinismus*, S. 101-102
161 Laqueur, *Putinismus*, S. 157
162 Laqueur, *Putinismus*, S. 158
163 Laqueur, *Putinismus*, S. 311
164 Alleine auf die Protokolle der Weisen von Zion bezieht sich Laqueur auf sechs Seiten (93, 111, 137, 138, 140, 141), Bezüge zum Antisemitismus bzw. Antisemiten im Zusammenhang mit Russland finden sich auf den Seiten 93, 97, 105, 106, 107, 117, 155, 159, 164, 167, 183 und 206.
165 Laqueur, *Putinismus*, S. 156
166 Laqueur, *Putinismus*, S. 137
167 Laqueur, *Putinismus*, S. 93
168 Laqueur, *Putinismus*, S. 176; Putin's first public speech as Russia's Acting President (Dec. 31, 1999)
169 America's Strategic Dilemma: A Revisionist Russia in a Complex World https://www.youtube.com/watch?v=MUmdk9AX2vU
170 Quelle SIPRI, Zahlen von 2013
171 Schmidt, *Die Mächte der Zukunft*, S. 75, 110, 116
172 Helmut Schmidt (Bundeskanzler a. D.) bei *Sandra Maischberger* (28.04.2015) https://www.youtube.com/watch?v=_aq60QiLvVM

173 http://www.focus.de/politik/ausland/
warnung-vor-drittem-weltkrieg-altkanzler-schmitt-kritisiert-eu-aussenpolitik-als-groessenwahnsinnig_id_3848473.html, 16.05.2014
174 http://www.zeit.de/politik/2014-09/
helmut-schmidt-ukraine-russland-warnung-krieg-europa
24. September 2014
175 Helmut Schmidt (Bundeskanzler a. D.) bei Sandra Maischberger
(28.04.2015)
https://www.youtube.com/watch?v=_aq60QiLvVM
176 Helmut Schmidt (Bundeskanzler a. D.) bei Sandra Maischberger
(28.04.2015)
https://www.youtube.com/watch?v=_aq60QiLvVM
177 https://www.youtube.com/watch?v=V9zCgM7K-Bg
Die vorsätzliche Lüge des Colin Powell UNO 2003
178 https://dgap.org/de/gesellschaft/ueber-uns
179 https://www.youtube.com/watch?v=QLnmAjwOdrM
»Machtkampf um die Ukraine – Die Montagsgesellschaft diskutiert die
Ukraine-Krise u.a. mit Dirk Müller und Willy Wimmer«
Ein echtes Podium gab es bei dieser Diskussionsrunde nicht,
die Diskutanten standen auf derselben Ebene vor dem Publikum.
180 http://www.nysun.com/foreign/
obama-adviser-leads-delegation-to-damascus/71123/
February 12, 2008
Obama Adviser Leads Delegation To Damascus
A foreign policy adviser to Senator Obama is scheduled to arrive in Syria today as the leader of a RAND Corp. delegation. **Zbigniew Brzeziński** will travel to Damascus for meetings as part of a trip ...
http://carolineglick.com/2008/02/
»On Tuesday Eli Lake from the New York Sun reported that Democratic Presidential frontrunner Illinois **Senator Barack Obama's senior foreign policy advisor Zbigniew Brzeziński** was leading a Rand Corporation delegation to Syria.«
https://www.youtube.com/watch?v=ASlETEx0T-I
Obama: I've learned an immense amount from Dr. Brzeziński; Iraq speech on 9/12/07; CNN-Liveübertragung
Obama über Brzeziński: »*He has proven to be an outstanding friend and somebody who I learned an immense amount from. And for him to support me in this campaign ...* «
181 http://www.bundestag.de/kulturundgeschichte/geschichte/gastredner/
juschtschenko/rede_juschtschenko/244952
182 Conversation with Zbigniew Brzeziński: The Eastern Edge of a Europe Whole and Free
http://www.youtube.com/watch?v=YW3Yj5jLcOs
183 https://www.youtube.com/watch?v=QLnmAjwOdrM
Die *Montags-Gesellschaft* diskutiert die Ukraine-Krise u. a. mit Dirk Müller und Willy Wimmer

184 http://suchen.welt.de/woa/index.php?search=John+C.+Hulsman&wtmc=suc he_head
07.10.2007 *Welt am Sonntag*: »John C. Hulsman gehört zu den Vordenkern einer konservativen amerikanischen Außenpolitik, die mit der Demokratisierungsstrategie der Bush-Ära Schluss machen will.« [Der Hinweis fand sich nicht mehr im eigentl. Artikel, vermutl. Layout-Fehler wg. Werbung]
185 http://suchen.welt.de/woa/index.php?search=John+C.+Hulsman&wtmc=suc he_head
07.10.2007 *Welt am Sonntag*: »John C. Hulsman gehört zu den Vordenkern einer konservativen amerikanischen Außenpolitik, die mit der Demokratisierungsstrategie der Bush-Ära Schluss machen will.« [Der Hinweis fand sich nicht mehr im eigentl. Artikel, vermutl. Layout-Fehler wg. Werbung]
186 Stellenweise hatte Dirk Müller einzelne Wörter aus den Brzeziński-Zitaten gekürzt. Wenn Sie Müllers Zitate mit den Originalzitaten vergleichen wollen, können Sie dazu die jeweiligen Endnoten verwenden.
187 In der deutschen Übersetzung steht »einbegreifen«.
188 Brzeziński, *Die Einzige Weltmacht*, S.124
189 Brzeziński, *Die Einzige Weltmacht*, S.126
190 Brzeziński, *Die Einzige Weltmacht*, S.127
191 Brzeziński, *Die Einzige Weltmacht*, S.177
192 Brzeziński, *Die Einzige Weltmacht*, S.178
193 Brzeziński, *Die Einzige Weltmacht*, S.178
194 Brzeziński, *Die Einzige Weltmacht*, S.179
195 https://www.freitag.de/autoren/hans-springstein/5-milliarden-dollar-fuer-den-staatsstreich
196 UKRAINE Regime Change: Nuland Admits US Invested $5 Billion To »Assist« Democracy
https://www.youtube.com/watch?v=dexrP27MMdU
197 http://www.perseus.ch/PDF-Dateien/bracher-wimmer.pdf
198 https://www.bueso.de/node/7085
Wimmer antwortete, was er bei dieser Konferenz [...] gehört habe, sei »genau das, was sich in diesen Tagen abspielt. Während der Konferenz in Bratislava, die eine sehr hochrangige war, mit Staatspräsidenten, Premierministern, Verteidigungs- und Außenministern [...], machten sie den Vorschlag, eine Linie von Riga an der Ostsee, über Odessa am Schwarzen Meer nach Diyarbakir [im Süden der Türkei] zu ziehen. Alle Territorien westlich dieser Linie sollten unter amerikanischer Vorherrschaft stehen [...].«
199 http://www.zeit.de/wirtschaft/2014-02/Ukraine-Gehalt-Unterschiede
200 http://de.statista.com/statistik/daten/studie/163407/umfrage/pkw-dichte-in-ausgewaehlten-laendern/
201 Laqueur, *Putinismus*, S. 20, S. 134 »Russische Geopolitik«
202 http://derstandard.at/2000004896695/Der-Westen-muss-Putin-stoppen
203 siehe *Die Einzige Weltmacht*, Seite 41 unten, 65 unten, 92 oben
204 https://de.wikipedia.org/wiki/wind_of_change
205 Sun Tsu, S. 65
206 Rode, *Das Eurasische Schachbrett*, S. 32
207 http://www.c-span.org/video/?323887-1/hearing-national-security-threats ; ab 1:07:00

208 http://www.nysun.com/foreign/obama-adviser-leads-delegation-to-damascus/71123/
209 http://www.washingtonpost.com/blogs/post-politics/wp/2013/09/24/obama-tells-other-world-leaders-i-believe-america-is-exceptional/
210 http://www.spiegel.de/netzwelt/netzpolitik/stratfor-hack-wikileaks-blamiert-die-schatten-cia-a-817838.html
27. Februar 2012, Artikel-Überschrift:
Stratfor-Hack: WikiLeaks blamiert die »Schatten-CIA«
211 http://le-bohemien.net/2015/03/18/us-denkfabrik-stratfor-die-falken-der-geopolitik/
212 http://www.handelsblatt.com/unternehmen/management/george-friedman-der-enttarnte-chef-der-schatten-cia/6279224.html
213 https://www.youtube.com/watch?v=QeLu_yyz3tc
George Friedman, *Europe: Destinated for Conflict?*
214 http://eng.kremlin.ru/transcripts/23406
215 http://www.thechicagocouncil.org/basic-page/histrory
216 Google-Suche am 21. August 2015 mit »George Friedman« + »Chicago Council«: #19: Freitag.de; #98: Zeit.de, allerdings nur Leserkommentar.
217 https://www.youtube.com/watch?v=QeLu_yyz3tc
George Friedman, »Europe: Destined for Conflict?«, veröffentlicht am 04.02.2015
218 Laut Arte-Dokumentation »Putins Propaganda«
http://www.arte.tv/guide/de/058367-000/putins-propaganda?autoplay=1
219 https://www.youtube.com/watch?v=WoOBwkIzClE
Der Film mit der von mir benutzten Übersetzung, bzw. das dazugehörige Konto wurde inzwischen auf Youtube gesperrt, und es findet sich dort folgender Hinweis: »Über STRATFOR-Video in Russ... Das mit diesem Video verbundene *YouTube*-Konto wurde aufgrund mehrerer Meldungen Dritter über Urheberrechtsverletzungen gekündigt.«
Am 22.09.2015 funktionierte aber noch: Wich[t]ige Nachrichten im Russ.-TV. was jeder wissen muss, aber westliche Medien verschweigen!
https://www.youtube.com/watch?v=ClQnAx1mN88
Veröffentlicht am 05.04.2015
220 Wich[t]ige Nachrichten im Russ.-TV. was jeder wissen muss, aber westliche Medien verschweigen! https://www.youtube.com/watch?v=ClQnAx1mN88
(Übersetzung siehe ein Punkt weiter oben. Die deutsche Übersetzung der Friedman-Aussagen im russischen Fernsehen (englisch–russisch–deutsch) unterscheiden sich geringfügig von der deutschen Übersetzung der Original-Rede)
221 siehe Arte-Mediathek
222 Brzeziński, *Die Einzige Weltmacht*, S. 15
223 Brzeziński, *Die Einzige Weltmacht*, S. 306
224 Brzeziński, *Die Einzige Weltmacht*, S. 179
225 Brzeziński, *Die Einzige Weltmacht*, S. 136, 137
226 Brzeziński, *Die Einzige Weltmacht*, S. 152
227 *The Geographical Journal*, Vol. 23, No. 4 (Apr.,1904), S. 436
228 *The Geographical Pivot of History*, H. J. Mackinder
The Geographical Journal, Vol. 23, No. 4 (Apr.,1904), 421–437

http://intersci.ss.uci.edu/wiki/eBooks/Articles/1904%20HEARTLAND%20THEORY%20HALFORD%20MACKINDER.pdf
229 *The Geographical Journal*, Vol. 23, No. 4 (Apr.,1904), 421-437
230 Das ursprüngliche Video auf *YouTube* ist inzwischen nicht mehr auffindbar. Laut Copyright stammt der Film von *C-SPAN*. Besagte Stelle liegt bei 1:07, Gesamtdauer 7:40, der Titel war:
Zbigniew Brzeziński BLASTS Russia, Zbigniew Brzeziński National Security Threats Hearing_(360p)
Die komplette Anhörung gibt es auf
http://www.c-span.org/video/?323887-1/hearing-national-security-threats
231 Quelle Wikipedia: Nichtbürger (Lettland)
232 https://de.wikipedia.org/wiki/Sprachreferendum_in_Lettland_2012
233 http://www.focus.de/politik/ausland/in-russland_aid_94306.html
http://www.zeit.de/2005/17/Putin_Rede
http://www.spiegel.de/politik/ausland/9-mai-in-moskau-verlorene-siege-a-354785.html
234 https://www.youtube.com/watch?v=3sarRhzWTaQ
Henry Kissinger on Russia & Politics, veröffentlicht am 11.03.2012
235 http://nationalinterest.org/feature/the-interview-henry-kissinger-13615
236 http://nationalinterest.org/feature/the-interview-henry-kissinger-13615, Übersetzung S. Berndt
237 http://nationalinterest.org/feature/the-interview-henry-kissinger-13615, Übersetzung S. Berndt
238 http://content.time.com/time/specials/2007/time100powergivers/article/0,28804,1616375_1615711_1615683,00.html
239 http://www.nybooks.com/articles/archives/2014/nov/20/wake-up-europe/
240 Übersetzung Stephan Berndt
241 http://www.focus.de/politik/ausland/ukraine-krise/ukraine-krise-kiew-motiviert-soldaten-mit-abschusspraemien_id_4438784.html
242 http://www.sz-online.de/nachrichten/ukrainischer-armeechef-keine-russischen-einheiten-in-der-ostukraine-3026412.html
243 http://derstandard.at/2000011053919/Ukraines-Armeechef-widerspricht-seiner-Regierung
244 https://www.youtube.com/watch?v=8_6tsplgVQs
Es gibt KEINE regulären russischen Truppen in der Ukraine – Generalstab der ukr. Armee Muzhenko
245 https://www.youtube.com/watch?v=sSCengCbFBQ
Ukrainischer Generalstabschef Viktor Muschenko: Keine regulären russischen Truppen in der Ukraine
246 https://www.youtube.com/watch?v=D44H_wsV59M
247 http://time.com/3731247/us-arm-ukraine-russia-general-martin-dempsey-putin/
„Putin's ultimate objective is to fracture NATO."
248 https://www.youtube.com/watch?v=HLAzeHnNgR8
Putin is 'rebuilding Russian empire' says Senator McCain – BBC HARDtalk